Collection Fraisse-D'Olimpio

SCIENCES ÉCONOMIQUES ET SOCIALES

Programme 2010

Enseignement d'exploration

SES 2e

Sous la direction de
Stéphanie Fraisse-D'Olimpio

Patrick Cotelette
Lycée Fustel de Coulanges, Strasbourg (67)

Michèle Fialon-Melois
Cité scolaire internationale, Lyon (69)

Stéphanie Fraisse-D'Olimpio
Lycée Aliénor d'Aquitaine, Poitiers (86)

Philippe Gillig
Lycée Schuman, Haguenau (67)

Éric Le Floch
Lycée Alfred de Vigny, Loches (37)

Sylvain Leder
Lycée Edgar Poe, Paris (75)

Igor Martinache
Université Lille 2, Lille (59)

Grégory Martinez
Lycée Lucie Aubrac, Courbevoie (92)

François Porphire
Lycée Jacques Feyder, Épinay-sur-Seine (93)

Annabelle Poulain
Lycée Saint-Michel de Picpus, Paris (75)

Conseiller scientifique
Jean-Claude Legal
Sciences Po, Paris (75)

8, RUE FÉROU 75278 PARIS CEDEX 06
WWW.EDITIONS-BELIN.COM

Belin:
ÉDITEUR INDÉPENDANT
DEPUIS 1777

DÉCOUVREZ VOTRE MANUEL

OUVERTURE DE CHAPITRE

Le sommaire détaillé du chapitre

Les objectifs du programme

Un dessin questionné pour introduire la problématique du chapitre

DES DOSSIERS EN DEUX TEMPS

DÉCOUVRIR

COMPRENDRE

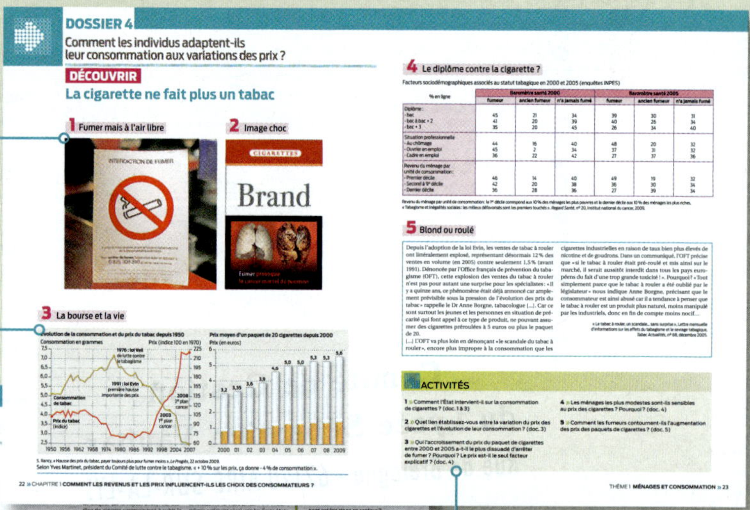

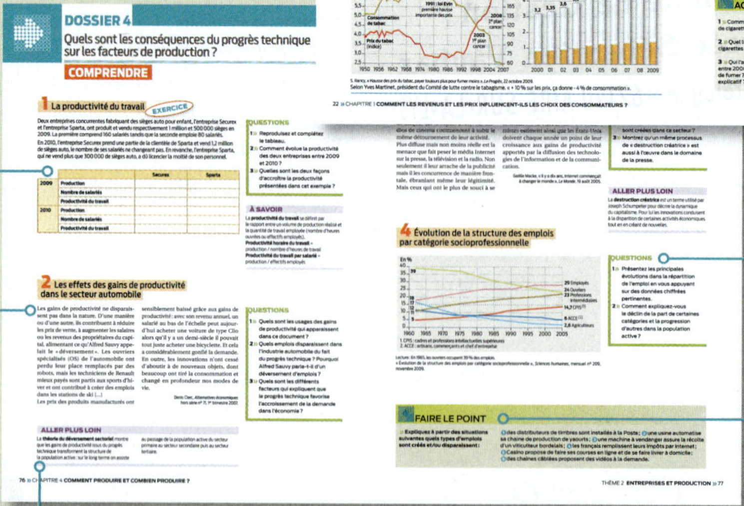

Des documents pour découvrir les notions du programme

Des documents variés

Des activités permettant l'exploitation des documents

Des questions permettant de construire les savoirs

Des exercices permettant de valider les acquis

Des encadrés pour définir ou informer

 • ISBN 978-27011-5613-2

GRAND ANGLE

Un thème mettant en œuvre les savoirs et les savoir-faire des SES

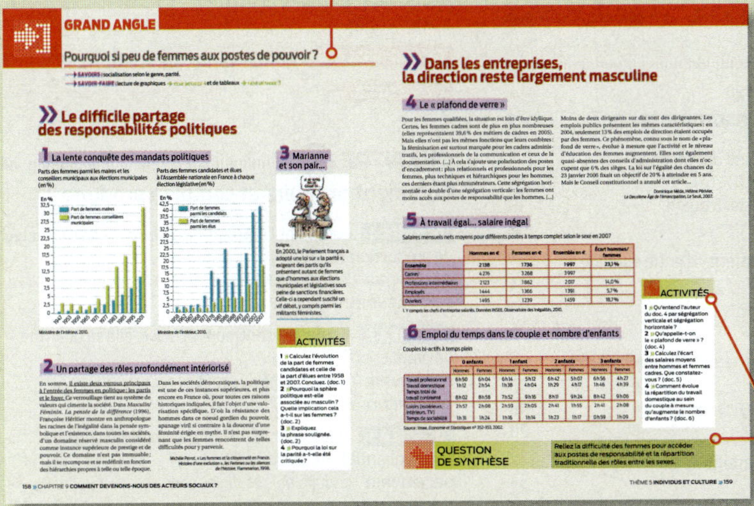

Des questions à traiter en autonomie, en groupe ou en classe entière

L'ESSENTIEL

Les savoirs essentiels à retenir

Un schéma de synthèse

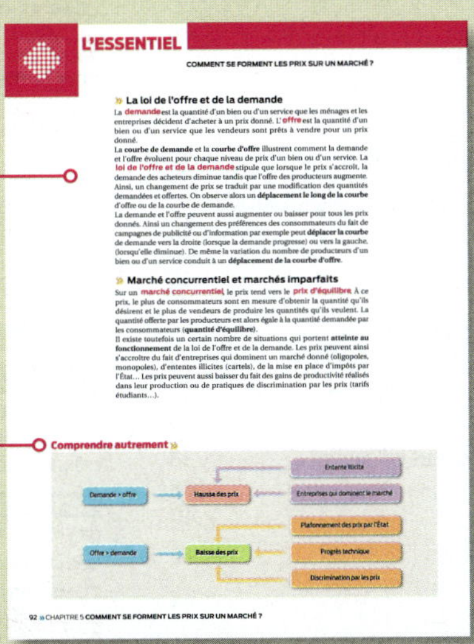

En fin de manuel

- Des fiches méthode
- Un lexique complet
- Un index pour retrouver les notions du programme

SOMMAIRE

Programme de Sciences économiques et sociales

Bulletin officiel spécial n° 4 du 29 avril 2010

Enseignement d'exploration

L'enseignement d'exploration de sciences économiques et sociales en classe de seconde a pour objectif central d'ouvrir la culture des lycéens à de nouveaux champs disciplinaires que leurs études antérieures ne leur ont pas permis d'aborder. Cet enseignement vise à :

- donner à tous les élèves, qu'ils poursuivent ou non leurs études dans les séries ES ou STG, les éléments de base d'une culture économique et sociologique indispensable à la formation de tout citoyen qui veut comprendre le fonctionnement de l'économie et de la société dans laquelle il vit ;
- permettre aux élèves de découvrir une discipline scolaire nouvelle et contribuer ainsi à un choix éclairé de leur parcours de formation en cycle terminal ;
- faire acquérir aux élèves quelques notions et raisonnements essentiels en économie et en sociologie dans la perspective d'une poursuite d'études au lycée et au-delà dans l'enseignement supérieur : principalement des études en Économie et gestion, Droit, Sciences humaines et sociales, Institut d'études politiques, Classes préparatoires commerciales et Lettres-sciences sociales. Ces études débouchent sur des postes d'encadrement nombreux et variés aussi bien dans la fonction publique que dans le secteur privé.

Les objectifs d'apprentissage retenus pour cet enseignement d'exploration sont volontairement limités et ne doivent pas conduire à une étude exhaustive des notions et outils figurant dans le programme. Chaque thème est subdivisé en une série de questions simples dont l'étude sera conduite en deux temps : un premier temps de sensibilisation a pour objectif d'ancrer chaque question sur des données concrètes en partant de supports variés (jeux, études de cas, comptes rendus d'enquêtes, tableaux statistiques, graphiques, documents iconographiques et audiovisuels) ; un second temps d'analyse montrera aux élèves comment la mobilisation des notions, outils et modes de raisonnement spécifiques à la science économique et à la sociologie permet d'accéder à une meilleure compréhension des phénomènes étudiés.

Dans le cadre du programme, et sous réserve de respecter les objectifs fixés, les professeurs exerceront leur liberté pédagogique pour organiser leur progression de cours et adapter leurs méthodes de travail à leurs élèves. **Ils traiteront obligatoirement la première question de chacun des cinq thèmes et au moins huit questions sur les dix proposées** en respectant un équilibre temporel dans le traitement de chaque question. Ils s'efforceront de mettre les élèves en situation d'activité intellectuelle et veilleront à diversifier leurs dispositifs pédagogiques en développant notamment la recherche documentaire, l'utilisation de l'outil informatique et de l'Internet. L'élève sera ainsi placé dans une posture de recherche qui doit le conduire à se poser des questions précises, à formuler des hypothèses explicatives et à les confronter aux données empiriques. Dans tous les cas, les professeurs s'attacheront à organiser la réflexion des élèves et surtout à donner du sens aux apprentissages.

Thèmes d'exploration et questionnements associés	Notions à découvrir	Indications complémentaires à l'usage des professeurs
I. Ménages et consommation		
• Comment les revenus et les prix influencent-ils les choix des consommateurs ? *	Revenu disponible, consommation, épargne, pouvoir d'achat.	Après avoir constaté que le revenu disponible se répartit entre consommation et épargne et évoqué les différentes formes d'épargne, on montrera à partir de données chiffrées simples que la consommation des ménages dépend à la fois du niveau de leur revenu et du prix des biens. On mettra en évidence les effets dans le temps de l'évolution du pouvoir d'achat sur la structure de la consommation des ménages. On initiera les élèves à interpréter les valeurs significatives que peuvent prendre les élasticités (prix et revenu) pour quelques types de biens en mettant en évidence l'intérêt de cet outil pour l'économiste.
• La consommation : un marqueur social ?	Consommation ostentatoire, effets de distinction et d'imitation.	On montrera que les choix de consommation sont socialement différenciés en fonction de la profession, du niveau d'éducation, de l'habitat, de l'âge. On s'interrogera sur l'influence de la mode et de la publicité sur les comportements de consommation.

*thème obligatoire

en classe de seconde générale et technologique

Thèmes d'exploration et questionnements associés	Notions à découvrir	Indications complémentaires à l'usage des professeurs
II. Entreprises et production		
• Qui produit des richesses ? *	Entreprise, production marchande et non marchande, valeur ajoutée.	En prenant appui sur quelques exemples significatifs, on sensibilisera les élèves à la diversité des entreprises selon la taille, la nature de leur production, leur mode d'organisation. On précisera en quoi le rôle économique spécifique des entreprises les distingue d'autres organisations productives (administrations, associations).
• Comment produire et combien produire ?	Facteurs de production, coûts, productivité, progrès technique.	On montrera comment l'entreprise est amenée à combiner efficacement les facteurs de production en tenant compte de leurs coûts et de leur caractère plus ou moins substituable. On soulignera que cette combinaison peut évoluer au cours du temps, sous l'influence de différents facteurs. On mettra en évidence l'accroissement de la productivité dans le long terme (notamment sous l'action du progrès technique) et ses différents effets.
III. Marchés et prix		
• Comment se forment les prix sur un marché ? *	Demande, offre, prix.	On montrera comment dans un modèle simple de marché se fixe et s'ajuste le prix en fonction des variations de l'offre et de la demande. En partant d'un exemple, on construira les courbes d'offre et de demande, on recherchera les facteurs susceptibles d'expliquer leur déplacement et on en analysera l'impact en termes d'augmentation ou de baisse des prix. Ce thème pourra être l'occasion de recourir à un jeu mettant en évidence de manière expérimentale le fonctionnement d'un marché.
• La pollution : comment remédier aux limites du marché ?	Effet externe, incitation.	En prenant appui sur l'exemple de la pollution, on montrera que le fonctionnement du marché ne conduit pas nécessairement les producteurs à prendre en compte les coûts sociaux. On présentera les politiques incitatives (taxes, subventions) ou contraignantes (normes) que la puissance publique est conduite à mettre en place pour pallier cette défaillance du marché.
IV. Formation et emploi		
• Le diplôme : un passeport pour l'emploi ? *	Emploi, qualification, capital humain.	À partir de données chiffrées, on analysera la relation entre le niveau et la nature des études poursuivies et l'accès à un emploi plus ou moins qualifié. On montrera que la poursuite d'études supérieures est un investissement en capital humain mais qu'elle est aussi influencée par le milieu social.
• Le chômage : des coûts salariaux trop élevés ou une insuffisance de la demande ?	Salaire, coût salarial, chômage.	Après avoir sensibilisé les élèves à l'évolution de l'emploi et du chômage dans la période récente, on s'interrogera sur les effets contrastés de l'évolution des salaires sur le niveau de l'emploi en prenant en considération le fait qu'ils constituent à la fois un coût pour chaque entreprise mais aussi une composante du pouvoir d'achat des ménages.
V. Individus et cultures		
• Comment devenons-nous des acteurs sociaux ? *	Socialisation, normes, valeurs.	On montrera que la famille et l'école jouent chacune un rôle spécifique dans le processus de socialisation des jeunes. On prendra en compte le caractère différencié de ce processus en fonction du genre et du milieu social.
• Comment expliquer les différences de pratiques culturelles ?	Culture, culture de masse.	On mettra en évidence la répartition sociale des choix culturels et des pratiques de loisirs et on s'interrogera sur les facteurs qui l'expliquent. On pourra réinvestir des notions déjà étudiées à propos du thème de la consommation.

*thème obligatoire

Savoir-faire applicables à des données quantitatives qui seront mobilisés dans le traitement du programme
• Proportion, pourcentage de répartition.
• Élasticité-prix et élasticité-revenu.
• Taux de variation, coefficient multiplicateur, indice simple.
• Lecture de tableaux à double entrée, de diagrammes de répartition, de séries chronologiques.
• Moyenne arithmétique simple et pondérée, médiane.

Quels sites Internet pour les SES ?

De nombreuses ressources sont disponibles sur Internet pour s'entraîner et approfondir ses connaissances en SES.

» LES PRINCIPAUX SITES NATIONAUX CONSACRÉS AUX SES

Educnet Sciences économiques et sociales

Apprendre avec l'INSEE. Des travaux dirigés réalisés à partir des données de l'INSEE.

http://www2.educnet.education.fr/ses/

Brises

BRISES, Banque de Ressources Interactives en Sciences Économiques et Sociales, est un site destiné aux élèves de SES. On y trouve des cours, des activités, des notions, des documents, pour travailler le programme de Sciences économiques et sociales en terminale et bientôt en seconde.

http://www.brises.org/

Le cybermanuel de SES

http://ses.ac-bordeaux.fr/spip_ses/

et sa banque de devoirs :

http://ses.ac-bordeaux.fr/spip_ses/rubrique.php3?id_rubrique=136

Melchior

Melchior est un site de ressources pédagogiques en Sciences économiques et sociales proposé par l'Institut de l'entreprise. Ses contributeurs sont des professeurs de SES, des professeurs d'Université et des économistes d'entreprise.

http://www.melchior.fr/

CNDP

Le CNDP propose notamment les actualités d'Ecoflash et de la revue Idees ainsi que des dossiers thématiques.

http://www.cndp.fr/secondaire/ses/

SOCIOlog

SOCIOlog est le « site francophone de sociologie active ». Il propose des exercices basés sur divers supports (vidéos, photos, articles de presse, extraits de romans...).

http://www.sociolog.be/

La banque des savoirs

La banque des savoirs, créée par le Conseil général de l'Essonne, est un site d'information et de vulgarisation pour tous. Il présente des dossiers réalisés sur les problèmes économiques et la sociologie.

http://www.savoirs.essonne.fr/dossiers/les-hommes/economie/

Économie sociale et SES

La Chambre régionale de l'économie sociale propose un ensemble de ressources sur l'économie sociale en relation avec les programmes de seconde, première et terminale en SES.

http://www.creslr.org/fr/rubrique.php?rub=6

» LES SITES ACADÉMIQUES EN SES

Un recensement exhaustif des sites académiques dédiés aux SES sur le portail SES-ENS.

http://ses.ens-lsh.fr/

Survoler l'onglet « Enseigner » et cliquer sur « Ressources pour la classe »

» DES RESSOURCES SUR DIFFÉRENTS THÈMES DU PROGRAMME

http://ses.ens-lsh.fr/

Survoler l'onglet « Enseigner » et cliquer sur « Ressources statistiques »

» DES RESSOURCES STATISTIQUES

» Le portail de la statistique française.

http://www.statistique-publique.fr/

» La Documentation française.

http://www.ladocumentationfrancaise.fr/

» INED (Institut national d'études démographiques).

http://www.ined.fr/

» INSEE (Institut national de la statistique et des études économiques).

http://www.insee.fr/

» OFCE (Observatoire français des conjonctures économiques).

http://www.ofce.sciences-po.fr/

» Eurostat, le site de la statistique de l'Union européenne.

http://epp.eurostat.ec.europa.eu

» Le portail de l'Union européenne

http://europa.eu/

» CEPII (Centre d'études prospectives et d'informations internationales).

http://www.cepii.fr/

» OCDE (Organisation de coopération et de développement économique).

http://www.oecd.org/

CHAPITRE 1

Comment les revenus et les prix influencent-ils les choix des consommateurs ?

OBJECTIFS DU CHAPITRE

Après avoir constaté que le revenu disponible se répartit entre consommation et épargne et évoqué les différentes formes d'épargne, on montrera que la consommation des ménages dépend du revenu et du prix des biens.

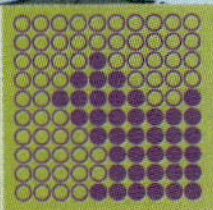

Comment la demande réagit-elle aux prix ?

DOSSIER 1

Comment le niveau de revenu des ménages affecte-t-il la composition de leur budget ?

DÉCOUVRIR

« Mener grand train » ou « rester à quai »

1 Des bidonvilles aux palaces il n'y a qu'un... mur

Tuca Vieira.
Quartier de Paraisópolis, São Paulo (Brésil).

2 Une même impatience

3 « Rouler carrosse » ou « ne pas rouler sur l'or »

La voiture la plus chère du monde en 2009 : la Bugatti Veyron Grand Sport : 1,67 million €.

La Logan « low cost », 2010.

4 Des nouvelles technologies pour tous ?

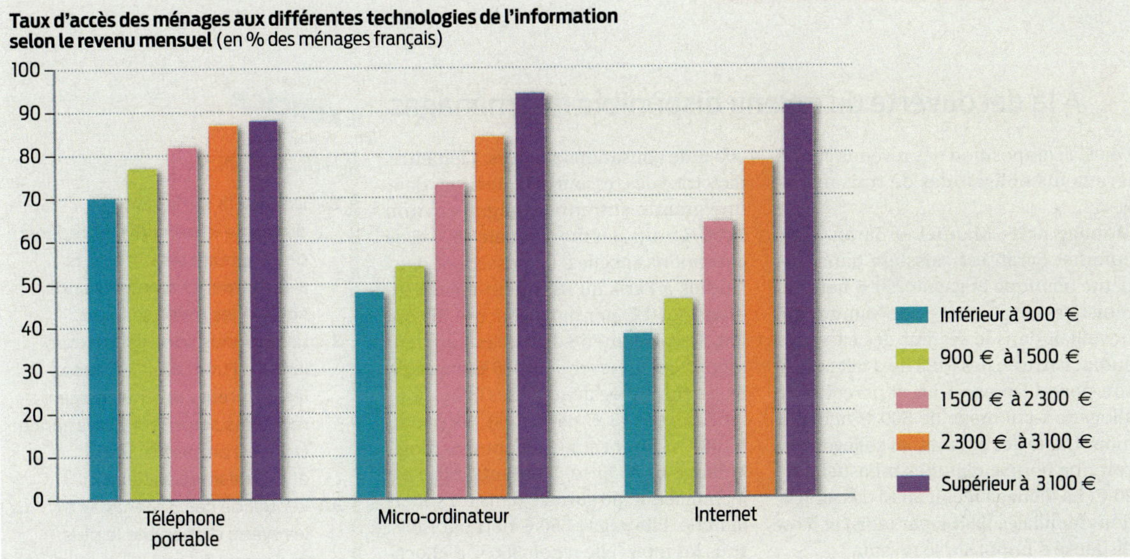

Crédoc, données 2009.

5 Le poids du budget logement

Les données sur les niveaux de vie […] masquent une inégalité majeure, rarement prise en compte par les statistiques : le coût du logement. Disposer de 1 500 euros de revenus ne permet pas de vivre de la même façon si vous avez achevé de rembourser vos emprunts et si vous devez en sortir 600 chaque mois pour payer votre loyer… Une inégalité majeure, qui se décline souvent en fonction de l'âge. [La dépense pour le] logement s'élève à 22 % du revenu des moins de 25 ans : il grève d'autant leur niveau de vie. Il n'est que de 4,5 % pour les 60 ans et plus. À l'intérieur même des classes d'âge, les inégalités sont majeures entre l'étudiant dont le loyer est payé par les parents et le jeune qui doit de lui-même subvenir à tous ses besoins, entre le retraité qui vient de terminer de payer son pavillon et celui qui doit piocher sur sa retraite.

« La dépense de logement selon l'âge », *Observatoire des inégalités*, 4 septembre 2006.

ACTIVITÉS

1 » Quel contraste met en évidence le doc. 1 ?

2 » Qu'est-ce qui différencie les deux personnages du doc. 2 ?

3 » Un prix très élevé empêche-t-il un consommateur d'acheter l'objet de ses rêves ? (doc. 3)

4 » Quel constat général permet d'établir le doc. 4 ?

5 » Un même niveau de revenu permet-il à deux ménages de consommer autant ? (doc. 5)

DOSSIER 1

Comment le niveau de revenu des ménages affecte-t-il la composition de leur budget ?

COMPRENDRE

1 À la découverte du revenu disponible des ménages

EXERCICE

Voici la composition des revenus et prélèvements obligatoires de trois ménages :

Ménage n° 1 : Manuel et Sarah, trois enfants : Sarah est caissière dans une petite boutique et gagne 750 € nets par mois. Pas de chance pour Manuel qui travaillait dans le secteur des cassettes audio : l'arrivée des MP3 lui a fait perdre son poste ! Depuis 1 an, il perçoit une allocation-chômage de 500 € nets par mois. L'aîné des enfants, au collège, perçoit une bourse d'études mensuelle de 80 €. Le ménage reçoit aussi des allocations familiales (288 € par mois) et il est dispensé d'impôt sur le revenu.

Ménage n° 2 : Abdel et Clémence, deux enfants : Abdel, journaliste, perçoit un salaire de 3 000 € bruts par mois et paie 800 € de cotisations sociales. Clémence, directrice des ressources humaines dans une grande entreprise, gagne environ 5 000 € bruts par mois et paie 1500 € de cotisations sociales. Ils possèdent deux studios à Paris qu'ils louent à des étudiants (550 € par mois chacun). Ils ont fait des placements financiers qui leur rapportent un revenu de 450 € par mois. Ils perçoivent également des allocations familiales (113 € par mois). Ils paient 1 100 € d'impôt sur le revenu par mois.

Ménage n° 3 : Élise, 3 enfants. Élise est technicienne de surface dans un supermarché. Elle gagne 650 € nets par mois. Tous les mois, elle reçoit 360 € d'allocation parent isolé et 288 € d'allocations familiales. Elle est dispensée de payer l'impôt sur le revenu.

QUESTIONS

1» Donnez la définition du terme « ménage » et repérez dans le texte les différents prélèvements auxquels sont soumis les ménages 1 à 3.

2» Les revenus sont-ils toujours le fruit d'un travail ? Classez les différents revenus de ces ménages selon leur provenance (travail ; propriété ; État et organismes sociaux).

3» Lequel de ces 3 ménages a le revenu disponible le plus important ?

À SAVOIR

Le **revenu disponible** est ce dont dispose effectivement un ménage pour sa consommation. Il correspond à la somme de tous les revenus d'activité et de patrimoine auxquels s'ajoutent aussi les sommes versées par l'État aux ménages (prestations sociales), moins les prélèvements obligatoires (impôts et cotisations sociales...).

2 Le pouvoir d'achat à l'épreuve de l'inflation

QUESTIONS

1» D'après ce dessin, quel lien faudrait-il faire entre le pouvoir d'achat et l'inflation ?

2» Si les revenus de ce couple augmentent de 6 %, la pente sera-t-elle toujours aussi raide ?

3» De combien doivent augmenter leurs revenus pour que leur pouvoir d'achat reste stable ?

À SAVOIR

Le **pouvoir d'achat** d'un revenu est la quantité de biens et services qu'on peut acheter avec ce revenu. Il dépend donc du niveau des prix. L'**inflation** désigne la hausse du niveau général des prix (le terme n'est donc pas employé lorsque la hausse ne concerne que quelques produits).

3 L'évolution du budget des ménages depuis 50 ans

Coefficients budgétaires[1] en %	1960	1975	1990	2007
Alimentation	38	30	27	25
Logement	16	20	18	19
Transport	11	15	18	18
Habillement	14	13	11	9
Santé	2	2	3	4
Communication, loisirs, culture	10	12	13	16
Services divers	7	8	9	11
Solde territorial	1	0	-1	-1
Total	**100**	**100**	**100**	**100**

Données INSEE, comptes nationaux base 2000, 2010.

1. Part de la dépense consacrée à un bien ou service particulier (livres, téléphonie mobile ...) dans les dépenses totales d'un ménage (donc dans son budget).

À SAVOIR

Le statisticien allemand **Ernst Engel** (1821-1896) découvre que « Plus un individu, une famille, un peuple sont pauvres, plus la part de leur revenu consacrée à leur entretien physique, et notamment à la nourriture, est importante ». C'est la **loi d'Engel**.

QUESTIONS

1» Rédigez une phrase expliquant le chiffre entouré.

2» Quelles sont les dépenses dont la part dans les dépenses totales a le plus diminué ? augmenté ?

3» Les Français mangent-ils moins en 2007 qu'en 1960 ?

4 Des dépenses plus lourdes pour certains ménages

Tout d'abord, les surfaces des logements - et donc les dépenses de chauffage ou d'éclairage qui y sont liées - n'augmentent pas de façon tout à fait proportionnelle aux revenus. Les catégories les plus aisées dépensent davantage en valeur absolue, mais rapporté à leur budget cela représente moins. [...] Le lieu de résidence est aussi un facteur de disparités. Compte tenu des prix élevés de l'immobilier en centre-ville, les moins aisés et les couches moyennes ont cherché à se loger à la périphérie des grandes villes souvent sans autres moyens de locomotion que leur voiture.

Part des dépenses énergétiques des ménages selon leur revenu, en % du revenu net d'impôt

Selon le revenu	
20 % des ménages les plus modestes	14,9
Entre 20 et 40 %	11,4
Entre 40 et 60 %	10
Entre 60 et 80 %	8,6
De 80 à 100 % (20 % des ménages les plus aisés)	5,9

Ademe, INSEE - Enquête budget des ménages 2006.

QUESTIONS

1» Quels sont les ménages qui dépensent les sommes les plus importantes pour l'énergie ?

2» Quels sont les ménages qui consacrent la plus forte part de leur revenu aux dépenses énergétiques ?

3» Ce dernier constat vous semble-t-il illustrer la loi d'Engel ?

FAIRE LE POINT

» Calculez le revenu disponible mensuel de ménages A et B. Comparez le résultat au salaire mensuel net. Commentez.

Composantes : Salaire mensuel net (1), allocations familiales (2), impôts sur le revenu (3), taxe d'habitation (4).

Ménage A → (1) = 8 000 € ; (2) = 500 € ; (3) = 1000 € ; (4) = 1100 €.

Ménage B → (1) = 800 € ; (2) = 500 € ; (3) = 0,00 € ; (4) = 100 €.

DOSSIER 2

Comment les ménages arbitrent-ils entre épargne et consommation ?

DÉCOUVRIR

Cigale ou fourmi ?

1 Consommer ou épargner, c'est dans la poche !

Macarena.

2 Consommer à tout prix

3 Épargner peut vous épargner des soucis...

Paul Baringou.
(L'ANPE est devenue le « Pôle emploi » en 2009).

4 Le boom du surendettement en France

Les causes du **surendettement** ont évolué depuis une dizaine d'années. Dans les années 1980 et 1990, le **surendettement** était généralement d'origine bancaire. Les personnes surendettées étaient montrées du doigt, jugées incapables de résister aux sirènes de la société de consommation ou de prévoir l'avenir de manière responsable, bref, les archétypes modernes de la cigale de La Fontaine. [...] Fin 2008, on estimait à 700 000 le nombre de ménages surendettés à cause de ce que l'on nomme pudiquement les « accidents de la vie », dont le chômage, pour 32 % des cas, puis le divorce ou la séparation, et enfin les accidents. Décidément, la fourmi de la fable n'est pas mieux lotie de nos jours. »

Solution crédit, 2010. www.solutioncredit.com/surendettement/surendettement.php

NB. Le **surendettement** est la situation d'un ménage qui n'est plus en mesure de rembourser ses dettes non professionnelles.

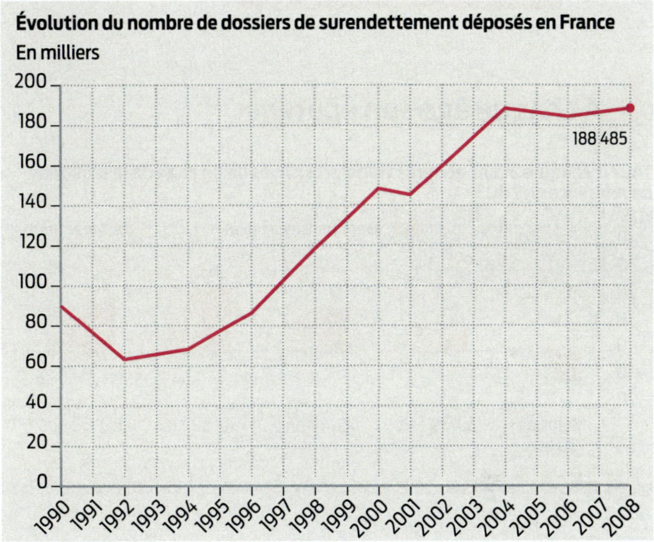

Banque de France, 2010.

5 De multiples façons de placer son épargne, quand on en a une...

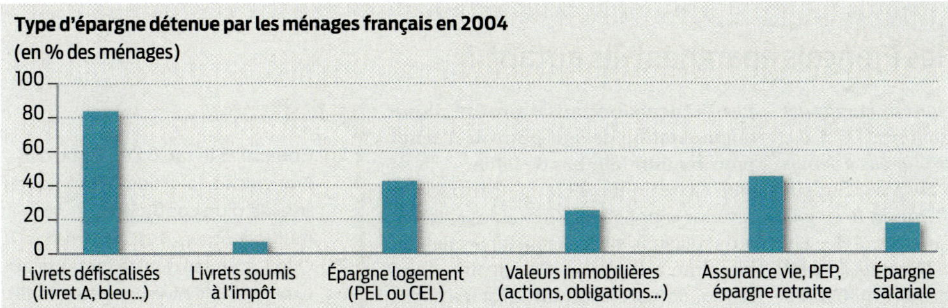

Les Revenus et le patrimoine des ménages, INSEE Références, édition 2010.
Lecture : En 2004, 82,6 % des ménages français détenaient un livret défiscalisé.

ACTIVITÉS

1 » Quelles sont les deux utilisations possibles de l'argent de poche ? (doc. 1)

2 » Consommer sans revenu et sans épargne est-ce possible ? (doc. 2)

3 » Quels « soucis » l'épargne permet-elle d'éviter ? (doc. 3)

4 » Quel lien peut-on faire entre les doc. 3 et 4 ?

5 » Épargner signifie-t-il simplement déposer son argent à la banque ? (doc. 5)

DOSSIER 2

Comment les ménages arbitrent-ils entre épargne et consommation ?

COMPRENDRE

1 À chaque âge son épargne

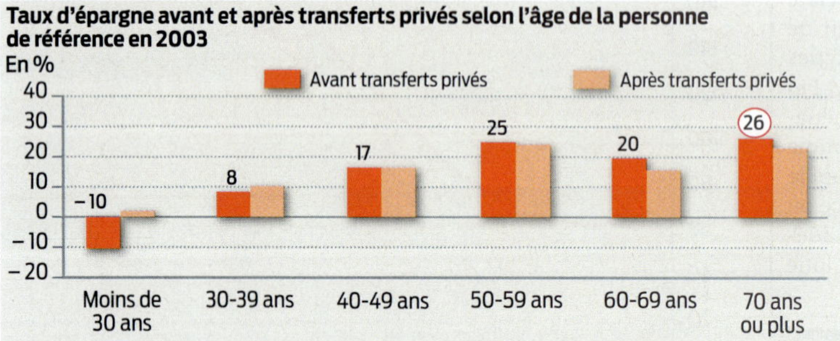

Données INSEE, comptes nationaux 2003, enquêtes SRCV 2004, Revenus fiscaux 2003, Budget de famille 2006.

QUESTIONS

1» Faites une phrase donnant la signification du chiffre entouré.
2» Comment varie le taux d'épargne en fonction de l'âge ? Expliquez.
3» Quelle situation particulière concernant l'épargne des moins de 30 ans est ici mise en évidence ?

À SAVOIR

Le **taux d'épargne** est la part du revenu disponible (RD) d'un ménage consacrée à l'épargne. Si on note l'épargne S (pour « *saving* » en anglais), ce taux se calcule ainsi : S/RD.

ALLER PLUS LOIN

Les **transferts privés** sont des aides financières entre ménages (pensions alimentaires, aides des parents à un enfant parti vivre seul).

2 Pourquoi les Français épargnent-ils autant ?

Au 3e trimestre 2009, le taux d'épargne des ménages a atteint des sommets (17 % des revenus). Son niveau, le plus élevé depuis 2002, une particularité très française, par comparaison avec la Grande-Bretagne (environ 4 %) ou le Canada (2 %). Les explications de David Thesmar, 37 ans, économiste français, membre du Conseil d'analyse économique (CAE) et professeur à HEC.

[...] Pourquoi le taux d'épargne des Français a-t-il encore augmenté en 2009 ? D'abord à cause de la crise économique ! C'est ce que l'on appelle l'épargne de précaution ou l'instinct de survie... Quand vous sentez que le chômage vous pend au nez, vous avez tendance à vous constituer un petit matelas, pour y faire face au cas où. C'est mécanique. Dans des moments de forte incertitude, on constate une poussée des comportements conservateurs. En 2009, les enquêtes de confiance ont été très mauvaises. [...]

Les Français ont aussi profité d'une augmentation de leur pouvoir d'achat pour remplir leur bas de laine.

Oui. Cette année, l'État a distribué des revenus supplémentaires (aides et transferts sociaux), via le dispositif Scellier ou la prime à la casse. Ce surplus a été stocké en partie. D'autres facteurs ont joué. L'épargne a été particulièrement rémunératrice. En début d'année, comme les banques ne se faisaient plus confiance entre elles, les Français ont bénéficié de taux d'intérêt sans risques très élevés (dépôts à terme). Enfin, il ne faut pas négliger [le fait que] quand l'État s'endette beaucoup, les gens anticipent une augmentation d'impôt future et s'y préparent. La dette explose, les Français ont conscience qu'il faudra un jour payer la facture.

Propos recueillis par Nolwenn Le Blevennec, *Le Journal du Dimanche*, 2 janvier 2010.

QUESTIONS

1» Comparez le taux d'épargne des Français et celui des Britanniques à l'aide d'un coefficient multiplicateur. → FICHE MÉTHODE 7
2» Quels sont les quatre facteurs qui expliquent le niveau relativement élevé du taux d'épargne des Français ?

3 Une épargne proportionnelle au revenu ? EXERCICE

Quelques ménages célèbres ont laissé filtrer des informations sur leur compte en banque. On a pu calculer les éléments suivants :

	Revenu disponible mensuel	Épargne placée chaque mois
Bonnie et Clyde	3 000 €	Assurance-vie : 300 € Plan épargne-logement (PEL) : 100 €
Chouchou et Loulou	4 000 €	Livret Bleu : 550 € Épargne salariale : 400 €
David et Victoria	18 000 €	Plan d'épargne en actions (PEA) : 4 000 € Assurance-vie : 4 000 € Investissements dans des hôtels : 2 000 €
Bernadette	680 €	Livret A : 30 €

QUESTIONS

1» Calculez le taux d'épargne de chacun de ces ménages.
2» Comment varie le taux d'épargne en fonction du revenu ?
3» Le montant épargné par un ménage est-il par conséquent proportionnel à son revenu ?

ALLER PLUS LOIN

La **propension moyenne à consommer** désigne la part du revenu disponible (RD) consacrée à la consommation (C). Elle se calcule donc par la formule C/RD. L'économiste J. M. Keynes a mis en évidence le fait que cette propension n'est pas constante : elle diminue lorsque le revenu augmente. Réciproquement, plus un ménage a un revenu important et plus son taux d'épargne augmente.

4 Vivre à crédit : le cas des États-Unis

Pendant le dernier quart de siècle, les ménages américains ont bénéficié d'une forte croissance de la consommation, à peine perturbée par quelques récessions modérées. C'est ici qu'apparaît le fil rouge : une telle augmentation soutenue de la consommation n'aurait pas été possible (et de fait ne s'est pas matérialisée ailleurs dans le monde) sans le recours croissant au crédit (emprunt immobilier, cartes de crédit, etc.). De nombreux indicateurs le suggèrent : alors que les dépenses des ménages américains sont passées de 90 % à près de 100 % de leur revenu disponible entre 1980 et 2006, dans le même temps le taux d'endettement de ces mêmes ménages, en proportion du PIB, a crû de 50 % à près de 100 % ! L'accélération des crédits consentis aux ménages est particulièrement nette depuis 2000.

D'après « La crise économique née du mariage entre consommation effrénée et crédit débridé », *Le Nouvel Observateur*, 17 novembre 2008.

QUESTIONS

1» Comment le niveau élevé de consommation des ménages américains est-il financé ?
2» Que signifie un taux d'endettement des ménages de 100 % ?
3» Montrez à travers ce texte que le niveau du taux d'épargne des ménages d'un pays reflète leur mode de consommation.

FAIRE LE POINT

» **Reproduisez les éléments suivants puis reliez chaque décision d'épargne au motif qui lui correspond :**

Ouvrir un Plan épargne-logement pour ses enfants •	• Épargne de précaution
Profiter de la hausse des taux d'intérêt •	• Épargne solidaire
Investir dans une entreprise de commerce équitable •	• Transmission d'un patrimoine
Mettre de l'argent de côté en période de crise •	• Placement financier

DOSSIER 3

Comment la consommation réagit-elle aux variations du revenu des consommateurs ?

DÉCOUVRIR

Les cadeaux en période de vaches maigres

1 Des greniers vidés aux meubles relookés

Bric-à-brac d'Emmaüs au centre culturel 104, Paris.

2 Des dépenses de choix

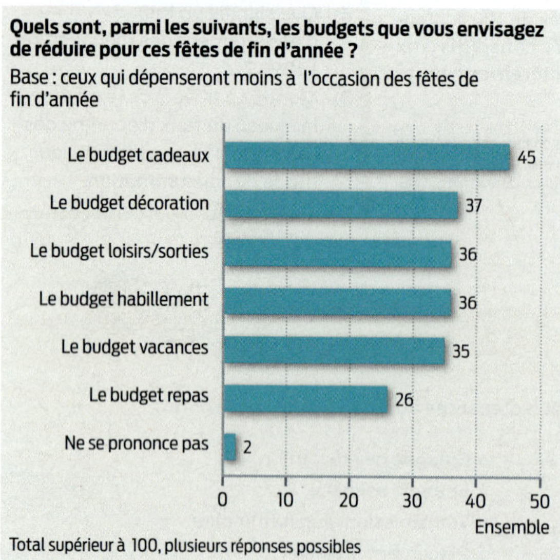

Ipsos 2009. www.ipsos.fr

3 Le cadeau d'occasion n'est plus tabou

Face à la diminution de leur pouvoir d'achat, les Français sont prêts à changer leurs habitudes d'achats en cette fin d'année. Ainsi, selon une étude récente[1], un Français sur 3 a l'intention d'acheter des cadeaux d'occasion pour Noël 2009, dans un souci d'économie mais aussi de recyclage.
Au-delà de l'aspect économique et écologique, les cadeaux d'occasion séduisent aussi de plus en plus parce qu'ils ne sont plus synonymes de qualité médiocre. Les produits achetés ou offerts en double, nombreux et variés (livres, CD, DVD, jeux vidéo ....), en sont le parfait exemple : jamais utilisés, ils "dorment" dans leur emballage d'origine.
Il en est de même pour les produits achetés à la suite d'achats impulsifs : utilisés une fois ou deux, ils conservent leur qualité d'origine. Se faire plaisir en faisant plaisir par un achat malin et responsable : qui mieux que le cadeau d'occasion peut y répondre ?
Alors rendez-vous sur www.trocline.com

1. Étude du cabinet Deloitte parue en novembre 2009.

Communiqué de trocline, site de troc et d'échange gratuit, 2010.

4 L'occasion ne fait pas forcément le larron

Les magasins spécialisés dans l'achat-vente de produits d'occasion comme Easy cash ou Happy cash constatent des chiffres d'affaires en nette hausse avant les fêtes.

5 Sitôt reçus, sitôt revendus

PRICEMINISTER.COM

Les Français sont deux fois plus nombreux que leurs voisins à revendre leurs cadeaux, notamment sur internet, par manque d'argent ou simplement pour se débarrasser d'un présent dont ils ne veulent plus. « Avant même d'avoir déballé leurs présents, 36 % des Français envisagent déjà de les revendre, selon une étude de la TNS-Sofres pour eBay. » C'est un phénomène qui devient conséquent. Dès le 24 décembre au soir, les personnes commencent à revendre leurs cadeaux. « D'après nos chiffres, il y aura 44 % de revendeurs après Noël contre 38 % l'an dernier », explique Olivier Mathiot, directeur marketing chez PriceMinister. Parmi les personnes interrogées par la Sofres, seulement 14 % avouent à leurs proches ne pas aimer ce qu'ils ont reçu. Les objets dont ils se séparent le plus ? Ceux de la belle-famille (34 %) puis des parents (33 %). Sans éprouver la moindre gêne, puisque 66 % d'entre eux déclarent ne ressentir aucun sentiment de culpabilité.

Guirec Gombert, « Ils bradent leurs cadeaux », lefigaro.fr, 26 décembre 2007.

ACTIVITÉS

1 » Quel point commun voyez-vous entre les deux images du doc. 1 ?

2 » Pourquoi le budget cadeau est-il plus sensible à la réduction des dépenses consacrées aux achats de Noël que le budget repas ? (doc. 2)

3 » Distinguez achat d'occasion et troc.

4 » Comment expliquer le succès récent du cadeau d'occasion (doc. 3 et 4) ?

5 » La stagnation du revenu participe à l'accroissement de la demande de certains services, lesquels ? (doc. 4 et 5)

DOSSIER 3

Comment la consommation réagit-elle aux variations du revenu des consommateurs ?

COMPRENDRE

1 L'engouement pour les petites voitures

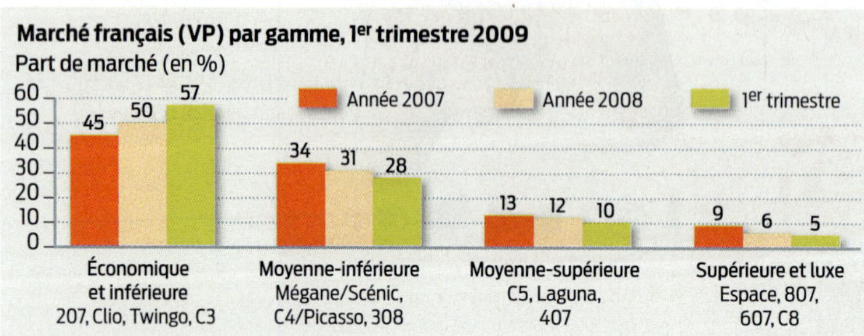

Ce n'était pas un poisson d'avril. Les ventes automobiles ont progressé de 8,1 % en France en mars par rapport à mars 2008, portées par la reprise des marques des constructeurs français. 65 % des ventes appartenaient à la catégorie de carrosserie « berline ». Mais le rebond est justifié surtout par l'engouement pour les petits modèles. « 30 à 40 % des immatriculations sont liées à la prime à la casse », selon le président du Comité des constructeurs français d'automobiles (CCFA). Cette mesure incite à l'achat d'un véhicule neuf émettant moins de 160 g/km de CO_2 en proposant 1 000 euros en échange de la mise au rebut d'une voiture ou d'un utilitaire léger de plus de dix ans. En type de carrosseries, les cabriolets, monospaces et coupés présentent généralement des émissions supérieures à 160 g/km. Tout comme les modèles de la gamme moyenne supérieure (Laguna, 407...), supérieure luxe et les 4X4. [...] En temps de crise économique et écologique, la baisse du pouvoir d'achat incite les consommateurs à se détourner des voitures coûteuses.

Barbara Leblanc, « Les petites voitures, nouvelles stars du marché automobile français », *L'Usine nouvelle*, 2 avril 2009.

QUESTIONS

1» Commentez le graphique en utilisant des données chiffrées pertinentes.
2» Par quelle mesure d'incitation l'État stimule-t-il le marché automobile français ?
3» En quoi la stagnation ou la baisse du pouvoir d'achat des Français explique-t-elle l'achat de voitures économiques ?

2 Champagne à Singapour

Singapour est le 4e pays le plus riche au monde par habitant. Les trois-quarts de la population bénéficient de revenus conséquents et mènent un style de vie urbain. Ce sont eux qui en majorité consomment du champagne et des vins effervescents. À cela s'ajoute les étrangers (19 % de la population, soit 900 000 personnes) [...]. Le champagne est perçu comme la boisson des célébrations ou offert en cadeau pour les grandes occasions. Il commence même à apparaître lors des mariages chinois. Les expéditions de champagne vers Singapour n'ont cessé de croître pour atteindre 1,2 million de bouteilles en 2008. [...] L'année 2009 a [eu un impact sur] la consommation de champagne (- 7,1 %). La crise mondiale (avec la baisse du pouvoir d'achat) a favorisé l'essor des autres vins effervescents, notamment australiens et italiens. [...]
Mais le champagne garde son image de prestige et est toujours le signe d'une position sociale importante. Les consommateurs singapouriens de vins effervescents, comme dans d'autres pays d'Asie, se tourneront toujours finalement vers le roi des vins pour marquer leur rang social.

« Singapour, les types de consommation de vins », Veille internationale des techniques effervescentes, www.lunion.presse.fr 30 mars 2010.

Le marché du luxe progresse dans les pays émergents alors qu'il recule fortement à l'échelle de la planète.

QUESTIONS

1» Comment expliquer la progression de la consommation de champagne à Singapour ?
2» Quels sont les produits qui se substituent à la consommation de champagne ? Pourquoi ?

3 Les vacances premières victimes de la « crise » ?

Quel budget total pensez-vous consacrer à vos vacances d'été en 2009 ?

	Février 2008	Mai 2009
BUDGET MOYEN	1934 €	1717 €
Moins de 1000 euros	18 %	25 %
Plus de 2500 euros	17 %	17 %

Sondage IPSOS Public Affairs / Europ Assistance. Baromètre des Vacances des Européens. Édition 2009.

Le nombre de Français partis en long séjour (quatre nuits ou plus), est passé de 62 % à 56 % entre 2003 et 2007. Pour les courts séjours marchands (moins de quatre nuits) le taux de départ se maintient au cours des cinq dernières années, à 32 %, et augmente même par rapport à 2006. Il n'était que de 28 % l'an dernier. En revanche, les départs en courts séjours non marchands chutent de 26 % entre 2003 et 2007. Guy Raffour, PDG du cabinet Raffour Interactif, explique que « les ménages au pouvoir d'achat élevé continuent de partir et de s'offrir des prestations touristiques. À l'inverse, les ménages modestes rognent sur leurs vacances au profit d'autres dépenses contraintes ». Cela étant, toutes les catégories de foyers sont touchées par la baisse des départs. Les ménages avec 3 000 euros de revenus mensuels sont toujours les plus nombreux à partir, 81 % de taux de départ contre 86 % l'an dernier. Les foyers dont les revenus sont compris entre 1 200 et 1 900 euros ont un taux de partants passant de 57 % en 2006 à 49 % en 2007.

« La baisse du pouvoir d'achat plombe les vacances », *Libération*, mars 2008.

QUESTIONS

1» Comment la situation économique affecte-t-elle le budget et le contenu des vacances des Français ?

2» Quel lien peut-on établir entre la réduction de la part du budget des ménages consacrée aux vacances et la loi d'Engel ?

4 Les élasticités-revenu de produits alimentaires

Consommation moyenne par personne de quelques produits alimentaires

	1980	2007
Pain (en kg)	70,6	53,7
Pommes de terre (en kg)	89,0	71,3
Yaourts (en kg)	8,7	22,2
Vins courants (en litres)	77,1	23,1
Vins A.O.C[1] (en litres)	14,9	23,3
Eaux minérales (en litres)	54,7	161,6
Niveau de vie individuel moyen (en euros 2006 /an)	12910	17600

1. A.O.C. : Appellation d'origine contrôlée. Ce label est une garantie de qualité.

Données INSEE, comptes nationaux, base 2000 et *Tableaux de l'économie française* 2009. INSEE.

QUESTIONS

1» Calculez le taux de variation de la consommation de chaque produit alimentaire et du niveau de vie individuel moyen entre 1980 et 2007. → FICHE MÉTHODE 7

2» Calculez l'élasticité-revenu de chaque type de produit alimentaire. → FICHE MÉTHODE 9

3» Analysez les résultats en distinguant les biens inférieurs, les biens normaux et les biens de luxe. → FICHE MÉTHODE 9

FAIRE LE POINT

» **Parmi les exemples suivants précisez ceux qui pourraient correspondre à un « bien inférieur », un « bien normal » ou un « bien supérieur » :**

1. Une Citroën C8.
2. Un week-end en Normandie.
3. Un pack de bière.
4. Une Peugeot 106.
5. Des pâtes.
6. Un safari au Kenya.

DOSSIER 4

Comment les individus adaptent-ils leur consommation aux variations des prix ?

DÉCOUVRIR

La cigarette ne fait plus un tabac

1 Fumer mais à l'air libre

2 Image choc

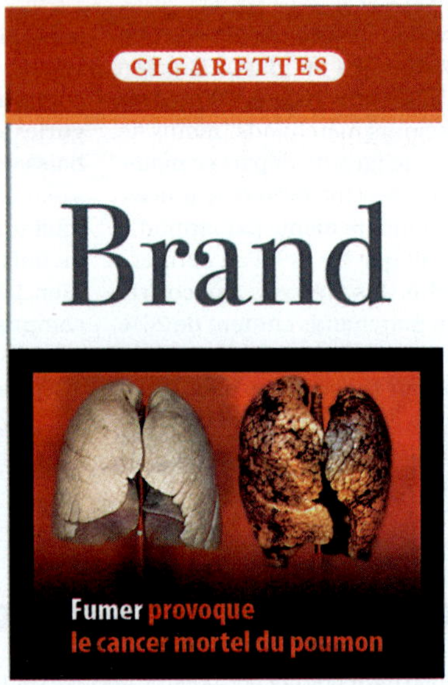

3 La bourse et la vie

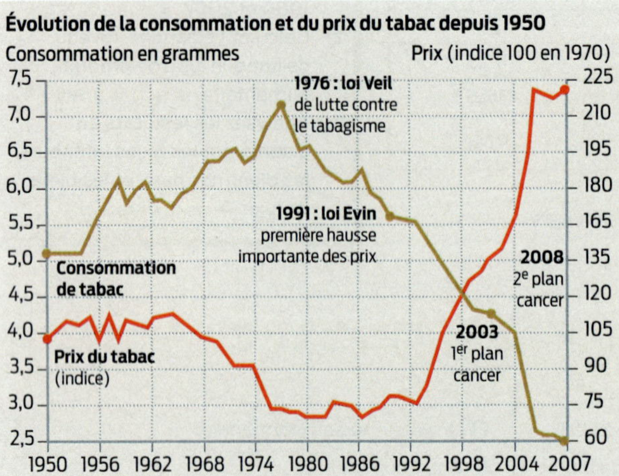

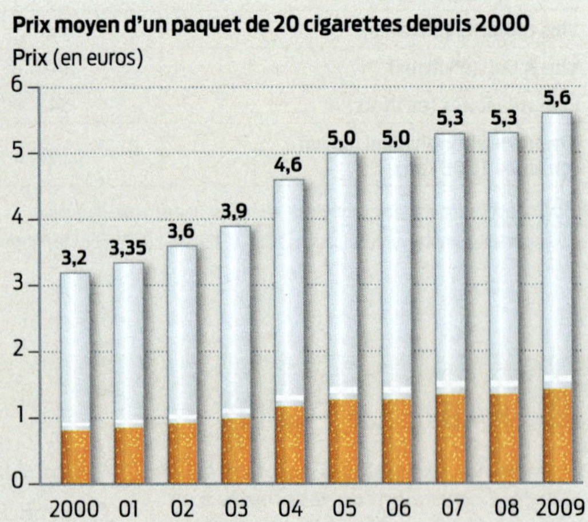

S. Rancy, « Hausse des prix du tabac, payer toujours plus pour fumer moins », *Le Progrès*, 22 octobre 2009.

Selon Yves Martinet, président du Comité de lutte contre le tabagisme. « + 10 % sur les prix, ça donne - 4 % de consommation ».

4 Le diplôme contre la cigarette ?

Facteurs sociodémographiques associés au statut tabagique en 2000 et 2005 (enquêtes INPES)

% en ligne	Baromètre santé 2000			Baromètre santé 2005		
	fumeur	ancien fumeur	n'a jamais fumé	fumeur	ancien fumeur	n'a jamais fumé
Diplôme :						
· bac	45	21	34	39	30	31
· bac à bac + 2	41	20	39	40	26	34
· bac + 3	35	20	45	26	34	40
Situation professionnelle						
· Au chômage	44	16	40	48	20	32
· Ouvrier en emploi	45	2	34	37	31	32
· Cadre en emploi	36	22	42	27	37	36
Revenu du ménage par unité de consommation :						
· Premier décile	46	14	40	49	19	32
· Second à 9e décile	42	20	38	36	30	34
· Dernier décile	36	28	36	27	39	34

Revenu du ménage par unité de consommation : le 1er décile correspond aux 10 % des ménages les plus pauvres et le dernier décile aux 10 % des ménages les plus riches.
« Tabagisme et inégalités sociales : les milieux défavorisés sont les premiers touchés ». *Regard Santé*, nº 20, Institut national du cancer, 2009.

5 Blond ou roulé

Depuis l'adoption de la loi Evin, les ventes de tabac à rouler ont littéralement explosé, représentant désormais 12 % des ventes en volume (en 2005) contre seulement 1,5 % (avant 1991). Dénoncée par l'Office français de prévention du tabagisme (OFT), cette explosion des ventes du tabac à rouler n'est pas pour autant une surprise pour les spécialistes : « Il y a quinze ans, ce phénomène était déjà annoncé car amplement prévisible sous la pression de l'évolution des prix du tabac » rappelle le Dr Anne Borgne, tabacologue [...]. Car ce sont surtout les jeunes et les personnes en situation de précarité qui font appel à ce type de produit, ne pouvant assumer des cigarettes préroulées à 5 euros ou plus le paquet de 20.

[...] L'OFT va plus loin en dénonçant « le scandale du tabac à rouler », encore plus impropre à la consommation que les cigarettes industrielles en raison de taux bien plus élevés de nicotine et de goudrons. Dans un communiqué, l'OFT précise que « si le tabac à rouler était pré-roulé et mis ainsi sur le marché, il serait aussitôt interdit dans tous les pays européens du fait d'une trop grande toxicité ! ». Pourquoi ? « Tout simplement parce que le tabac à rouler a été oublié par le législateur » nous indique Anne Borgne, précisant que le consommateur est ainsi abusé car il a tendance à penser que le tabac à rouler est un produit plus naturel, moins manipulé par les industriels, donc en fin de compte moins nocif…

« Le tabac à rouler, un scandale... sans surprise », Lettre mensuelle d'informations sur les effets du tabagisme et le sevrage tabagique, *Tabac Actualités*, nº 68, décembre 2005.

ACTIVITÉS

1 » Comment l'État intervient-il sur la consommation de cigarettes ? (doc. 1 à 3)

2 » Quel lien établissez-vous entre la variation du prix des cigarettes et l'évolution de leur consommation ? (doc. 3)

3 » Qui l'accroissement du prix du paquet de cigarettes entre 2000 et 2005 a-t-il le plus dissuadé d'arrêter de fumer ? Pourquoi ? Le prix est-il le seul facteur explicatif ? (doc. 4)

4 » Les ménages les plus modestes sont-ils sensibles au prix des cigarettes ? Pourquoi ? (doc. 4)

5 » Comment les fumeurs contournent-ils l'augmentation des prix des paquets de cigarettes ? (doc. 5)

DOSSIER 4

Comment les individus adaptent-ils leur consommation aux variations des prix ?

COMPRENDRE

1 Plus précieux qu'un vaccin contre la grippe

La panique. C'est le seul mot pour décrire la situation dans les hôpitaux, les cliniques et les maisons de retraite aux États-Unis en octobre 2004. Au début de ce mois, l'un des deux seuls fournisseurs de vaccins contre la grippe pour la totalité du marché américain (la Chiron Corporation) annonça que des problèmes de contamination l'obligeaient à fermer son usine de production. Avec cette fermeture, l'offre de vaccins contre la grippe pour la saison 2004-2005 fut brusquement divisée par 2 […]. À mesure que la nouvelle se répandait, la ruée sur les doses disponibles s'intensifiait. Les gens faisaient la queue au milieu de la nuit devant les commerces qui en avaient encore […] Dans le même temps, les distributeurs de produits pharmaceutiques[1] […] virent dans cette frénésie une opportunité de profits. L'un d'entre eux, Med-Stat, qui demandait normalement 8,50 $ pour un vaccin, commença à faire payer 90 $ […]. La plupart des gens refusaient ou n'étaient pas capables de payer un tel prix pour un vaccin, mais beaucoup acceptèrent. Med-Stat avait vu juste en pensant que les consommateurs de vaccins étaient relativement insensibles au prix.

[…] Pour beaucoup de personnes, se faire vacciner peut faire la différence entre la vie et la mort.

Paul Krugman, Robin Wells, *Microéconomie*, De Boeck Université, 2009.

1. Les sociétés qui obtiennent les vaccins des producteurs et les distribuent ensuite aux hôpitaux et aux pharmacies.

QUESTIONS

1» Comment expliquer la hausse du prix des vaccins ?
2» Expliquez la phrase soulignée.
3» Comment réagiraient les consommateurs à une multiplication par 10 du prix des céréales de petit déjeuner ? Pourquoi ?

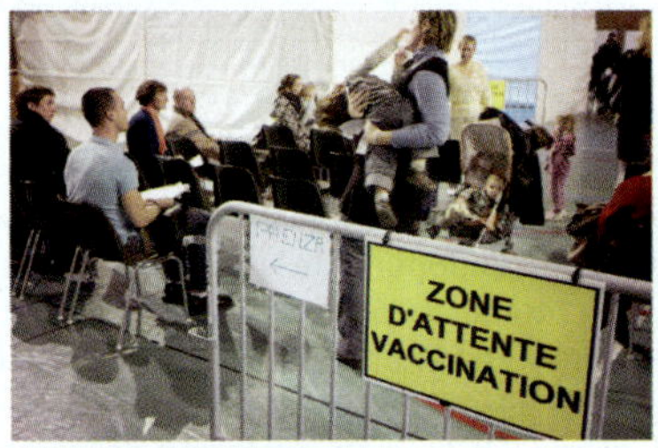

Grippe H_1N_1 : un centre de vaccination à Lyon, novembre 2009.

2 Nedjma, un nouvel opérateur de téléphonie mobile en Algérie

L'arrivée de Nedjma, l'opérateur de téléphonie mobile qatari sur le marché des télécommunications algérien, en 2004, a conduit à une baisse des tarifs : la demande de forfaits mobile est passée en moyenne de 3 680 abonnements par jour en 2003 à 15 910 en 2004.

	Avant l'entrée de Nedjma sur le marché	Après l'entrée de Nedjma sur le marché	Réduction
Prix à la minute des appels en Algérie	24 DA[1]	7,5 DA	69 %
Prix à la minute des appels vers la France	58,5 DA	15 DA	74 %

1. Dinars algériens.
D'après Watanya Telecom Algéria.

QUESTIONS

1» Calculez la progression du nombre d'abonnements entre 2003 et 2004 en Algérie.
→ FICHE MÉTHODE 7
2» La demande d'abonnements des consommateurs algériens est-elle élastique ou inélastique au prix des appels téléphoniques.
3» Pensez-vous que la demande d'abonnements est aussi élastique à la variation des prix en France qu'en Algérie ?

LE SAVIEZ-VOUS ?

En 2008, 79 % des Français possèdent un téléphone portable, soit plus de 90 % des 12-24 ans et 54 % des 60 ans et plus.

3 Les « premiers prix » augmentent plus que les autres

Part de marché du hard-discount en valeur

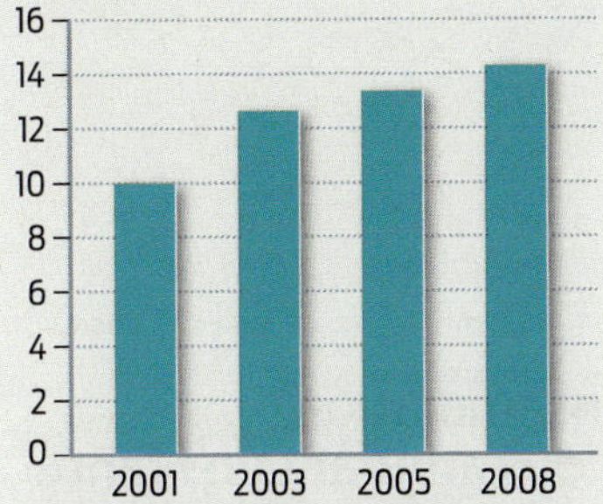

D'après Nielsen Scan Track/e-CENsiel

En 2008, le circuit de la distribution hard-discount (HD) affiche 14,2 % de part de marché. C'est son plus haut niveau depuis ses débuts en France en 1988.

Le panier alimentaire moyen français dans n'importe quelle enseigne de hard-discount a fortement augmenté, de 13 % en deux ans selon une étude de l'UFC-Que choisir[1]. En effet, chez le distributeur qui a le moins augmenté ses prix, Lidl, le prix d'un panier moyen constitué de 46 produits identiques est passé de 39,77 euros à 43,32 euros (+ 9 %) en deux ans. Le panier a augmenté de 15 % chez Aldi, de 17 % chez Norma, 10 % pour Netto (groupe Les Mousquetaires) mais c'est encore le panier moyen de l'enseigne française LeaderPrice (Casino) qui a connu la plus forte hausse avec +18 %. Cette flambée des prix a suivi directement la hausse de la fréquentation de ces enseignes connues avec la baisse du pouvoir d'achat et la crise économique. Le chiffre d'affaire du hard-discount a augmenté de 4,2 % en deux ans. [...] Toutefois, les produits du hard-discount restent largement compétitifs par rapport aux marques de distributeurs (MDD) et aux grandes marques. Un panier composé de 18 produits MDD est 32 % plus cher que le même panier discount, note l'UFC-Que choisir.

1. Entre 2006 et 2008.

« Hard-discount : forte hausse des prix en deux ans », Rapport de l'entreprise Keyliance, janvier 2009.

QUESTIONS

1» Calculez le taux de variation de la part de marché des hard-discounts français entre 2001 et 2008. → FICHE MÉTHODE 7

2» Comment a évolué la demande de produits hard-discount alors que leur prix augmentait entre 2006 et 2008 ? Pourquoi ?

3» Les produits alimentaires vendus dans les hard-discounts sont-ils des biens inférieurs, normaux ou supérieurs ?

ALLER PLUS LOIN

À partir de l'exemple de l'Irlande au XIXe siècle, **Robert Giffen** (1837-1910) montre qu'en période de famine, alors que le prix des produits de première nécessité (bien inférieur) augmente beaucoup (comme la pomme de terre), les ménages les plus pauvres en consomment davantage et y consacrent une part plus importante de leur revenu. Les biens Giffen sont donc des biens dont la demande augmente avec le prix (élasticité-prix positive).

4 Paris-Nice EXERCICE

Une étude statistique montre que la demande de billets d'avion aller-retour hebdomadaire entre Paris et Nice est différente en première et en seconde classe selon le niveau des prix.

Prix des billets de 1re classe en euros TTC	Nombre de billets demandés pour ce prix en 1re classe	Prix des billets de 2de Classe en euros TTC	Nombre de billets demandés pour ce prix en 2de classe
120	1050	**70**	1700
150	950	**100**	1200
180	810	**120**	850
220	780	**150**	200

QUESTIONS

1» Calculez l'élasticité-prix de la demande de billets d'avion de 1re classe lorsque le prix des billets passe de 150 à 180 euros. → FICHE MÉTHODE 9

2» Calculez l'élasticité-prix de la demande de billets d'avion de 2de classe lorsque le prix des billets passe de 100 à 120 euros.

3» Que constatez-vous ?

FAIRE LE POINT

» **Précisez pour les situations suivantes, si l'élasticité-prix de la demande du consommateur est proche de 0, voire nulle, comprise entre 0 et 1 ou supérieure à 1 :**

❶ le prix du gaz augmente alors que l'hiver est rigoureux ; ❷ le prix des séjours touristiques au Maroc augmente ; ❸ le prix des chambres d'hôtels flambe à Los Angeles alors que les touristes européens ne peuvent pas prendre l'avion à cause d'un nuage de poussière volcanique.

GRAND ANGLE

Prix de l'essence et modification de la consommation des ménages

→ **SAVOIRS :** consommation

→ **SAVOIR-FAIRE :** taux de variation, coefficients multiplicateurs → FICHE MÉTHODE 7, élasticité-prix → FICHE MÉTHODE 9

» La relation entre prix et consommation de carburant

1 Consommation d'essence et prix

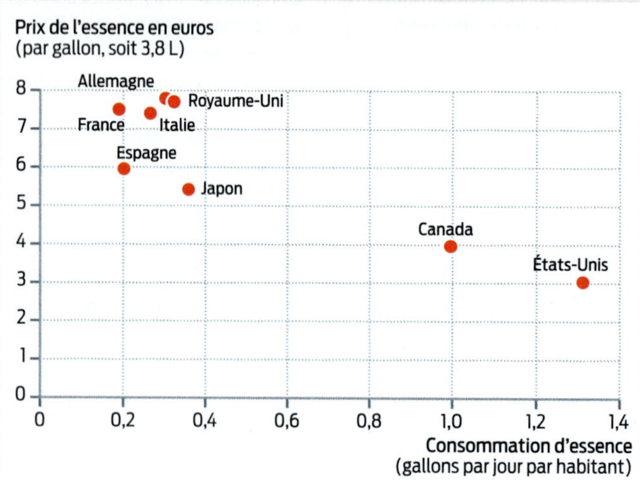

US Energy Information Administration, 2007.
Dans P. Krugman & R. Wells, *Microéconomie*, De Boeck, 2e édition, 2009.

2 Consommation et prix du carburant en France

	Quantité totale de consommation de carburants	Prix du carburant
1990-1995	+ 6,3%	+ 7,5%
1995-2000	+ 10,5%	+33%
2000-2003	+0,10%	-6,60%
2003-2006	-2,80%	+28%

DGEMP, 2007.
Dans *UFC-Que Choisir*, « La taxe carbone. Un outil peu efficace pour diminuer la consommation d'énergie », 2009.

3 Le cas français : un impossible ajustement à la baisse de la consommation de carburant

Lors de la forte hausse du prix du pétrole de l'été 2000, les populations des pays européens sont descendues dans les rues. Les camionneurs ont bloqué les routes et les entrées des raffineries. La protestation politique a été massive. On aurait pu penser que les Américains, qui dépendaient plus du pétrole que les Européens (ils utilisent plus de carburant par tête d'habitant) allaient protester encore plus fort, d'autant que le pourcentage de hausse en Europe était sensiblement plus faible […].
Le fait que cela ne se soit pas produit doit attirer notre attention sur un point très important : les conséquences d'une hausse massive d'un prix ne dépendent pas seulement de la consommation du bien concerné mais aussi de la capacité des consommateurs d'absorber cette hausse. Les Européens avaient déjà poussé au maximum les économies de carburant, en raison du niveau beaucoup plus élevé du prix de l'essence par rapport aux Etats-Unis. Il était donc difficile de faire des économies supplémentaires dans ce domaine. Pour les consommateurs, le coût d'un accroissement supplémentaire des prix est vraisemblablement bien plus élevé quand les individus ne peuvent plus faire des économies sur leur consommation d'essence.

P. Krugman & R. Wells, *Microéconomie*, De Boeck Université, 2e édition, 2009.

ACTIVITÉS

1 » À partir du doc. 1, quelle corrélation peut-on établir entre le prix de l'essence et sa consommation ? Illustrez par des données chiffrées.

2 » Est-ce que la même corrélation entre prix et consommation de carburant semble s'observer dans le cas français entre 1990 et 2006 (doc. 2) ?

3 » Expliquez la phrase soulignée du doc. 3.

4 » La consommation de carburant des Européens dans les années 2000 est-elle très élastique ou peu élastique au prix (doc. 3) ?

Les causes de la réduction de la consommation de pétrole

4 L'évolution des modes de chauffage

Les dépenses en chauffage en millions d'euros (aux prix de 2000)

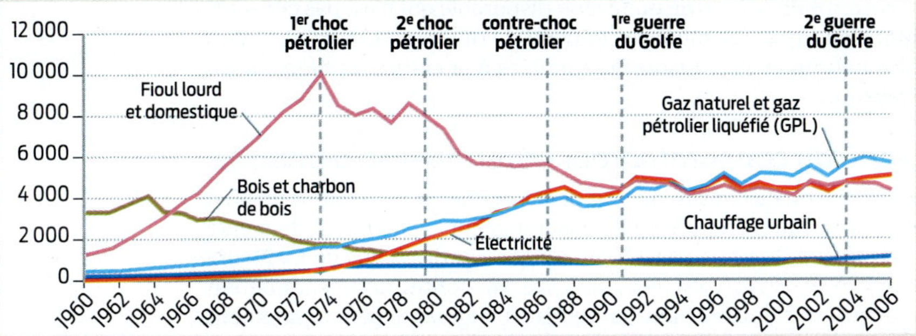

« Consommation d'énergie : autant de dépenses en carburants qu'en énergie domestique », *INSEE Première*, n° 1176, février 2008.

À SAVOIR

Le fioul lourd et le fioul domestique sont tous les deux produits à partir du pétrole. Leur prix dépend donc du prix du pétrole. Au contraire, l'électricité est produite en France majoritairement à partir de l'énergie nucléaire, dont le prix ne dépend pas du prix du pétrole.

5 L'évolution des moteurs des automobiles

Part des voitures équipées d'un moteur diesel dans les immatriculations neuves

1980	1990	2000	2005	2008
9,9 %	33,0 %	49,0 %	69,1 %	77,3 %

Comité des constructeurs français d'automobiles (CCFA)
Dans T. Méot, « L'industrie automobile en France depuis 1950 », INSEE, *L'Économie française*, édition 2009.

6 Moins de kilomètres parcourus

Kilométrage annuel moyen des voitures particulières en France de 1990 à 2007

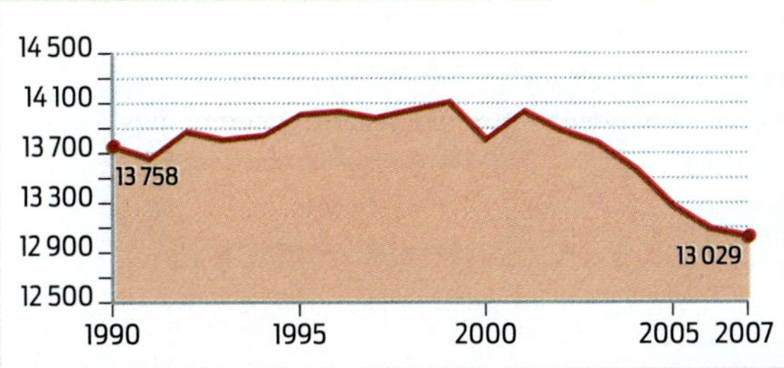

Données : CCFA, Setra, Asfa, TNS-Sofres, CPDP, Meeddat/Sesp, dans M. Chevallier, « Automobile : la fin d'un rêve », *Alternatives économiques* n° 279, avril 2009.

ACTIVITÉS

1 » Montrez que les ménages français ont choisi progressivement une technologie de chauffage dont les prix dépendent peu du prix du pétrole (doc. 4).

2 » Mesurez par un coefficient multiplicateur l'augmentation de la proportion de moteurs diesel dans les véhicules neufs de 1980 à 2008 (doc. 5). → FICHE MÉTHODE 7

3 » Expliquez cette évolution (doc. 5).

4 » Commentez le doc. 6 en vous appuyant sur un taux de variation et en donnant les différentes raisons pouvant expliquer l'évolution observée.

QUESTION DE SYNTHÈSE

Montrez que l'augmentation du prix du pétrole influence la consommation d'essence des ménages, puis expliquez ses faibles effets en France.

L'ESSENTIEL

» Le revenu disponible sert à consommer et épargner

La **structure de la consommation des ménages** a fortement varié au cours des cinquante dernières années. Ainsi la part des dépenses de consommation s'est modifiée au profit des dépenses de santé ou de loisirs alors que le **revenu disponible** des Français s'accroissait. Le revenu disponible est ce dont disposent les ménages pour **consommer** après versement des **prélèvements obligatoires** et réception des **revenus de transferts**. S'il augmente plus vite que les prix (**inflation**), les ménages voient leur **pouvoir d'achat** augmenter. L'**épargne** correspond à la partie du revenu disponible qui n'est pas consommée. Le **taux d'épargne** des ménages dépend de différentes variables telles que l'âge, les habitudes de consommation liées à la culture et bien sûr du niveau de revenu.

» Le revenu du consommateur détermine sa demande

La variation du revenu du consommateur peut modifier sa demande d'un bien particulier. Ainsi, lorsque le revenu d'un consommateur augmente, sa demande de **biens inférieurs** diminue car il les remplace par des biens de meilleure qualité. L'**élasticité-revenu** est alors négative. Par contre, la consommation de **biens supérieurs** (loisirs, biens culturels…) augmente plus rapidement que la hausse du revenu. La demande d'un consommateur pour des **biens normaux** (alimentation) augmente moins que proportionnellement à la hausse de son revenu. On retrouve ici la **loi d'Engel** selon laquelle **la part de l'alimentation dans le budget des ménages diminue à mesure que leur revenu augmente**.

» Le prix des biens influence la demande

Généralement, la demande d'un bien diminue lorsque le prix de ce bien augmente. On dit alors que l'**élasticité-prix** est négative car le prix et la demande varient en sens contraire. La demande d'un bien peut être **très élastique** au prix de ce bien, c'est-à-dire **réagir fortement à la hausse ou à la baisse du prix**. C'est le cas de la demande de biens supérieurs (loisirs). La demande d'un bien peut au contraire être **peu élastique** à la variation du prix à l'instar des biens normaux. Ce sont des biens dont les consommateurs peuvent moins facilement se passer.

Comprendre autrement »

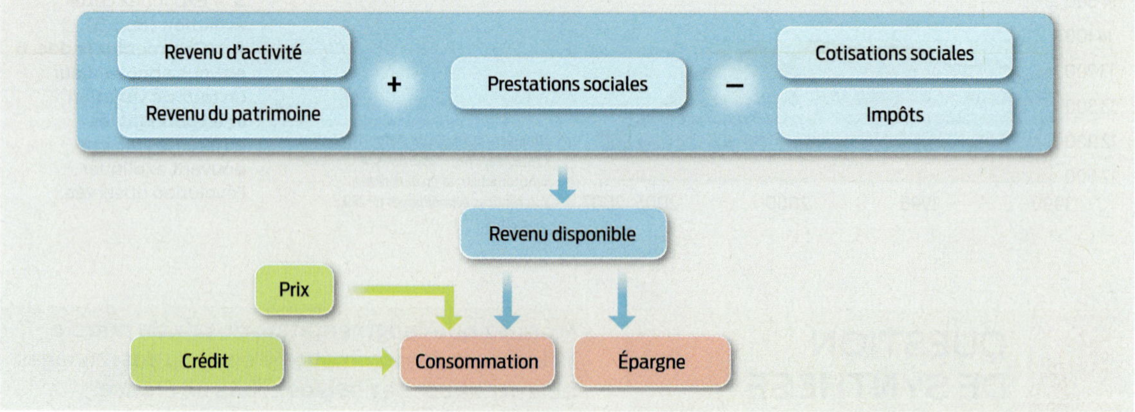

CHAPITRE 2

La consommation : un marqueur social ?

La consommation est-elle aussi un acte social ?

OBJECTIFS DU CHAPITRE

On montrera que les choix de consommation sont socialement différenciés en fonction de la profession, du niveau d'éducation, de l'habitat, de l'âge. On s'interrogera sur l'influence de la mode et de la publicité sur les comportements de consommation.

Les choix de consommation individuels dépendent-ils seulement des prix et des revenus ?

DÉCOUVRIR

Plus « bio » et plus cher !

1 Consommateur paradoxal ?

Part de l'alimentation bio dans l'alimentation globale

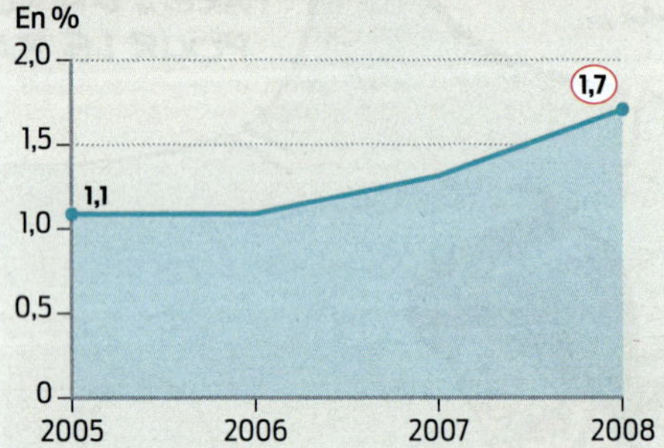

Le Figaro, 5 janvier 2010.

Selon une étude du cabinet *TNS Worldpanel* parue en janvier 2009, 80 % des ménages français affirment porter un intérêt à la préservation de la planète.
Le consommateur de produits « bio » type vit en couple avec des enfants en maternelle ou de plus de 18 ans. Quand il s'agit de jeunes couples, ils disposent pour l'essentiel de revenus élevés.

2 Pourquoi certains boudent-ils le bio ?

Question posée : *« Je vais vous citer un certain nombre de propositions. Pour chacune d'entre elles, pouvez-vous me dire si, oui ou non, c'est une raison pour laquelle vous n'avez pas acheté récemment ou que vous n'achetez jamais de produits biologiques ? »*

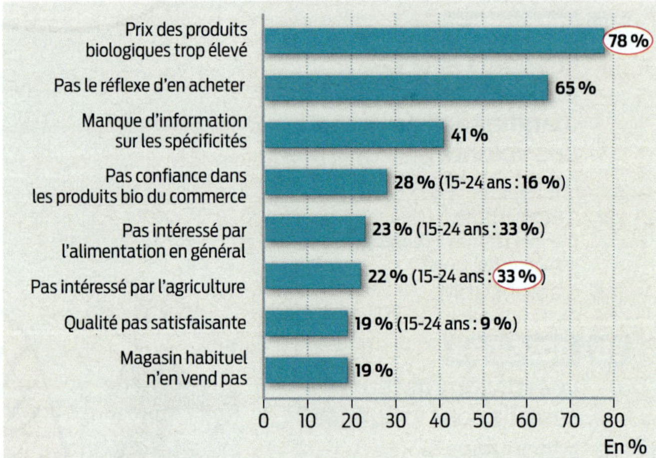

Champ : Français de plus de 15 ans
Baromètre Agence Bio/CSA, 2007.

3 Sain mais cher…

Le bio est plus cher, pourquoi ?

La première raison est liée au mode de production. L'agriculteur bio a pour principe de respecter l'environnement. Il n'utilise pas de pesticides ni d'engrais chimiques. Du coup, ses rendements[1] sont moindres et le coût du travail est plus élevé. […]. Ainsi, en 2008, le litre de lait bio était payé au producteur 10 à 30 % plus cher que le lait conventionnel et jusqu'à 50 % plus cher en 2009 […]. Autre cause de surcoût : la certification des produits bio. Les producteurs bio paient les organismes certificateurs qui les contrôlent et qui leur délivrent l'autorisation de porter le logo AB ou la mention officielle « produit issu de l'agriculture biologique » […]. L'association de consommateurs UFC-Que choisir a mis récemment les pieds dans le plat en dénonçant des marges[2] exagérées de la grande distribution sur les aliments bio, surtout quand ils sont vendus sous marques de distributeurs (MDD). Elle souligne, par exemple, que le panier de 14 produits bio qu'elle a sélectionnés pour son enquête coûte 57 % plus cher que le panier équivalent de produits MDD non bio […]. « Le marché des produits bio ne doit pas être réservé aux ménages les plus aisés. Il faut les rendre accessibles au plus grand nombre », note l'UFC.

Frédérique Le Gall, « La nature au prix fort », *Le Télégramme*, 7 février 2010.

1. Volume de production par unité de surface cultivée (par exemple tant de tonnes par hectare).
2. Différence entre le prix d'achat au fournisseur et le prix de revente au consommateur.

4 Quand la cantine s'y met

Début 2009, 36 % des restaurants collectifs ont déclaré proposer des produits bio, au moins occasionnellement. Il semble que les cantines d'écoles soient plus performantes et davantage incitées (par la pression des parents !) à passer au bio avec plus de produits ou des menus tout bio.

5 Le boom du bio dans les grandes surfaces

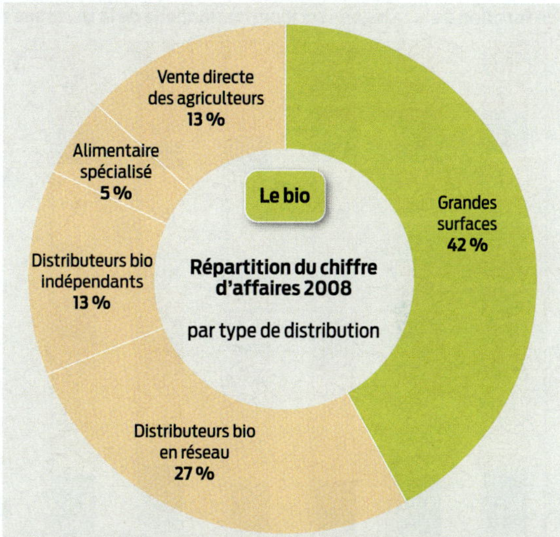

Source : Précepta d'après l'Agence Bio

Désormais, les grandes surfaces traditionnelles vendent plus de bio que les réseaux spécialisés, comme Biocoop, Naturalia ou La Vie Claire.

ACTIVITÉS

1 » Donnez le sens du nombre entouré du doc. 1 et demandez-vous en quoi il peut sembler paradoxal par rapport au texte.

2 » Faites une phrase avec les nombres entourés du doc. 2. Diriez-vous que la majorité des Français se désintéressent de l'alimentation biologique ?

3 » Quels sont les différents facteurs qui expliquent que les aliments bio soient plus chers que leurs équivalents « conventionnels » ? (doc. 3)

4 » Quel intérêt peut-il y avoir à ce que les cantines proposent des produits bio ? (doc. 4)

5 » Comment expliquer le développement de rayons bio dans les grandes surfaces ? (doc. 5)

DOSSIER 1

Les choix de consommation individuels dépendent-ils seulement des prix et des revenus ?

COMPRENDRE

1 Budgets inégaux, structures différentes

Part des différents postes de dépenses dans le budget des ménages en fonction de la catégorie socioprofessionnelle de la personne de référence (en %)

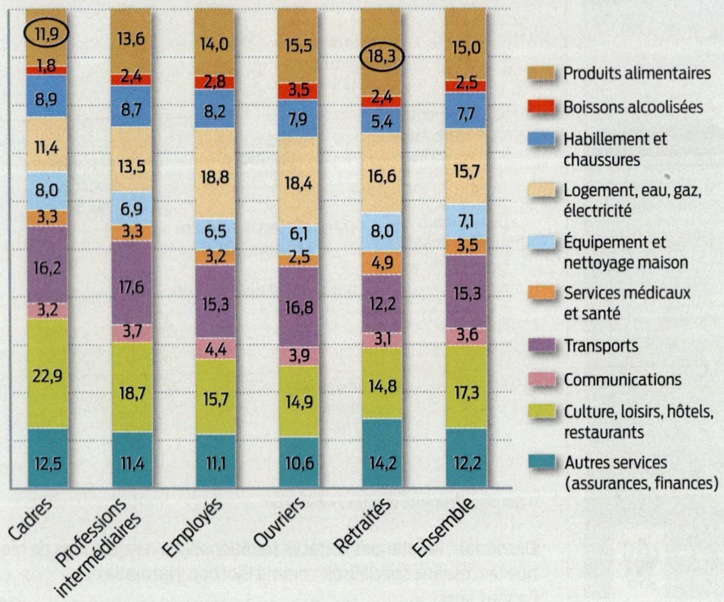

La dépense totale s'entend ici hors impôts, gros travaux, remboursements de prêts, prélèvements effectués par l'employeur et transferts financiers entre ménages.
Champ : France métropolitaine. Données INSEE, *Enquête Budget de famille 2006*, janvier 2008.

QUESTIONS

1» Faites une phrase avec les données entourées.

2» Comparez les structures de dépense en fonction de la profession et catégorie socioprofessionnelle (PCS) ; quelle « loi » retrouvez-vous ? Illustrez votre réponse par des exemples chiffrés.

ALLER PLUS LOIN

Les **professions et catégories socioprofessionnelles** (PCS) servent à classer l'ensemble de la population en un nombre restreint de catégories présentant chacune une certaine homogénéité sociale. Parmi les actifs, on recense ainsi les agriculteurs exploitants, les artisans, les commerçants et chefs d'entreprise, les cadres et professions intellectuelles supérieures, les professions intermédiaires, les employés et les ouvriers.

2 Le milieu plus fort que le revenu

Le revenu agit bien sur un budget [...]. Son action s'exerce à travers le système des goûts et des préférences que les individus se sont progressivement formés dans leur milieu. Les contraintes imposées par les conditions sociales d'existence de travail, les traditions familiales, la culture locale, le système de valeurs ont ainsi progressivement modelé les goûts des individus. [Le sociologue Maurice] Halbwachs les nomme « représentations sociales » parce qu'elles correspondent à « l'opinion que chacun de ces groupes a de lui-même ». À revenu égal, un ouvrier d'origine rurale ne mangera ni ne se logera de la même façon qu'un ouvrier d'origine urbaine [...]. Un ouvrier dont les revenus s'élèvent fortement n'alignera jamais son mode de vie sur celui d'un cadre. Il vivra comme un riche ouvrier, ce qui est très différent. De même, un cadre au chômage sera contraint de faire des économies mais, si serré qu'il soit, son budget n'aura rien à voir avec celui d'un ouvrier, même riche.

Christian Baudelot, *Consommation et société*, PUF, 1994.

QUESTIONS

1» Quel facteur détermine en premier lieu nos dépenses de consommation d'après M. Halbwachs ?

2» Qu'appelle-t-il les « représentations sociales » ? Comment se forment-elles ?

3» Ces observations viennent-elles contredire les analyses d'Engel ?

3 Les budgets vêtements en Europe

Part du budget allouée en moyenne à l'habillement et niveau de PIB par habitant dans les différents pays de l'Union européenne

En % du budget des ménages

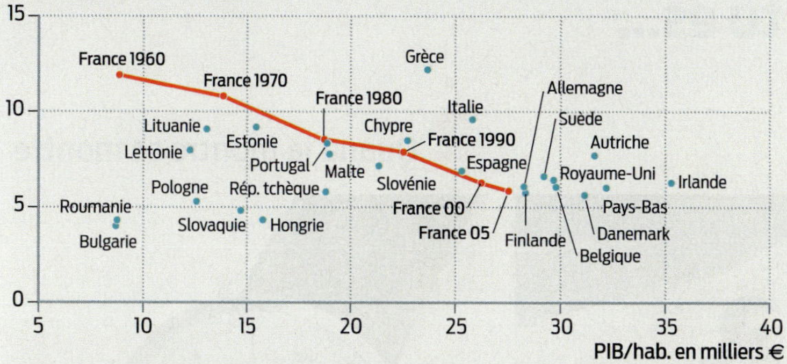

Lecture : en France en 1960, la part réservée à l'habillement et aux chaussures était de 12 % du budget des ménages, pour un PIB de 8 800 euros par habitant (en euros constants de 2005).
Source : Insee, comptes nationaux, base 2000.

Georges Consales, Maryse Fesseau et Vladimir Passeron, *La Consommation des ménages depuis cinquante ans*, INSEE, 2009.

QUESTIONS

1» Faites une phrase pour décrire la situation de la Bulgarie et celle de l'Irlande.

2» Quelle évolution constatez-vous concernant le cas français ?

3» Comparez l'Allemagne et l'Italie. Que constatez-vous ? Faites le lien avec le document 2.

4 La génération joue aussi

Quand on compare les postes de dépenses des différents groupes d'âge en 1985 et aujourd'hui, qu'est-ce qui a le plus changé ? Premier constat : l'alimentation occupe une part moins importante dans le budget des ménages. Les Français lui consacraient 21 % de leur consommation effective en 1980, contre 17 % en 2006, selon l'INSEE [...]. Second constat : l'augmentation du poids des dépenses liées au logement (loyer, eau, gaz, électricité et autres combustibles) chez les jeunes. Si toutes les catégories d'âge sont concernées par cette hausse, ce sont les 25-29 ans qui la subissent le plus durement [...]. Troisième constat : les jeunes consacrent aux communications une part de leur budget plus importante qu'au début des années 1980 [...]. Les différences entre groupes d'âge se retrouvent aussi dans le niveau de consommation. Traditionnellement, plus on vieillit et moins on consomme : les plus âgés sont en effet moins mobiles, plus souvent propriétaires de leur logement et leurs dépenses d'équipement et d'installation dans la vie sont réalisées depuis longtemps.

Claire Alet, « Plus on vieillit, moins on consomme », *Alternatives économiques*, hors-série, nº 85, avril 2010.

QUESTIONS

1» Quelle est la différence entre « groupe d'âge » (génération) et « catégorie d'âge » ?

2» Que comprennent les dépenses de communication ? Qu'est-ce qui peut expliquer leur hausse dans le budget des ménages, surtout les plus jeunes, depuis les années 1980 ?

3» Pourquoi la hausse des dépenses de logement frappe-t-elle plus fortement les jeunes selon vous ?

FAIRE LE POINT

» **Par quel type de personnes les biens et services suivants seraient-ils davantage susceptibles d'être consommés aujourd'hui (âge, sexe, lieu de résidence, etc.) ?**

1 Des pommes de terre, 2 des steaks de soja biologique, 3 des billets pour un concert des Tokyo Hotel, 4 un quad, 5 des places pour un match de foot de Ligue 1, 6 un scooter, 7 des places pour la finale du tournoi de Roland Garros, 8 un CD d'opéra, 9 une console de jeu Wii, 10 une croisière en Méditerranée, 11 une tente de camping une place.

DOSSIER 2

Les goûts et préférences des individus manifestent-ils une volonté de s'affirmer ou de s'intégrer ?

DÉCOUVRIR

Dis-moi ce que tu achètes, je te dirai qui tu es…

1 Ceux qui en « jet »…

Dans le film *Coco* (2008), l'humoriste Gad Elmaleh interprète un « self-made man » qui a fait fortune grâce à son invention, l'« eau frétillante », et qui est obsédé par l'idée de faire voir son succès économique à son entourage.

2 Quand la montre se montre

Montre-bracelet quartz unisexe, prix de vente : 6,90 €.

Modèle « Tamara Ecclestone » en or de Rolex, prix de vente conseillé : 82 340 €.

3 Être à la mode, un art subtil…

Marie Voyelle, *Frime1*, *Frime 2*, 2006.
www.accroche-toi-a-ton-sloup.overblog.com

4 La boucle est bouclée

5 Quand le crocodile fait sa mue

Le crocodile a pour réputation de ne jamais lâcher sa proie. Si ce trait de personnalité du talentueux joueur de tennis René Lacoste avait séduit les Américains au point de le surnommer « Alligator » il va tout aussi bien au dirigeant qui signe depuis quelques années le renouveau du célèbre reptile amphibien : Guy Latourrette [...]. Depuis trois ans, il fait défiler le croco sur un podium à New York - une première - et, signe des temps, les *people* l'affichent à l'envie [...]. Le crocodile a ainsi battu en 2006 son record historique de vente de vêtements à son effigie avec 27 millions de pièces vendues dans le monde, propulsant le chiffre d'affaires de la marque au-delà du milliard d'euros, soit près du double d'il y a cinq ans. Un miracle tant la marque créée en 1933 par René Lacoste et son complice, le bonnetier André Gillier, était en piteux état à la fin des années 1990. Certes, ce n'était pas les comptes qui viraient au rouge mais le crocodile qui avait perdu de son vert aux yeux de ses fidèles clients de Neuilly-Auteuil-Passy en s'affichant comme uniforme chez les jeunes de banlieue. Plus du tout chic, ni plus du tout branché, un rien ringard, le polo était devenu un attribut du golfeur retraité de plus de 60 ans.

Sophie Péters, « Lacoste se transforme en marque de mode », *Les Échos*, 29 août 2007.

ACTIVITÉS

1 » Comment Coco manifeste-t-il son ascension économique ? (doc. 1)

2 » Pour quelle(s) raison(s) quelqu'un pourrait-il choisir d'acheter le second modèle de montre plutôt que le premier ? (doc. 2)

3 » Pourquoi est-ce compliqué de paraître à la mode ? (doc. 3)

4 » Que recherchent les différents groupes sociaux les uns par rapport aux autres dans la bande dessinée ? (doc. 4)

5 » Pourquoi la marque Lacoste a-t-elle été délaissée dans les années 1990 par les jeunes de milieu aisé ? Était-ce un choix délibéré de la firme ? (doc. 5)

DOSSIER 2

Les goûts et préférences des individus manifestent-ils une volonté de s'affirmer ou de s'intégrer ?

COMPRENDRE

1 Comment devient-on accroc aux marques ?

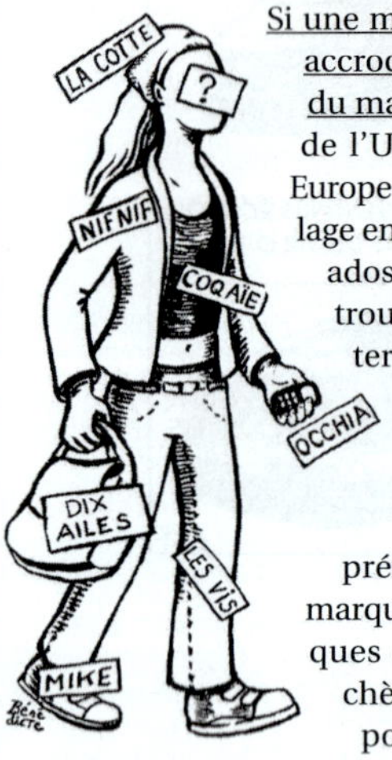

Bénédicte.

Si une majorité de jeunes sont accrocs aux marques, ils ont du mal à l'avouer. L'enquête de l'Union des Familles en Europe montre l'énorme décalage entre les déclarations des ados qui ne sont que 11 % à trouver important d'acheter un vêtement de marque, et le sentiment des parents qui sont 62 % à estimer que leur collégien préfère des vêtements de marque précise [...]. Les marques étant nettement plus chères que la normale, le poids financier est lourdement ressenti par 92 % des professions intermédiaires, 86 % des familles avec un seul salaire et par 86 % des familles d'ouvriers et employés [...]. Les jeunes sont d'abord influencés par les stars : chanteurs, acteurs, sportifs, jeunes présentateurs TV sont les porte-drapeaux des marques qui les courtisent assidûment. Mais les marques ne s'arrêtent pas là. Pour vendre et se faire une place de choix, nombre d'entre elles vont jusqu'à recruter sur Internet ou à la sortie des écoles des jeunes « in » qui deviennent « ambassadeurs de marques ». Ils permettent par identification de déclencher une pulsion d'achat chez les autres membres du groupe.

D. Houssonloge, « Les marques, credo des ados ? », Ufapec, 2009. www.ufapec.be.

QUESTIONS

1» Illustrez et analysez la phrase soulignée du texte.

2» Quel(s) problème(s) l'achat de vêtements de marque par les adolescents pose-t-il ?

3» Qu'est-ce qui contribue à diffuser les marques auprès des adolescents ?

2 En Ouganda, la consommation reflet de l'ascension sociale

Denis Ruharo est un entrepreneur diplômé de l'enseignement supérieur. Il ne se sépare jamais de son BlackBerry ni de ses deux portables Nokia, et achète des légumes bio au supermarché. Il lui arrive de traiter ses affaires en sirotant une bière Nile bien fraîche dans un club, le Silk. « Non seulement j'ai fait de gros travaux chez moi, mais j'ai réussi à contracter un emprunt immobilier », récapitule-t-il, jetant un coup d'œil au budget que sa femme et lui ont établi sur leur ordinateur. « La voiture, les frais de lavage et de parking. Les loisirs : télévision par câble, cinéma, club de gym. Et, en règle générale, nous prenons des vacances deux fois par an » [...]. Dans une région souvent associée à la grande misère, Ruharo fait partie d'une catégorie en progression en Afrique subsaharienne : les ménages à faibles et moyens revenus pour lesquels l'ascenseur social fonctionne [...]. Mariam Adam, une esthéticienne, rapporte que ses amies vont au centre commercial même si elles n'ont pas les moyens d'acheter grand-chose. On vient ici pour se montrer, pour que les autres croient qu'on a de l'argent, même si ce n'est pas vrai. « Tout a beaucoup changé », poursuit-elle, se souvenant du temps où elle se sentait mal fagotée à côté d'une Anglaise. « Maintenant, une femme venue de Londres portera les mêmes chaussures que moi. »

Stephanie McCrummen, *The Washington Post*, repris dans *Courrier International* nº 832, 11 septembre 2008.

QUESTIONS

1» Pourquoi certaines femmes passent-elles du temps dans les centres commerciaux sans forcément consommer ?

2» À qui les classes moyennes ougandaises cherchent-elles à ressembler ?

3 Employer une femme de ménage, une pratique distinguée ?

Proportion de ménages employant une femme de ménage, par catégorie socioprofessionnelle, en %

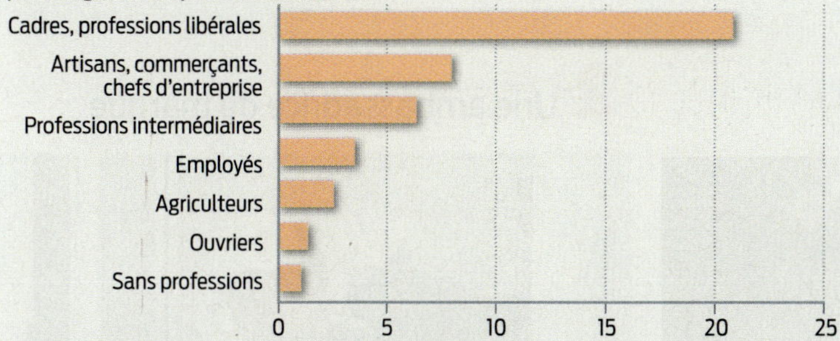

Note : le dispositif du chèque emploi service universel (Cesu) permet aux employeurs de personnel à domicile de déduire jusqu'à 50 % des salaires versés de leurs impôts sur le revenu.

Alternatives économiques nº 164, novembre 1998.

QUESTIONS

1» Calculez la différence entre la proportion de ménages de cadres et celle de ménages ouvriers qui emploient une femme (ou un homme !) de ménage.

2» Quel statut cela confère-t-il à ces derniers ? À quoi cela fait-il historiquement penser ?

3» L'emploi de personnel de ménage n'est-il qu'une question de revenus ?

4 Loisirs et consommations ostentatoires

Pour s'attirer et conserver l'estime des hommes, il ne suffit pas de posséder simplement richesse ou pouvoir : il faut encore les mettre en évidence, car c'est à l'évidence seule que va l'estime. En mettant sa richesse bien en vue, non seulement on fait sentir son importance aux autres, non seulement on aiguise et tient en éveil le sentiment qu'ils ont de cette importance, mais encore, chose à peine moins utile, on affermit et préserve toutes raisons d'être satisfait de soi. À tous les stades de la civilisation, sauf aux plus inférieurs, un « cadre convenable » et l'exemption de tout « emploi servile » réchauffent et soutiennent l'amour propre de l'homme normalement constitué. S'il est contraint de se départir de son niveau de décence habituel, que ce soit dans les ornements, de la vie ou dans le genre et la durée de son activité quotidienne, il le ressentira comme un affront à sa dignité d'homme, que ses pairs le désapprouvent ou non, qu'il en ait ou non conscience. L'immémoriale distinction théorique du vil et de l'honorable, en matière de train de vie garde aujourd'hui encore beaucoup de son acuité. Rares sont les personnes de la bonne société à qui les formes vulgaires du travail n'inspirent pas une répugnance instinctive.

Thorstein Veblen, *Théorie de la classe de loisir*, Gallimard, 1970 (1899).

ALLER PLUS LOIN

Le sociologue et économiste **Thorstein Veblen** (1857-1929) a mis en évidence la persistance d'une « classe de loisirs » dans la société, c'est-à-dire d'une partie de l'élite qui affirme sa supériorité en gaspillant du temps et des ressources de manière voyante. On parle aujourd'hui d'« effet Veblen » pour désigner les produits de luxe dont l'augmentation du prix provoque une hausse de la consommation.

QUESTIONS

1» À quoi sert-il de rendre sa richesse visible aux yeux de tous selon l'auteur ?

2» Est-ce une pratique nouvelle ?

3» De quoi cherche-t-on ainsi à s'éloigner en apparence ?

FAIRE LE POINT

» **Parmi les biens ou services suivants, repérez ceux dont la consommation sert généralement à marquer son appartenance à un certain groupe, et ceux qui servent à se distinguer des autres :**

❶ un filet de pommes de terre, ❷ une soirée à l'opéra, ❸ des lunettes griffées d'une grande marque, ❹ une paire de chaussettes, ❺ une séance de cinéma dans un multiplexe, ❻ un séjour chez ses grands-parents, ❼ une boîte de caviar, ❽ des vacances aux Seychelles, ❾ un classeur à l'effigie d'un chanteur à la mode, ❿ une voiture de la marque BMW.

DOSSIER 3

Les consommateurs sont-ils sous influence ?

DÉCOUVRIR

Quand le rap se sape

1 Rappeurs et designers

Surnommé « Louis Vuitton Don » en raison de son addiction pour la marque française, le rappeur américain Kanye West a « dessiné » pour elle une chaussure en cuir rouge, la « Don », vendue 580 euros la paire.

La marque Ünkut, née en 2004, de la rencontre entre le rappeur Booba et de Viguen, créateur new-yorkais de Street Wear, propose des grandes tailles sur le marché européen.

2 Une ambassadrice de marque

La chanteuse Missy Elliot prend la pose pour une marque de sport qui la sponsorise.

3 Rap et marques, un mariage de raison

Le mélange rap-marques ne date pas d'aujourd'hui. En 1986, le titre « My Adidas », du groupe Run DMC, qui vantait implicitement les mérites de la marque de vêtements de sport, fut l'un des premiers succès du genre. En fait, luxe et hip-hop ont souvent fait bon ménage. En 2002, la chanson de Busta Rhymes intitulée « Pass the Courvoisier » – du nom de la célèbre marque de Cognac français – aurait fait bondir les ventes de 20 %. La marque avait alors profité de l'effet, sans aucune contrepartie. Les marques Bentley, Porsche, Gucci, Gulfstream, Cadillac et Dom Perignon ont déjà été évoquées dans leurs chansons par des stars du rap US comme Jay-Z, 50 Cent, Missy Elliot ou Snoop Doggy Dogg. En 2004, Cadillac, Hennessy, Mercedes, Rolls-Royce et Gucci ont fait partie des marques de prestige les plus mentionnées dans des chansons américaines. En France, on se souvient également de la chanson « Dans ma Benz Benz Benz », du groupe de rap français NTM, qui faisait directement allusion à la voiture de luxe de Mercedes. En général, les fabricants envoyaient aux chanteurs des caisses de bouteilles ou d'autres produits en guise de remerciement.

Catherine Le Lohé, « MacDonald's veut faire rimer rap avec Big Mac », *Le Monde*, 25 avril 2010.

4 Faire le clone et le clown

Le trio comique « Fatal Bazooka » : Michael Youn, Vincent Dessagnat et Benjamin parodient un groupe de rap.

5 Le hip-hop n'abrite pas de la crise

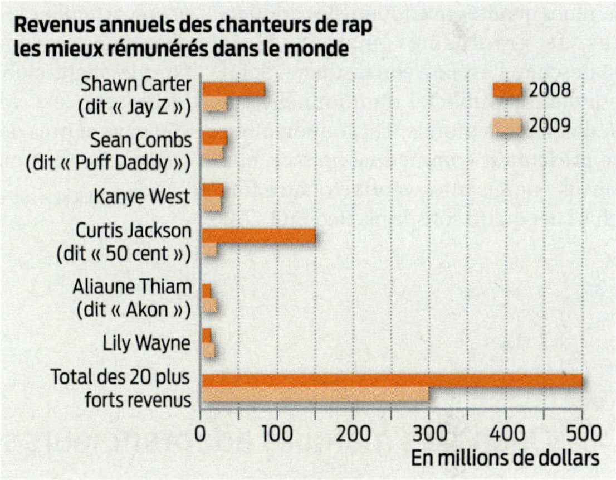

Forbes, classement annuel « Hip Hop's Cash Kings ».

En 2009, les revenus des principaux artistes de hip-hop ont connu en moyenne de fortes baisses. À noter que beaucoup ont aussi lancé leur propre label et leur ligne de vêtements (comme G-Unit pour 50 Cent ou Sean John pour Puff Daddy).

ACTIVITÉS

1 » À quel(s) public(s) les produits proposés par les rappeurs-designers sont-ils destinés dans le doc. 1 ?

2 » Est-il étonnant de voir les artistes de rap sponsorisés ou à la tête de marques de vêtements ? (doc. 1 et 2)

3 » Par quel support peut aussi passer la publicité selon le doc. 3 ?

4 » De quoi les trois comiques se moquent-ils chez les rappeurs ? (doc. 4)

5 » Comment expliquer les évolutions soulignées dans le doc. 5 ?

Les consommateurs sont-ils sous influence ?

COMPRENDRE

1 Red Bull, un succès stupéfiant

C'est lors d'un séjour en Thaïlande que l'autrichien Dietrich Mateschitz découvre le « krating daeng », qui signifie « buffle rouge » en thaï. Cette boisson est un énorme succès en Asie [...]. En 1984, [il] crée la société Red Bull GmbH, à côté de Salzbourg en Autriche [...]. L'étude de marché commandée avant son lancement en Autriche n'avait laissé à Red Bull aucune chance de succès : la couleur était repoussante, le goût infect, les prétendues qualités nutritionnelles douteuses, le graphisme amateur. Mais Mateschitz s'est fié à son instinct [...]. En boudant la publicité traditionnelle, en dédaignant la grande distribution et en se présentant comme une boisson aux vertus énergisantes vendue quatre fois plus cher qu'un soft-drink, Red Bull s'est d'entrée de jeu positionné comme une boisson hors norme [...]. Dietrich Mateschitz a aussi habilement misé sur la rumeur, le fameux *buzz marketing*, en organisant l'effet de rareté et en laissant se répandre sur Internet toutes sortes de légendes autour de la boisson : aphrodisiaque, comparée à de l'ecstasy, la taurine proviendrait des testicules de taureau ; des consommateurs auraient trouvé la mort, etc. Sa cible ? Les jeunes, et en particulier les étudiants en période d'examens, les sportifs, les hommes d'affaire, les night-clubbers. [...]. Aujourd'hui, la boisson est vendue dans plus de 150 pays et près de 3 milliards de canettes sont consommées chaque année.

« Red Bull, une success story qui donne des ailes », success-stories.fr, 19 octobre 2009.

QUESTIONS

1» Le succès de Red Bull était-il assuré au départ ?

2» En quoi la stratégie commerciale mise en œuvre par son créateur est-elle originale ?

3» Quelle image a-t-il cherché à associer à son produit ?

2 Quand les marques adaptent leurs stratégies

Les marques de boisson sont de plus en plus friandes d'opérations de communication de proximité avec les jeunes. « <u>Nous devons les toucher dans des moments où ils sont positifs</u> », affirme Hugues Pietrini, directeur marketing de Schweppes-Orangina. Comment ? En parrainant ou en organisant manifestations sportives ou concerts, en distribuant des échantillons dans les centres-villes ou en faisant la tournée des plages l'été [...]. Selon Michel Gotlib, directeur marketing de Coca-Cola France, près de 50 % du budget de communication sont désormais consacrés aux opérations de proximité, contre seulement 20 % il y a quatre ans. En parallèle, la part des investissements de promotion en télévision décroît sensiblement en part relative. Elle est passée en quatre ans de 60 % à 25 % du budget global chez Coca-Cola France [...]. Ces marques sont de plus en plus présentes sur Internet où elles essayent d'entrer en « conversation » avec les jeunes. « Nous avons découvert sur Facebook 800 000 fans de la publicité Oasis conçue par Publicis Conseil. Nous les avons regroupés sur une page officielle et essayons de leur envoyer des contenus qui les intéressent », raconte M. Pietrini [...]. En démultipliant ainsi les points de rencontre avec le jeune consommateur, les marques de boisson espèrent susciter une préférence et inciter à la consommation.

Laurence Girard, « Les marques au plus près des jeunes consommateurs », *Le Monde*, 27 avril 2010.

QUESTIONS

1» Quelles sont les deux grandes stratégies publicitaires mises en œuvre par les marques de boisson à destination des jeunes ?

2» Expliquez la phrase soulignée.

ALLER PLUS LOIN

L'économiste **John Kenneth Galbraith** (1908-2006) s'opposait à l'idée répandue selon laquelle les choix des consommateurs dicteraient aux entreprises ce qu'elles devraient produire. À travers notamment la publicité, ce sont au contraire, d'après lui, les entreprises qui imposent aux consommateurs leurs besoins afin d'écouler leur production ; ce qu'il appelle la « filière inversée ».

3 De nouveaux supports publicitaires

Évolution globale des budgets publicitaires selon les supports en France entre 2007 et 2008

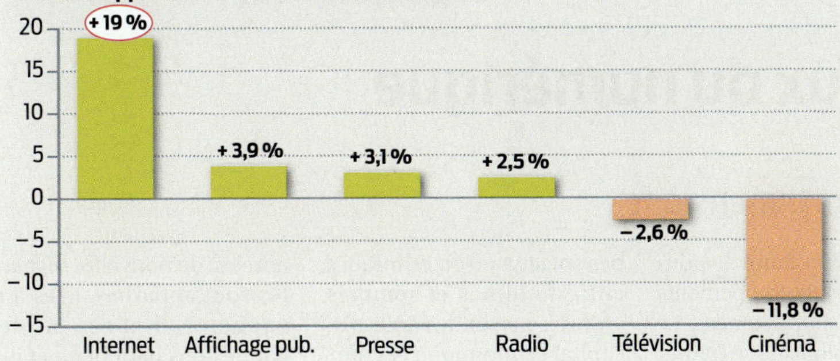

TNS Media Intelligence, 2010.

QUESTIONS

1» Faites une phrase avec la donnée entourée.

2» Comment se manifeste le changement de stratégie publicitaire des marques ?

3» Qu'est-ce qui explique selon vous une telle évolution ?

4 Les consommateurs sous hypnose

Financés par de grands groupes de distribution, c'est dans les années 1950 que sont apparus les instituts de « recherche des motivations ». Leur mission : étudier le comportement de l'homme de la rue pour l'inciter, à son insu, à acheter tel ou tel produit ; parvenir à « vider » le subconscient des gens ; cerner les différentes personnalités (les anxieux, les passifs, les hostiles...) et trouver leurs faiblesses profondes. Ensuite viendra le moment de concevoir l'« hameçon » psychologique auquel ils devraient mordre. [...] De ces recherches va naître un concept commercial connu de tous : les supermarchés. Un choix immense, des rayons à perte de vue, une avalanche de couleurs et de lumière. Autant d'éléments qui [...] font perdre ses repères (au consommateur), et qui, au final, favorisent les achats impulsifs. [...] À l'aide de caméras enregistrant le nombre de battements de paupières, des chercheurs ont montré que des clients plongés dans cet univers « merveilleux » se trouvaient dans un état proche du premier stade de l'hypnose. Le nombre des battements de paupières, normalement de 32 par minute, diminuait de moitié pendant la séance des courses et retrouvait par la suite son rythme habituel - après une nette élévation au niveau des caisses, marquant le retour à la réalité. Émerveiller pour séduire, rien de plus facile avec la cible idéale des chercheurs en marketing, à savoir, les enfants - on parle de psycho-séduction infantile.

Franck Mazoyer, « Le consommateur sous influence », *Le Monde Diplomatique*, décembre 2000.

QUESTIONS

1» Quel sont les objectifs des instituts de « recherche de motivations » ?

2» Comment les supermarchés favorisent-ils les achats impulsifs (comparez par exemple avec une épicerie) ?

FAIRE LE POINT

» **Parmi les formes d'incitation suivantes, repérez celles qui résultent de la stratégie consciente d'une entreprise, puis classez-les en fonction de l'influence qu'elles pourraient exercer sur vous (de la plus forte à la moins forte) :**

1 un spot de publicité à la télévision, 2 les conseils de vos parents, 3 une marque arborée par votre chanteur (euse) préféré(e), 4 une distribution gratuite d'échantillons à la sortie du lycée, 5 l'argumentaire d'un démarcheur au téléphone, 6 un reportage au journal télévisé qui salue le lancement d'un nouveau produit, 7 une marque portée par les filles ou garçons populaires au lycée, 8 la marque de la voiture utilisée par James Bond dans le dernier film de la série, 9 le bouche-à-oreille sur Facebook, 10 un reportage qui montre l'emploi d'enfants au Vietnam pour fabriquer des articles de sports pour une grande marque.

La « fracture numérique »

→ **SAVOIRS :** TIC, consommation
→ **SAVOIR-FAIRE :** analyse de texte → FICHE MÉTHODE 1, proportions → FICHE MÉTHODE 6

» L'état des lieux du numérique

1 Un phénomène à plusieurs dimensions

La fracture numérique est la traduction de l'expression américaine « Digital Divide » qui a surgi à la fin des années 1990, aux États-Unis [...]. Elle désigne le fossé entre ceux qui utilisent les potentialités des technologies de l'information et de la communication (TIC) pour leurs besoins personnels ou professionnels et ceux qui ne sont pas en état de les exploiter faute de pouvoir accéder aux équipements ou faute de compétences. Le fossé numérique ne se traduit pas seulement par la séparation entre le Sud et le Nord [...]. Ce sont les césures entre les États connectés ou non au sein des mêmes ensembles régionaux, entre régions riches et peuplées et régions pauvres et isolées, entre groupes sociaux et/ou ethniques, entre hommes et femmes, entre les personnes dotées du capital économique et culturel nécessaire et celles qui ne le sont pas, entre les cultures présentes sur la toile et les autres. La fracture numérique revêt différentes formes et concerne à la fois l'accès, l'usage, le contenu et la prise de décision. Depuis quelques années, de nouvelles disparités sont apparues, liées à la capacité d'accès à des connexions haut débit et illimitées [...]. L'accès à Internet comporte ce paradoxe, à l'échelle mondiale, d'être d'autant plus cher qu'il est lent.

La Documentation française, dossier en ligne : « Internet dans le monde », décembre 2007.

2 Un fossé à l'échelle mondiale... et nationale

Répartition des utilisateurs d'Internet dans le monde (2006)

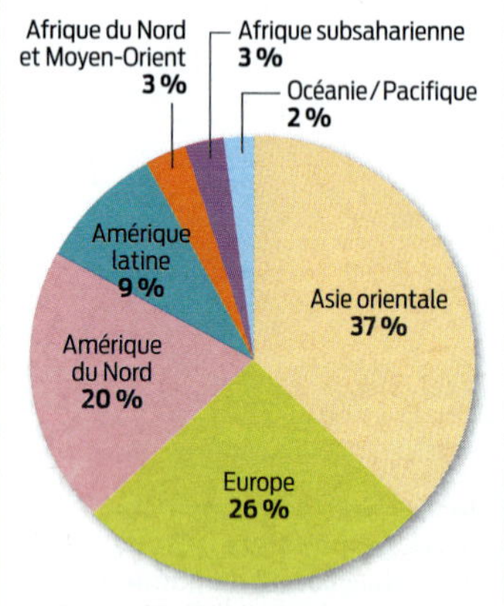

Union internationale des télécommunications, 2006.

Accès à un ordinateur et à Internet en France selon la catégorie socio-professionnelle
Sur 100 personnes de chaque groupe...

PCS de la personne de référence du ménage	N'ont pas d'ordinateur au foyer	Disposent d'Internet haut débit
Agriculteur	53	26
Artisan, commerçant, chef d'entreprise	38	51
Cadre et profession intellectuelle supérieure	13	78
Profession intermédiaire	20	68
Employé	44	40
Ouvrier	46	40

DEPS ministère de la Culture et de la Communication, *Enquête sur les pratiques culturelles des Français à l'ère numérique, 2008.*

ACTIVITÉS

1 » Quelles inégalités recouvre la fracture numérique ? (doc. 1)
2 » Expliquez la dernière phrase du texte (doc. 1).
3 » Recherchez quelle part de la population mondiale chaque continent représente. Comparez ensuite au graphique du doc. 2.
4 » Montrez à l'aide de données chiffrées du tableau du doc. 2 que les membres des différentes catégories sociales n'ont pas un accès égal à Internet.

Comment résorber la « fracture numérique » ?

3 La mise en place d'un « forfait social »

Numericable va mettre en place un forfait social internet à moins de dix euros accessible aux handicapés et aux allocataires du RSA[1], qui pourrait être effectif « cet été » annonce son président Pierre Danon [...]. Le Premier ministre François Fillon avait demandé aux opérateurs le 18 janvier d'étudier la mise en place d'un forfait « social » triple-play (TV-téléphone-internet) à environ 20 euros par mois, « pour les plus pauvres ». « Numericable va au-delà et propose pour 9,99 euros mensuels 60 chaînes de télévision (les chaînes de la TNT et une sélection de chaînes étrangères), un accès Internet à 2 mégabits et la téléphonie illimitée en France métropolitaine », détaille Pierre Danon. « Il y a deux conditions pour être éligible à cette offre : être allocataire du RSA ou de l'allocation adulte handicapé, et habiter dans un logement bénéficiant du service unique numérique de Numericable », précise le président de Numericable [...], persuadé qu'avec cette offre, Numericable pourrait « gagner de nouveaux clients ». Selon [lui], le fonds de service universel, géré par la Caisse des dépôts, « devrait verser une subvention de 4,21 euros par mois et par abonné à Numericable ».

« Numericable va lancer un forfait social Internet à moins de dix euros » *Les Échos*, 8 février 2010.

1. Revenu de solidarité active, destiné aux personnes sans ressources ou touchant un salaire inférieur à un certain montant.

4 Un problème purement économique ?

On parle de fracture numérique entre pays du Nord et du Sud [...]. On parle également de fracture numérique au sein d'un pays développé, en traitant des inégalités d'usage et d'accès aux technologies de l'information et de la communication entre zones urbaines et zones rurales, catégories sociales ou sexes. [...] Le discours dominant sur la fracture numérique tend à la considérer comme un problème de manque d'accès aux technologies. [...] Mais il faut considérer la fracture numérique, avant tout, comme la conséquence de la fracture sociale, dont elle est le reflet, fracture sociale qui découle elle-même d'une fracture cognitive[1], qui à côté de la fracture d'accès[2] constitue le paradoxe de la « Génération Internet » telle que la décrit Caroline Rizza. En effet, la Génération Internet, [...] qui a « grandi entourée de TIC[3] et plus particulièrement d'Internet » se scinde entre « inforiches qui ont accès aux TIC et ont les connaissances requises pour les utiliser ou recevoir les messages, et qui peuvent donc communiquer avec le reste du monde et agir en son sein » et « infopauvres qui n'ont pas d'accès aux TIC et à Internet, qui ne savent pas les utiliser et ne peuvent donc pas agir sur un monde désormais régi par l'information ».

Muriel Armand-Florentin,
« Comment soigner la fracture numérique ? »
Document de travail, www.cnrs.fr, octobre 2008.

1. Cognitif : qui renvoie aux connaissances et aux mécanismes d'apprentissage associés.
2. L'inégal accès à Internet selon la catégorie sociale ou le lieu de résidence notamment.
3. Technologies de l'information et de la communication (téléphones mobiles, Internet, etc.).

ACTIVITÉS

1 » Quel est le principe du « forfait social » ? (doc. 3) ?
2 » Qu'espèrent les opérateurs comme Numéricable en le proposant ? (doc. 3)
3 » Quels aspects du problème de la fracture numérique le « forfait social » ne prend-il cependant pas en compte ? (doc. 4)
4 » Quel type d'actions pourrait être entrepris pour réduire la « fracture cognitive » ? (doc. 4).

QUESTION DE SYNTHÈSE

En une trentaine de lignes, expliquez en quoi consiste la « fracture numérique » avant d'évoquer les solutions possibles pour la réduire.

» Consommer, c'est appartenir

La **consommation** renvoie à la manière dont l'ensemble des biens et services produits sont utilisés, et ainsi plus ou moins progressivement « détruits », par les différents agents économiques. Elle permet ainsi à ces derniers de satisfaire un certain nombre de besoins. Il ne s'agit cependant pas d'une activité purement économique, au sens où elle résulterait de calculs individuels et entièrement conscients. Elle ne se réduit pas non plus au seul acte d'achat.
La seule prise en compte du revenu ou des prix ne permet pas toujours de comprendre les comportements des uns et des autres en la matière. Il faut également tenir compte de nos différentes appartenances. Les **normes** en vigueur au sein de notre pays, de notre milieu social et de notre famille jouent ainsi un rôle déterminant dans la formation de nos goûts et de nos priorités en matière de dépenses. De la même manière, l'âge, le type et le niveau d'études ou encore la profession exercée permettent de rendre compte de nombreuses différences dans les préférences de consommation.

» Consommer, c'est (se) montrer

À travers nos actes de consommation, nous cherchons également à manifester qui nous sommes ou qui nous voudrions être. Chacun est alors pris dans une tension entre la volonté de marquer son désir d'appartenir à un ou plusieurs groupes donnés, en **se conformant** aux règles plus ou moins explicites qui y ont cours (**effet d'imitation**) et la volonté de **se distinguer** des autres (**effet de distinction**). La consommation pourra alors être **ostentatoire** avec un désir de montrer son statut social et son mode de vie.

» Consommer, c'est être influencé

Les producteurs ont bien compris ce « besoin » et prennent un soin particulier à cultiver l'image de leurs **marques**. Ils consacrent ainsi des moyens importants au développement de **stratégies publicitaires** variées. Elles empruntent des canaux souvent inaperçus et jouent sur les mécanismes d'imitation. Elles rémunèrent par exemple certaines personnalités populaires pour qu'elles arborent leurs produits. La liberté présumée du consommateur est de ce fait beaucoup plus encadrée qu'il n'y paraît.

Comprendre autrement »

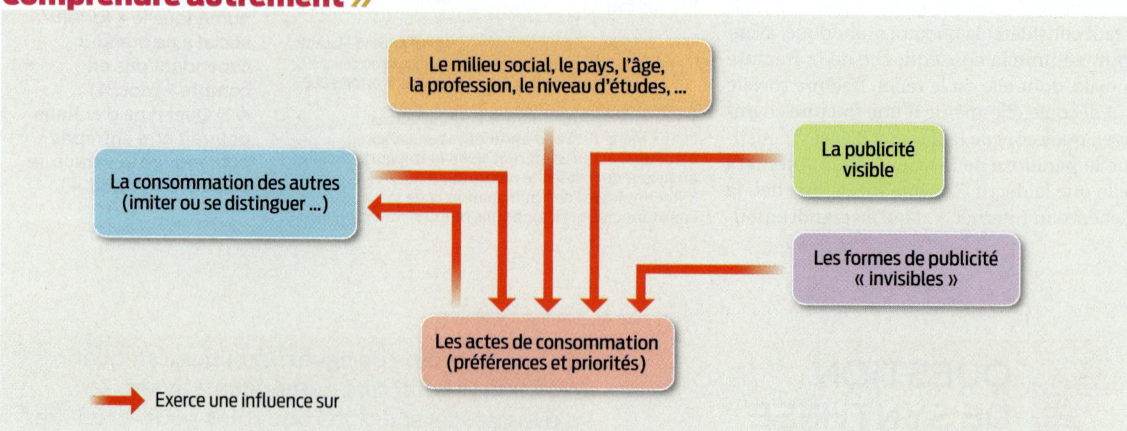

CHAPITRE 3

Qui produit des richesses ?

Qui crée de la valeur ?

OBJECTIFS DU CHAPITRE

En prenant appui sur quelques exemples significatifs, on sensibilisera les élèves à la diversité des entreprises selon la taille, la nature de leur production, leur mode d'organisation.
On précisera en quoi le rôle économique spécifique des entreprises les distingue d'autres organisations productives (administrations, associations).

DOSSIER 1

Les entreprises sont-elles les seules organisations à produire ?

DÉCOUVRIR

Une seconde vie pour nos produits

1 Une campagne de responsabilisation citoyenne

2 Déchets triés...déchets collectés

3 Recyclage et insertion...

« Comment mettre la protection de l'environnement au service de l'emploi, et comment mettre l'emploi au service de l'environnement. »
Notre association a été créée en 1994 à l'initiative d'habitants du canton de Quingey dans le but de :
– mettre en place toute action contribuant à l'amélioration de l'environnement.
– promouvoir la création d'emploi pour des personnes en difficulté et faciliter leur insertion sociale et professionnelle.
Nous développons des activités notamment dans la collecte des déchets, la valorisation, la revente d'objets recyclables ou réemployables et l'éducation à l'environnement.

Association T.R.I., 2010.

4 Les canettes se font toutes petites

L'entreprise CKFD vend des compacteurs manuels de canettes aux collectivités locales et aux entreprises.

- 1 écopacteur® plein = 2 000 canettes de 33 cl compactées = 3 vélos après recyclage
- 750 écopacteurs® pleins = 1 500 000 canettes de 33 cl compactées = 1 rame de tramway de 32,5 m (ex. Marseille) après recyclage
- 1 mini-écopacteur® plein = 700 canettes de 33 cl compactées = 1 vélo après recyclage

5 Les déchétariens ou « freegans » : la quête des restes

Le concept de déchétarien ou « freegan » est né aux États-Unis et consiste à se nourrir exclusivement de ce que les supermarchés, les boulangeries et les restaurants jettent dans leurs poubelles pour lutter contre la société de consommation.

ACTIVITÉS

1 » Qui finance la campagne de sensibilisation du doc. 1 et avec quel objectif ?

2 » Qui finance la collecte des déchets et dans quel but ? (doc. 2)

3 » Quelles sont les ressources financières et les objectifs de l'association T.R.I ? (doc. 3)

4 » Quelles sont les ressources financières et les objectifs du fabriquant de l'écopacteur ? (doc. 4)

5 » Qu'est-ce qui distingue les déchétariens (doc. 5) des diverses organisations rencontrées dans les doc. 1 à 4 ?

DOSSIER 1

Les entreprises sont-elles les seules organisations à produire ?

COMPRENDRE

1 La garantie O_2

Partenaire du quotidien, notre ambition est de participer à un nouvel art de vie qui permettrait de mener à la fois une vie professionnelle et une vie personnelle épanouies.

Ne plus se préoccuper des corvées ménagères, savoir sur qui compter en cas de problème, pouvoir se faire plaisir, consacrer plus de temps à ceux qu'on aime.

Notre ambition : devenir l'oxygène de votre quotidien...

Pourquoi choisir O_2 ?

- **Qualité :** 1er réseau national certifié Qualité[1]
- **Sécurité :** Garantie « satisfait, refait ou remboursé »
- **Professionnalisme :** Sélection rigoureuse de nos intervenants
- **Personnalisation :** Niveaux de prestation adaptés à vos besoins
- **Simplicité :** aucune formalité administrative, aucun frais de gestion, O_2 est l'employeur
- **Proximité :** 120 agences à votre service

En tant qu'entreprise agréée par l'État, O_2 vous permet de bénéficier de 50 % de réduction / crédit d'impôts sur l'ensemble de ses services : ménage, repassage, garde d'enfants et jardinage.

1. Selon le référentiel Qualicert « Prestations de services à la personne ».

www.o2.fr

QUESTIONS

1» À quel type d'organisation productive O_2 correspond-elle ?
2» Que doit-elle faire pour assurer sa survie et se développer ?
3» Ce document publicitaire montre que l'État joue un rôle dans la stratégie commerciale d'O_2. Par quel biais ?

À SAVOIR

Les principes fondamentaux de l'économie sociale et solidaire

Le principe de **non-lucrativité** : une redistribution équitable des bénéfices au service de l'outil de travail (investissement, ressources humaines).
Le principe de **gestion démocratique** : « une personne = une voix » au sein d'une instance dirigeante.
Les principes de **libre adhésion** et de **solidarité**.

2 L'économie sociale et solidaire : des chiffres aux principes

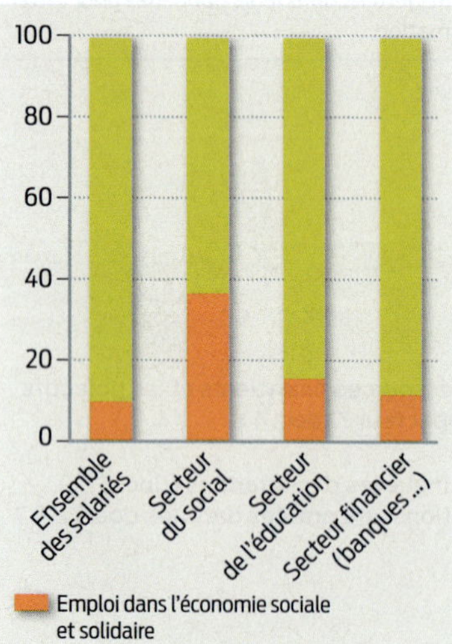

L'économie sociale et solidaire occupe 2 144 000 salariés en France, c'est donc 5 fois plus d'emplois que dans le secteur automobile et 2 fois plus d'emplois que dans le secteur agricole.

Les 4 familles de l'économie sociale et solidaire	
Associations	173 533
Coopératives	21 924
Mutuelles	6 793
Fondations	946
Ensemble des établissements de l'économie sociale et solidaire.	203 196

Données issues de l'*Atlas 2009 de l'économie sociale et solidaire*, source : INSEE-CLAP 2006 (hors agriculture), traitement : Observatoire National de l'économie sociale et solidaire – CNCRES.

QUESTIONS

1» À partir du graphique, donnez la proportion des salariés français qui travaillent dans le domaine de l'économie sociale et solidaire ?
2» À partir du tableau calculez la part de chacune des quatre familles de l'économie sociale et solidaire dans l'ensemble des établissements de ce secteur.
3» Cherchez des exemples d'associations, de coopératives, de mutuelles et de fondations.

3 La détention des mineurs

Les détenus mineurs sont placés dans un quartier d'hébergement spécifique réservé aux moins de 18 ans ou, depuis 2007, dans un établissement pénitentiaire pour mineurs (EPM). Au quotidien, ils sont encadrés par une équipe de surveillants qui travaillent uniquement avec des mineurs. Des éducateurs de la protection judiciaire de la jeunesse (PJJ) interviennent également. Les détenus mineurs participent à l'élaboration de leur emploi du temps individuel, revu chaque semaine. Il comprend des horaires de scolarité (obligatoire jusqu'à 16 ans), de formation, d'activités sportives et socio-culturelles. Le juge des enfants est compétent sur toutes questions les concernant. Dans les EPM tout particulièrement, l'éducation est au cœur de la prise en charge des jeunes détenus avec pour objectif de préparer leur sortie et de prévenir la récidive.

Ministère de la Justice, 2010. www.justice.gouv.fr/

QUESTIONS

1» Quelles sont les personnes qui interviennent auprès des mineurs ? Quels sont les objectifs du traitement spécifique des mineurs par l'administration pénitentiaire ?

2» Comment sont financées les rémunérations des éducateurs de la protection judiciaire de la jeunesse (PJJ) ?

3» Les prisons sont-elles toujours gérées par les institutions publiques ?

4 La Poste, changement de statut et permanence de la mission

La loi a imparti à l'opérateur public[1] trois missions d'intérêt général :

› le service public du courrier (article 2, alinéa 2) ;

› la participation à l'aménagement du territoire (article 8, alinéa 8 mais aussi articles 6 et 38)

› le service public de la distribution de la presse (article 2, alinéa 2).

[...] La Poste assume également, de fait, une tâche d'intérêt général au travers de ses services financiers en favorisant l'accès du plus grand nombre aux prestations de nature bancaire et en assumant ainsi, souvent au détriment de ses intérêts strictement commerciaux, un rôle de « trésorier social » des plus démunis.

Courrier, territoire, presse et prestations financières aux exclus du système bancaire de droit commun dessinent donc le quadrilatère du service public postal tel qu'il est ressenti par la population, par les postiers et par une grande majorité d'élus nationaux ou locaux.

Sénat, 2010. www.senat.fr

1. Dans le cadre de l'ouverture à la concurrence des services postaux dans l'Union européenne (prévue pour 2013), la Poste change de statut et devient société anonyme à capitaux publics tout en préservant ses missions.

Illustration : timbre-poste d'une valeur de 56 centimes au 1er janvier 2010.

QUESTIONS

1» Expliquez à partir du document pourquoi La Poste assure une même tarification pour l'envoi d'une carte postale de Paris à Paris ou de Paris à Fort-de-France (Martinique) alors que le coût n'est pas identique pour ces deux envois.

2» D'après le document, qu'est-ce qui distingue La Poste d'une banque privée ?

3» Connaissez-vous des entreprises implantées sur le marché du courrier français avant même la libéralisation des services postaux ? Sont-elles toutes en concurrence avec La Poste ?

FAIRE LE POINT

» **Reproduisez et complétez le tableau ci-dessous, en analysant les caractéristiques de chacune des organisations productives suivantes :** 1 Greenpeace, 2 Adidas, 3 la Sécurité sociale, 4 Emmaüs, 5 la MAIF, 6 la SNCF, 7 l'Éducation nationale, 8 Microsoft, 9 un club de cyclotourisme, 10 une boucherie.

Exemple	Type d'organisation productive	Objectif principal	Ressources principales	Nature de la production[1]
Greenpeace				
....				

1. Biens ou services marchands / non marchands.

DOSSIER 2

Quels critères distinguent les entreprises ?

DÉCOUVRIR

Les mondes de l'entreprise : H&M de A à Z

1 En amont de nombreux produits H&M : le coton

Exploitation de coton au Texas (États-Unis).

2 H&M et ses ateliers bangladais

Depuis 1999, H&M a mis en place une école de couture pour les jeunes dans la capitale du Bangladesh, à Dhaka, ceux-ci peuvent ensuite travailler dans les ateliers de confection de ses fournisseurs. H&M s'appuie sur plus de 700 fournisseurs.

3 Une collection H&M signée Sonia Rykiel

Après le succès de sa collection de lingerie pour H&M en décembre 2009, Sonia Rykiel collabore à nouveau avec le géant suédois pour la collection printemps-été 2010. Cette fois-ci retour à l'essence même de la griffe Rykiel : place au tricot, aux couleurs acidulées et aux rayures. La créatrice française investira les quelques 200 magasins H&M de sa collection qui proposera pour la première fois une gamme de modèles destinés aux petites filles. Véritable événement, cette collaboration apporte aux femmes du monde entier la possibilité de s'offrir du Rykiel sans se ruiner.

4 H&M a connu un développement exponentiel

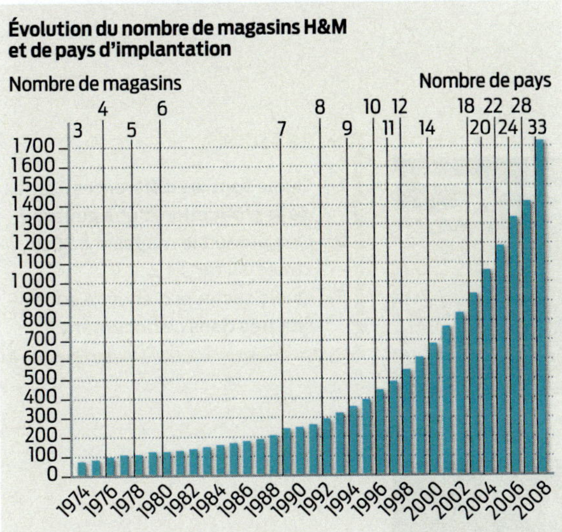

En 1947, Erling Persson, un commerçant suédois décide de créer H&M à Västeras après un voyage aux États-Unis où il découvre le profit que réalisent les magasins qui vendent à un prix très bas. Son premier magasin est baptisé « Hennes », qui signifie « pour elle ». Il s'inspire pour cela de l'exemple américain pour développer sa stratégie marketing et vend uniquement des articles féminins : pantalons, pulls, manteaux... Après une forte expansion dans les années 1960, Persson rachète le magasin d'armes de Mauritz Widforss et rebaptise son enseigne H&M, Hennes & Mauritz. Il lance la même année une ligne de vêtements pour hommes. Aujourd'hui, H&M est une marque planétaire, l'enseigne est présente dans 33 pays.

D'après hm.com

5 La publicité permet à H&M d'imposer sa marque

Le photographe Steven Klein a croqué Madonna pour la campagne de H&M baptisée « M by Madonna ».

ACTIVITÉS

1 » Qu'est-ce qui est produit dans le doc. 1, par quel type d'entreprise ?

2 » Que produit-on dans le doc. 2 ? De quel type d'entreprise s'agit-il ?

3 » Quelles différences et points communs peut-on supposer entre le travail de Sonia Rykiel (document 3) et celui des salariés du doc. 2 ?

4 » Présentez les principales étapes du développement de l'entreprise H&M en utilisant des chiffres adaptés. (doc. 4)

5 » Quelles sont les entreprises qui sont intervenues dans la réalisation de cette affiche publicitaire et que produisent-elles ? (doc. 5)

DOSSIER 2

Quels critères distinguent les entreprises ?

COMPRENDRE

1 Du bois à la guitare

1

Une exploitation d'acajou aux Philippines.

2

L'usine Gibson de Memphis.

3

Une Gibson modèle Les Paul.

4

La boutique new-yorkaise « 30th street Guitar's ».

QUESTIONS

1» Quels sont les différentes étapes de la production d'une guitare ?

2» Que produit le magasin « 30th street Guitar's » ?

3» Quels secteurs d'activité sont illustrés dans ce document ?

2 Entreprises selon le nombre de salariés et l'activité

	Taille en nombre de salariés				
Secteur d'activité	0	1 à 9	10 à 499	500 ou plus	**Total**
Industries agricoles et alimentaires	24 936	39 582	8 169	75	72 762
Industrie (hors IAA)	111 931	75 162	43 442	626	231 161
Construction	213 323	172 952	33 346	43	419 664
Commerce	445 861	328 199	60 956	164	835 180
Transports	63 055	34 606	17 327	176	115 164
Activités financières	44 104	42 162	9 998	155	96 419
Activités immobilières	172 381	47 471	4 364	21	224 237
Services aux entreprises	408 967	181 131	50 511	399	640 628
Autres services	589 686	257 459	36 597	74	883 816
Total	2 074 244	1 178 724	264 330	1 733	3 519 031

Champ : données définitives ; activités marchandes hors agriculture ; France.
Données INSEE, REE (Répertoire des entreprises et des établissements - Sirene, 2010).

À SAVOIR

La règlementation française distingue les **très petites entreprises** (TPE) de moins de 10 salariés, les **petites et moyennes entreprises** (PME) de 10 à 250 salariés, les entreprises de taille intermédiaire (ETI) et les **grandes entreprises** (GE) dont l'effectif dépasse les 250 salariés. Dans certaines classifications, les PME comprennent de 10 à 499 salariés.

QUESTIONS

1» Comment expliquer qu'une entreprise puisse avoir 0 salarié ?

2» Quelle est la part des entreprises de 0 salarié, 1 à 9 salariés, et de 500 ou plus ? Que constatez-vous ?

3» Dans quel secteur les entreprises sont-elles les plus importantes ? Comment l'interpréter ?

3 Le classement des librairies françaises en 2008

Librairie	Ville	Chiffre d'affaires total en 2009 (€)	Surface de vente (m^2)	Titres en rayon
1. Gibert Joseph	Paris	56 285 869	4 900	280 000
4. Mollat	Bordeaux	24 393 000	2 700	153 086
5. Sauramps	Montpellier	20 239 003	2 050	137 859
18. Forum du livre	Rennes	9 000 000	1 700	65 000

Clarisse Normand, « Les 400 premières librairies françaises », *Livres hebdo*, nº 814, mars 2010.

QUESTIONS

1» Que produisent les librairies ?

2» Quels critères de classement sont utilisés ici ? Quels autres critères auraient pu être utilisés ?

3» Quel est l'avantage du chiffre d'affaires sur la surface de vente comme critère de classement des librairies par taille ?

4 Renault, du simple mécanicien à la société Renault

Louis Renault dans sa « voiturette » en 1898.

Voici bientôt cent ans que la première voiturette Type A est sortie des ateliers de Louis Renault (1898). La Société Renault Frères a été créée en 1898 pour fabriquer des véhicules automobiles et exploiter des brevets d'invention relatifs à l'automobile, tels que la première boîte de vitesse à prise directe. La société, installée à Billancourt, a acquis une notoriété internationale grâce à ses victoires sportives et s'est d'abord spécialisée dans la construction de véhicules particuliers et de taxis. Durant la Première Guerre mondiale, elle a produit de nombreux camions, chars légers et moteurs d'avion. En 1922, Renault, qui s'était fortement développé dans le domaine des véhicules particuliers et industriels et avait établi de nombreux centres de production en France et à l'étranger, devient société anonyme. La marque Renault arrive progressivement en tête du marché français. En raison de ses activités pendant la période d'Occupation, Renault est nationalisé en janvier 1945 et prend le nom de Régie nationale des Usines Renault. […] En 1990, Renault abandonne son statut d'établissement public et redevient une société anonyme.

www.amf.france.org

QUESTIONS

1» Selon ce document, l'entreprise de Louis Renault a connu trois statuts différents entre 1898 et 1922. Lesquels ? Pourquoi ?

2» Qu'est-ce qui distingue la Régie nationale des Usines Renault de la société anonyme Renault ?

ALLER PLUS LOIN

Les entreprises individuelles comprennent un propriétaire unique qui assume seul les risques de l'entreprise. Il est responsable des dettes de l'entreprise sur ses biens propres (responsabilité illimitée). **Les sociétés** sont des entreprises constituées par l'association de plusieurs personnes qui apportent des capitaux pour créer une activité de production. L'entreprise est alors distincte des personnes qui la composent, elle a un patrimoine qui lui est propre et elle peut exister indépendamment et survivre à ses créateurs. Parmi les sociétés, on trouve *la société anonyme (SA)* dont le capital de l'entreprise est subdivisé en actions. Ces actions donnent droit à une partie des bénéfices (dividendes) et peuvent être revendues à tout moment.

FAIRE LE POINT

» **Commentez chacune des affirmations suivantes :**

❶ les fabricants d'automobiles et de guitares appartiennent au même secteur d'activité ; ❷ plus une entreprise a de salariés, plus son chiffre d'affaires est élevé ; ❸ l'industrie est le secteur employant le plus grand nombre de travailleurs en France ; ❹ les actionnaires des sociétés anonymes doivent rembourser les pertes de leur entreprise ; ❺ une entreprise peut n'avoir aucun salarié.

DOSSIER 3

Qu'est-ce que la valeur ajoutée ?

DÉCOUVRIR

Autopsie d'une pizza

1 PIZZA TONI !

Chez Toni, la pizza est une affaire de famille ; des grands-parents immigrés d'Italie, une recette de pâte à pizza qui a traversé les temps et les frontières et une envie d'en faire un métier. Après quelques cours de gestion, Toni a commencé par vendre ses pizzas dans son camion. Sa spécialité, la grande, l'unique, l'exceptionnelle : **PIZZA BELLISSIMA !**

2 Bellissima et pas chère à fabriquer...

La **PIZZA BELLISSIMA** est vendue à 7 euros pour 6 parts copieuses. Voici ses ingrédients et leur prix de revient par pizza :

3 PIZZERIA BELLISSIMA !!!

Après des débuts difficiles la **PIZZA BELLISSIMA** remporte finalement un vif succès auprès des habitants du quartier. Au point que Toni fidélise de nombreux clients. L'idée d'ouvrir une pizzeria fait son chemin...
Au bout de quatre ans, Toni parvient à rassembler des financements et abandonne enfin son camion pour un petit restaurant dans un quartier populaire. Une étude de marché montre que de plus en plus de bureaux s'installent à proximité de la pizzeria. La clientèle potentielle y est importante le midi.
Ses parents lui prêtent désormais main-forte à l'heure du déjeuner.

4 Beaucoup de travail... mais dans la bonne humeur

Toni a su créer une atmosphère conviviale et au bout de quelques mois, les clients viennent se réfugier dans sa pizzeria pour leur pause de midi. Les familles s'y sentent tout aussi bien accueillies le week-end, tandis qu'en soirée un souffle romantique attire les couples d'amoureux. Le travail ne manque pas et Toni doit embaucher deux salariés à mi-temps pour faire face à ce rythme régulier et dense de travail. Paul, jeune pizzaïolo talentueux, aide désormais Toni à la cuisine alors que Marina, tout sourire, est en charge des commandes et du service.

5 Pizza allégée en TVA

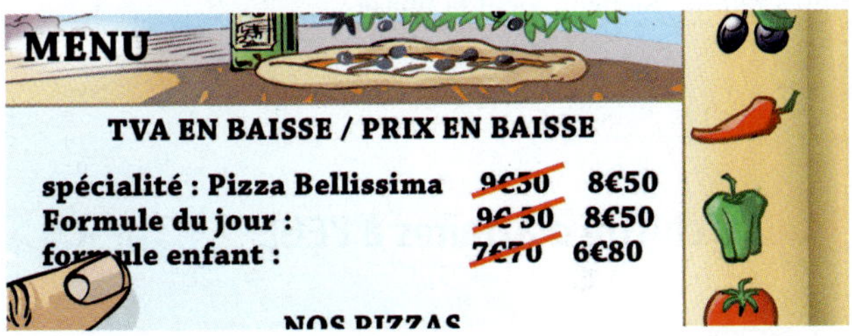

Depuis le 1er juillet 2009, le taux de la TVA (taxe sur la valeur ajoutée) sur la restauration est passé de 19,6 % à 5,5 %.

ACTIVITÉS — EXERCICE

1 » Quel est le coût des matières premières d'une pizza Bellissima ? (doc.2)

2 » Quelle est la différence entre le prix de vente de la pizza et le coût de ses ingrédients ? (doc. 2)

3 » Quels coûts se rajoutent à ceux de fabrication de la pizza lorsque Toni travaille dans son camion (doc. 1) puis lorsqu'il ouvre une pizzeria (doc. 3) ?

4 » Le succès de la pizzeria permet à Toni d'accroître ses ventes mais il se traduit aussi par un coût supplémentaire. Lequel ? (doc. 4)

5 » Quels éléments Toni doit-il encore intégrer à ses coûts (doc. 5) ?

DOSSIER 3

Qu'est-ce que la valeur ajoutée ?

COMPRENDRE

1 Les facteurs de production

Pour la première fois au Maroc, Coca-Cola ouvre les portes d'une de ses usines au public. Il s'agit du site de la SCBG de Tit Mellil à Casablanca. Plus grande usine du groupe au Maroc, elle emploie près de 350 personnes. L'usine de Tit Mellil s'étend sur une superficie totale de plus de 62 000 m², dont près de 31 600 m² de bâtiments industriels.

L'eau, principale composante du soda, est traitée au début de la chaîne de production. Deuxième étape du processus de fabrication : le sucre est ajouté à l'eau filtrée. Le mélange ainsi obtenu est chauffé dans des cuves à une température de près de 85 °C permettant une dissolution totale du sucre dans le liquide. Le sirop ainsi obtenu est par la suite filtré pour éliminer tous les résidus. Après refroidissement, vient la phase décisive, qui fait de la boisson ce qu'elle est. Le concentré de Coca-Cola est incorporé au mélange. Ingrédient clef du produit, il contient la formule « magique » dont les ingrédients et les dosages sont un secret bien gardé. Après le mélange des différents ingrédients de base, le CO_2 est rajouté à la mixture. Le résultat ainsi obtenu donne au produit sa composition définitive. La phase suivante de la chaîne de production est la mise en bouteille. Enfin, le produit fini est orienté vers des machines qui rangent les bouteilles en plateaux et empaquètent le tout. Ne reste plus que le chargement dans les camions du groupe pour livraison.

Ville de Fès, 2010.

QUESTIONS

1» Quels sont les facteurs de production cités dans le texte ?

2» Rangez ces facteurs de production en trois catégories : facteur travail, capital fixe et capital circulant.

3» Selon vous, à laquelle de ces trois catégories appartient l'énergie utilisée pour la production ?

À SAVOIR

Le **capital fixe** désigne les moyens de production utilisés plus d'un an par l'entreprise, et participant donc à plusieurs cycles de production.
Le **capital circulant** correspond aux moyens de production détruits ou transformés lors d'un processus de production et dont la durée d'utilisation est de moins de un an. Il est synonyme de **consommations intermédiaires**.

2 Du chiffre d'affaires à l'EBE

EXERCICE

Chiffre d'affaires – Consommations intermédiaires = Valeur ajoutée

Valeur ajoutée – Rémunération des salariés (salaires et cotisations sociales) – Impôts sur la production = Excédent Brut d'Exploitation (EBE)

Un restaurant ouvert tous les jours comprend le patron et trois employés. Durant le mois de janvier, le restaurant a délivré en moyenne 90 repas quotidiens au prix moyen de 25 euros. Le restaurant a acheté pour 45 000 euros de produits alimentaires. Les salariés ont reçu chacun un salaire brut de 1 100 euros, le restaurateur devant verser en plus des cotisations sociales de 300 euros par salarié. Les charges d'électricité ont été de 450 euros en janvier. Le loyer mensuel est de 2000 euros.

QUESTIONS

1» Calculez le chiffre d'affaires quotidien du restaurant et le chiffre d'affaires mensuel (pour janvier).

2» Calculez le montant des consommations intermédiaires et la valeur ajoutée du restaurant pour le mois de janvier.

3» Calculez l'excédent brut d'exploitation. Quelle charge non évoquée dans le texte pourrait venir limiter son montant ?

ALLER PLUS LOIN

L'amortissement mesure l'usure du capital, à savoir les sommes mises de côté par l'entreprise dans la perspective d'un investissement de renouvellement.

3 De l'EBE aux usages du bénéfice net EXERCICE

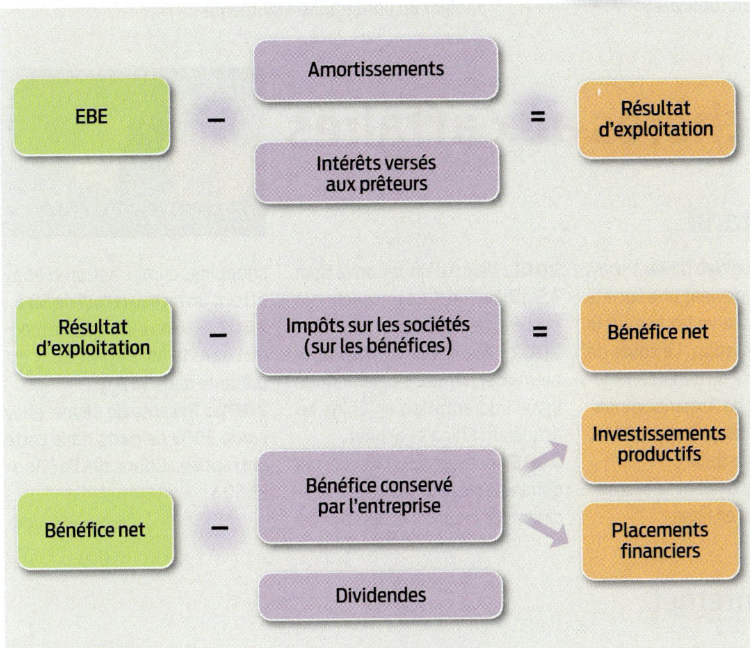

Une entreprise produisant des jouets a réalisé pour 69,5 millions d'euros de vente. Les dépenses nécessaires à cette production ont été les suivantes (en millions d'euros) :

Achats de bois 7,80
Achats de matières plastiques 17,10
Achats de peinture 4,90
Salaires nets des salariés 12,50
Cotisations sociales 11,10
Dépenses d'énergie 1,10
Dépenses de téléphone 0,10
Impôts liés à la production 0,70
Intérêts versés aux prêteurs 3,30
Amortissements 1,90

Le résultat d'exploitation de l'entreprise est réparti de la façon suivante : après le prélèvement d'un tiers pour l'impôt sur les sociétés, le reste est réparti pour moitié afin de verser des dividendes et pour moitié mis en réserve.

QUESTIONS

1» Calculez la valeur ajoutée de cette entreprise puis son EBE.

2» Calculez la part de la valeur ajoutée qui revient à l'entreprise, aux salariés, à l'État, aux actionnaires et aux prêteurs.

À SAVOIR

Le **taux de marge** est le rapport entre l'excédent brut d'exploitation (EBE) et la valeur ajoutée.
Le **dividende** d'une action est un versement d'argent aux actionnaires prélevé sur le bénéfice net ou sur les réserves de la société.

FAIRE LE POINT

» À partir de l'exemple de la première ligne du tableau, précisez les différents agents qui reçoivent une partie de la valeur ajoutée et sous quelle forme. Expliquez dans chaque cas ce que vient rétribuer cette part de la valeur ajoutée.

Agents qui reçoivent une partie de la valeur ajoutée	Forme de la rétribution	Ce que rétribue la valeur ajoutée
Salariés	Salaires et cotisations sociales	Travail
...	...	...

GRAND ANGLE

Deux entreprises innovantes, deux parcours

→ **SAVOIRS :** comprendre l'évolution de la taille d'une entreprise et le lien entre innovation et croissance

→ **SAVOIR-FAIRE :** coefficient multiplicateur → FICHE MÉTHODE 7, rédiger un paragraphe argumenté → FICHE MÉTHODE 2

» ebay : des enchères aux affaires

1 Petit poucet deviendra grand...

1995 : Pierre Omidyar, crée la start-up AuctionWeb, un système de mise en enchères directes en ligne. La légende veut qu'il l'aurait créé pour que sa femme puisse échanger des figurines Pez. Le premier objet vendu est un pointeur laser hors d'état de fonctionnement pour la somme de 14,83$ acheté par un collectionneur.

1997 : AuctionWeb devient ebay.

1998 : ebay devient une société anonyme cotée en bourse sur le marché du Nasdaq. Le cours de l'action est fixé au départ à 18 $.

1999 : Début de l'expansion internationale d'ebay (Royaume-Uni, Allemagne, Australie).

2000 : ebay devient le premier site marchand en ligne.

2001 : Vente d'un Jet privé pour 4,5 millions de $. La transaction la plus élevée à ce jour.

2002 : Acquisition de PayPal, le premier système de paiement en ligne. Implantation en Chine en acquérant China's Eachnet.

2005 : ebay acquiert Skype, qui domine le marché de la communication par internet. Acquisition de shopping. com. L'action d'ebay atteint un niveau record de 58 $.

2007 : 8 % du e-commerce mondial transite par PayPal. Ebay est présente dans 39 pays.

2009 : Revente de Skype. ebay garde 30 % de parts dans cette entreprise. Cours de l'action : 23,50 $.

Données ebay, 2010.

2 ebay surfe sur la vague internet

	1996	1998	2000	2002	2004	2007	2008	2009	2010
Chiffre d'affaires (en millions de dollars)	7,2	700	5 400	14 900	34 200	54 900	59 700	57 200	9 000[2]
Nombre d'utilisateurs (en millions à partir de 1998)	41 000	2,1	22,5	61,7	135	85,3[1]	87,7	90,1	ND
Nombre de salariés	3	640		4 000	8 100	15 000	13 500	–	–

1. Nouvelle comptabilisation qui tient seulement compte des utilisateurs actifs. 2. Prévisionnel. Données ebay, 2010.

3 Pourquoi un tel succès planétaire ?

« Avant tout parce qu'il a répondu à un vrai besoin en créant des marchés qui n'existaient pas jusqu'alors », estime Fabrice Grinda, le fondateur d'Aucland, un concurrent français d'ebay au début des années 2000. Le site a permis à des collectionneurs qui avaient peu de chances de se rencontrer physiquement d'échanger les pièces les plus pointues.

Deuxième bonne idée : le système d'évaluations permettant aux utilisateurs d'ebay de noter les vendeurs, et donc de faire le tri entre les fiables et les moins recommandables. Cette innovation a instauré un relatif climat de confiance sans lequel le site n'aurait pas pu décoller aussi vite.

L'acquisition de PayPal a également contribué au succès. Ce système de paiement en ligne permet en effet à des particuliers de régler leurs achats sur eBay avec le niveau de sécurité et la facilité d'utilisation d'une carte bancaire. [...] De fait, ebay n'est pas un marchand traditionnel qui détient les produits mis en vente. Ce n'est qu'une plate-forme de mise en relation entre acheteurs et vendeurs. Pas de stocks coûteux donc, puisque les internautes rédigent leurs annonces, empaquettent les objets ou les postent [...]. Le vendeur paie quelques centimes d'euros pour mettre son annonce en ligne, puis verse un pourcentage sur le montant de la transaction. Pour les acheteurs, c'est gratuit.

Cécile Ducourtieux, « Enchères en ligne. Le modèle gagnant. *Le Monde*. 4 septembre 2007.

ACTIVITÉS

1 » Que vend ebay ?

2 » Pourquoi l'année 1998 est-elle importante pour l'entreprise ebay ? (doc. 1)

3 » À partir du tableau, calculez le coefficient multiplicateur du chiffre d'affaires, du nombre d'utilisateurs et de salariés d'ebay entre 1996 et 2007. Commentez. Qu'observe-t-on depuis 2008 ? (doc. 2)

4 » Dégagez les principales raisons du succès d'ebay. (doc. 1 et 3)

Yves Rocher : l'aventure d'un créateur

YVES ROCHER

4 Yves Rocher, tradition et innovation

Dans le grenier familial, dit la légende, le jeune Yves Rocher fabrique sa première pommade à la ficaire hémostatique. Il a 14 ans. « Déjà il porte un regard unique sur la nature », fasciné par un herbier légué par l'un de ses aïeux, il prend conscience « du potentiel infini de la nature » comme source de beauté. « C'est l'acte fondateur d'un nouveau concept sur le marché de la cosmétologie, au succès sans précédent, qu'Yves Rocher baptisera la Cosmétique Végétale®. »

Il va fonder alors en 1959, la marque de cosmétiques qui porte son nom et dont la renommée sera mondiale. Le secret de l'industriel breton ? Permettre à tout un chacun d'accéder à des produits cosmétiques naturels, par opposition aux produits cosmétiques de synthèse, chers et réservés à une élite. Leur vente par correspondance sera un second trait de génie.

Plus tard, il créera en 1969 les premiers magasins de ville Yves Rocher pour maîtriser complètement la chaîne de distribution. Depuis 1959, plus de cinquante familles de brevets Yves Rocher ont été déposées et, chaque année, une trentaine de principes actifs ont été développés. Le groupe reste aujourd'hui majoritairement détenu par la famille d'Yves Rocher (à 75 %) mais aussi par Sanofi-Aventis, qui en a possédé jusqu'à 63 % en 1973 et n'en détient plus que 19,5 %. Bris Rocher, le petit-fils d'Yves Rocher, en est désormais le président.

« Décès de l'industriel breton Yves Rocher, l'inventeur de la "Cosmétique Végétale" », *Ouest-France*, 26 décembre 2009.

5 Du local à l'international

« En 1959, mon village se dépeuplait. Je n'avais qu'une obsession : comment arrêter cela ? Du grenier qui me servait alors de laboratoire, je passai à la création de mon entreprise tournée vers la nature et la beauté des femmes... » L'aventure d'Yves Rocher, c'est aussi celle de son village natal : La Gacilly. C'est dans ce petit bourg au cœur de la Bretagne qu'Yves Rocher choisit, comme un acte militant, de fonder et de développer son entreprise. 44 hectares de champs biologiques sont cultivés pour les gammes de produits Yves Rocher certifiées Ecocert, labellisées Cosmébio. L'outil industriel du groupe se concentre toujours en Bretagne, qui compte à elle seule 4 000 salariés répartis entre les différents sites de La Gacilly, Ploërmel et Rieux.

Présentation de la société, 2010. www.yves-rocher.fr

EN CHIFFRES

2 milliards d'euros de chiffre d'affaires ce qui place le groupe à la **18e place mondiale.**
8 marques.
Plus de **15 000 salariés** dans **20 pays.**
Plus de **200 000 emplois** indirects.
2 000 magasins et **40 millions** de clientes.

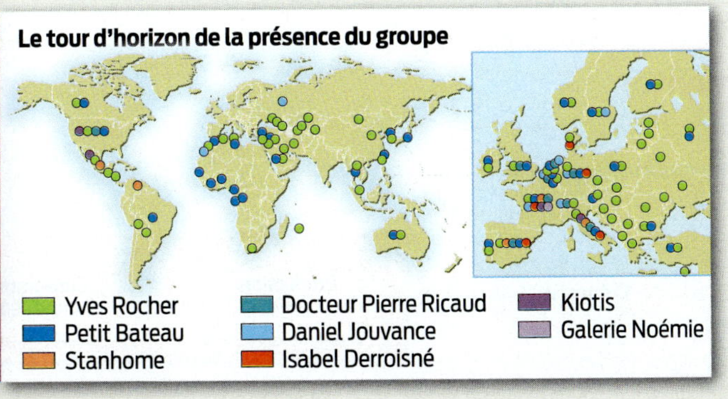

ACTIVITÉS

1 » Que produit Yves Rocher ?
2 » Quels sont les « traits de génie » auxquels le doc. 4 fait allusion ?
3 » Montrez, à partir des doc. 4 et 5, qu'Yves Rocher a cherché à contrôler toute les étapes de la production des produits cosmétiques.
4 » Comment le groupe Yves Rocher est-il parvenu à s'agrandir en dépit de son souci de rester implanté localement ? L'entreprise est-elle désormais cotée en bourse ? (doc. 4 et 5)

QUESTION DE SYNTHÈSE

Rédigez un texte d'une trentaine de lignes présentant les similitudes et les différences entre eBay et le Groupe Yves Rocher.

L'ESSENTIEL

» L'entreprise et les autres unités de production

L'**entreprise** se définit comme une organisation dont l'activité consiste à produire des biens ou des services pour les vendre sur un **marché** (**production marchande**) afin de réaliser un **profit**. Les **entreprises publiques** produisent des biens et des services marchands, mais elles appartiennent majoritairement à l'État et ne recherchent pas toujours le profit. Les entreprises publiques ont souvent une **mission de service public**.
Parallèlement aux entreprises, d'autres organisations sont également à l'origine de la production de biens et de services. Les **administrations publiques** produisent des **services non marchands**. Leur production est à **but non lucratif**. Elles sont financées par l'impôt ou les cotisations sociales (cas de la Sécurité sociale) et participent à la cohésion sociale. L'**économie sociale et solidaire** est composée de coopératives de production, de mutuelles et de diverses associations.

» La diversité des entreprises

Les entreprises peuvent être classées en fonction de leur **taille** et de la **nature de leur production** (biens ou services). On distingue ainsi les « **grandes entreprises** » de plus de 500 salariés, les « **petites et moyennes entreprises** » (PME) avec des effectifs allant de 10 à 250 salariés et les « **très petites entreprises** » (TPE) dont les effectifs sont inférieurs à 10 salariés. Celles-ci représentent plus de 90 % des entreprises. Les entreprises relèvent aussi bien du **secteur primaire** (exploitations des ressources naturelles), du **secteur secondaire** (industries, bâtiment et travaux publics) que du **secteur tertiaire** (entreprises de services).

» La valeur ajoutée au cœur de la création de richesse

Pour produire, une entreprise consomme des biens et des services. Certains sont transformés ou détruits, ce sont les **consommations intermédiaires** (ou **capital circulant**). D'autres, comme le **capital fixe,** participent à plusieurs cycles de production. La **valeur ajoutée** est une mesure de la richesse créée par l'entreprise. Elle est la différence entre la valeur de la production et celle des diverses consommations intermédiaires.

Comprendre autrement »

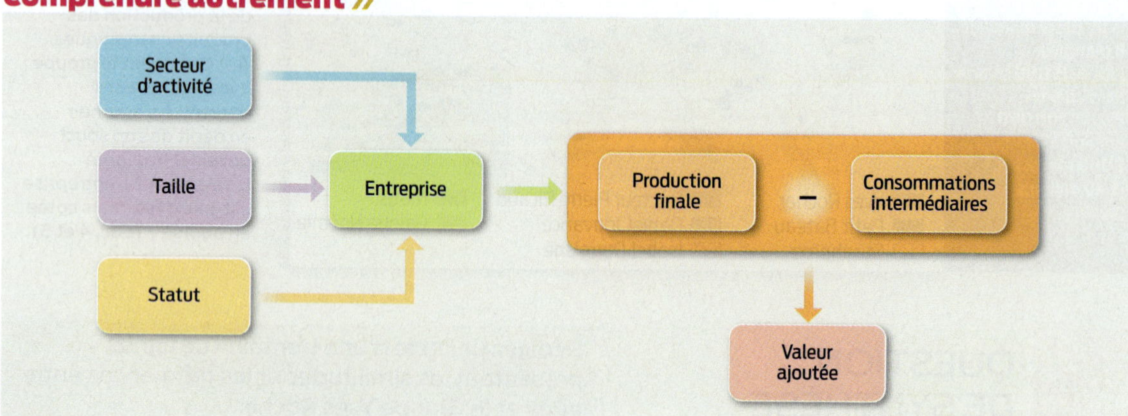

CHAPITRE 4

Comment produire et combien produire ?

Comment les entreprises font-elles leurs choix de production ?

OBJECTIFS DU CHAPITRE

On montrera comment l'entreprise est amenée à combiner efficacement les facteurs de production en tenant compte de leurs coûts et de leur caractère plus ou moins substituable. On soulignera que cette combinaison peut évoluer au cours du temps, sous l'influence de différents facteurs. On mettra en évidence l'accroissement de la productivité dans le long terme (notamment sous l'action du progrès technique) et ses différents effets.

DOSSIER 1

Comment l'entreprise combine-t-elle ses facteurs de production ?

DÉCOUVRIR

Betterave sucrière et canne à sucre : plantes miraculeuses ?

1 La canne à la main

Récolte de la canne à sucre à la main au Gabon.

2 Machine à sucre

Une coupeuse-tronçonneuse de canne à l'Île Maurice.

3 Betterave et Blocus

Le Blocus continental instauré par Napoléon 1er, notamment avec la publication des décrets de Berlin (21 novembre 1806) et de Milan (23 novembre 1807), pour répondre au blocus économique imposé par les armées britanniques sur les ports français, va entraîner l'explosion de la production (de betterave sucrière). En effet, devant la pénurie engendrée par cette situation, il fallut trouver une solution pour produire du sucre à partir d'une plante cultivée sur place. Napoléon 1er prit la décision de contribuer à la recherche d'une solution industrielle. C'est B. Delessert qui parvint pour la première fois à réaliser une transformation sur des quantités importantes et fabrique dès 1811 les premiers pains de sucre de betterave. Ainsi, naît la première véritable industrie du sucre en Europe. En 1840, 93 % de la production sucrière provenaient de la canne à sucre contre 33 % seulement en 1899. Entre ces deux dates, la production mondiale a été multipliée par dix, passant ainsi de 0,83 million de tonnes produites en 1840 à 8,3 millions en 1899.

Information de marché dans le secteur des produits de base. CNUCED, 2010.

4 Bioéthanol : le Brésil ouvre la route

Le gouvernement (français) a décidé de soutenir ce qu'on appelle les voitures flex-fuel, qui peuvent rouler indifféremment à l'essence ou à l'éthanol, au Brésil c'est déjà le cas. [...] Un véhicule sur trois est venu avec une autorisation flex, c'est-à-dire pouvant accepter de l'éthanol, de l'essence ou bien un mélange des deux. L'alcool est devenu l'or vert du Brésil. Il provient de la canne à sucre. Les plantations ne cessent d'augmenter. La surface des champs représente un dixième de la France. [...] L'exemple brésilien permet de faire tourner les usines de canne à sucre, un modèle qui pourrait être transposé en France à l'industrie de la betterave.
www.finance.banque.com

5 Manger ou rouler ?

Surface à dédier à la culture du bioéthanol pour produire la quantité de bioéthanol nécessaire à la consommation annuelle des français

	Nombre minimum de km² pour produire 50 Mtep[1]	En % du territoire français	En % des terres cultivées en 1997
Éthanol de betterave	660 000	120 %	420 %

D'après ADEME/Jancovici 2003
1. Mtep : Million de tonnes équivalent pétrole

Deux possibilités se présentent :
- Privilégier l'agriculture à des fins de biocarburant plutôt qu'à des fins alimentaires, ce qui n'est pas sans poser de problèmes.
- Importer du bioéthanol depuis d'autres pays, comme le Brésil, qui profite de ses immenses plantations de canne à sucre et de la main-d'œuvre économique pour produire du bioéthanol très compétitif.

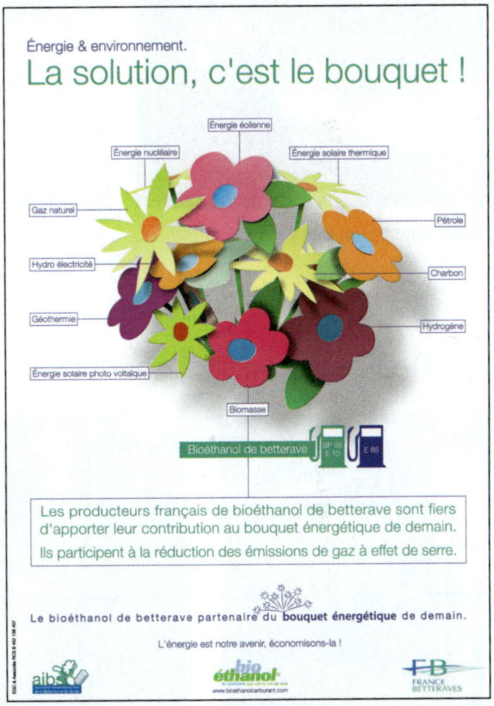

ACTIVITÉS

1 » Identifiez les facteurs de production de la canne à sucre apparaissant dans les doc. 1 et 2.

2 » Quels facteurs de production ont été privilégiés par les producteurs du Gabon et par ceux de l'Île Maurice ? (doc. 1 et 2)

3 » Comment expliquer le développement de l'industrie du sucre en France au cours du XIXe siècle ? (doc. 3)

4 » Les véhicules flex-fuel utilisés au Brésil favorisent-ils la complémentarité ou la substituabilité carburant-éthanol ? (doc. 4).

5 » Peut-on envisager de substituer des biocarburants aux carburants existant en France ?

DOSSIER 1

Comment l'entreprise combine-t-elle ses facteurs de production ?

COMPRENDRE

1 Deux points de vente de tickets

Guichet automatique en gare.

Vente de tickets et passe Navigo au guichet.

QUESTIONS

1» Ces deux photos illustrent la substituabilité de deux facteurs. Lesquels ?

2» Pourquoi la RATP a-t-elle introduit les distributeurs automatiques ?

3» Pourquoi la RATP conserve-t-elle selon vous des guichetiers ?

2 Trains avec ou sans conducteur

Avant des métros MF88 et Meteor.

Saint Lazare – Olympiades : la (nouvelle) ligne 14, aussi connue sous le nom de Météor (Métro Est Ouest Rapide). Elle est la seule ligne du réseau entièrement automatisée. Grâce au matériel roulant du type MP89 CA (Conduite Automatique) et à l'application du protocole SAET (Système d'Automatisation et Exploitation des Trains), les rames circulent sans conducteur. Depuis un PCC (Poste de Commande et contrôle Centralisé) situé à Bercy, on peut changer les paramètres de la ligne, comme la fréquence par exemple. Grâce à cette automatisation, la ligne 14 peut être exploitée avec des intervalles faibles arrivant parfois à moins d'une minute ! La première partie de la ligne a été mise en service le 15 octobre 1998. La ligne fut prolongée en 2003, et le 26 juin 2007, la station Olympiades, le nouveau terminus sud-est de la ligne, a ouvert ses portes au public.

QUESTIONS

1» Montrez que le Meteor peut illustrer la substituabilité des facteurs travail et capital, tandis que le métro de type MF88 illustre la complémentarité de ces facteurs.

2» Quels types d'emploi Meteor a-t-il créés ? Quels types d'emplois ont disparu ?

3 Les bus GNV de la RATP : facteurs substituables ou complémentaires ?

Le gaz naturel est à ce jour le carburant alternatif non dérivé du diesel qui est le plus répandu pour la propulsion des autobus. La combustion du gaz naturel ne produit ni oxyde de soufre, ni plomb, ni poussières et peu d'oxydes d'azote. De tous les hydrocarbures, le gaz naturel est celui qui dégage à la combustion le moins de monoxyde de carbone. Il n'émet ni fumées noires, ni odeurs.
L'arrivée de bus GNV dans un réseau nécessite bien évidemment quelques aménagements pour l'alimentation et la maintenance de ces bus. Les zones couvertes où les bus GNV sont amenés à se rendre doivent être munies d'une ventilation performante et de détecteurs de gaz situés en partie haute. Pour assurer le remplissage en carburant des bus GNV, la construction d'une station de compression s'impose.

http://www.transbus.org

QUESTIONS

1» Quels éléments de ce texte permettent d'illustrer la substituabilité des facteurs de production ?

2» La mise en circulation de bus GNV implique la mise en place de facteurs de production complémentaires, lesquels ?

4 Le choix de la combinaison productive EXERCICE

Pour réaliser un certain volume de production, une entreprise a le choix entre quatre combinaisons productives de facteurs travail et de capital substituables entre eux, présentées dans le tableau suivant :

	Nombre d'heures de travail	Nombre de machines
Combinaison 1	7000	10
Combinaison 2	5000	15
Combinaison 3	3000	15
Combinaison 4	2000	30

QUESTIONS

1» Quelle combinaison productive peut être immédiatement éliminée. Pourquoi ?

2» Calculez les coûts des différentes combinaisons productives si le coût horaire d'un salarié est de 30 euros, et celui des machines de 5000 euros l'unité. Quelle combinaison l'entreprise choisira-t-elle ?

3» Supposons que l'entreprise se procure une nouvelle machine innovante dont le coût d'utilisation n'est plus que de 1500 euros. Quelle combinaison productive est désormais la plus pertinente et quelle est la conséquence sur le nombre de salariés ?

FAIRE LE POINT

» **Reproduisez et complétez le tableau ci-dessous à partir des situations suivantes en justifiant chacun de vos choix dans la case appropriée. Trouvez deux autres exemples :** ❶ une banque installe des distributeurs de billets dans ses agences ; ❷ une pizzeria achète des scooters afin de réduire ses temps de livraison ; ❸ une entreprise de taxis fait l'acquisition d'un taxi supplémentaire pour faire face à l'augmentation de sa clientèle ; ❹ un agriculteur fait l'acquisition d'une machine à vendanger pour l'aider dans sa récolte du raisin.

Exemple	Facteurs substituables	Facteurs complémentaires
Une banque installe des distributeurs de billets dans ses agences.	Les distributeurs se substituent au personnel de guichet.	
....	....	....

DOSSIER 2

Comment l'entreprise choisit-elle sa quantité de production ?

DÉCOUVRIR

À la recherche du profit

1 Connaître ses coûts

Un jeune glacier veut vendre des glaces sur la plage durant l'été. En se renseignant, il découvre qu'un triporteur lui coûterait 3 500 € ; un litre de glace lui coûterait 1 euro et lui permettrait de produire 5 glaces ; une boîte de 100 cornets reviendrait à 5 €.

Il puise dans ses économies et emprunte à ses proches pour s'offrir un triporteur puis cherche le meilleur endroit pour démarrer sa petite entreprise.

2 Les choix de combinaison productive varient avec la demande

Il décide de s'installer dans un village côtier où l'afflux de touristes devrait lui permettre de trouver une clientèle.

Au cours de sa première semaine de travail, il parvient ainsi à vendre 500 glaces à 3 € l'unité.

3 L'entreprise recrute

Devant ce succès, et pour se lancer dans une autre entreprise, il recrute un salarié pour le remplacer dès la deuxième semaine, qu'il paie 75 € par jour. Durant cette deuxième semaine, le salarié parvient à vendre 500 glaces également à 3 € l'unité.

4 Le succès attire la concurrence !

Le succès du jeune glacier commence à se savoir, et un concurrent décide de s'installer sur la plage dès la troisième semaine pour bénéficier de cette demande dynamique.
Le concurrent s'équipe du même triporteur et se procure les consommations intermédiaires chez le même fournisseur que le jeune glacier. Leurs coûts sont donc identiques.
Alors que l'entreprise du jeune glacier continue à vendre ses glaces 3 €, le concurrent propose les siennes au prix de 2,50 €, et parvient ainsi à attirer 60 % de la clientèle de la plage.
Dans ces conditions, à elles-deux, les entreprises parviennent à vendre 800 glaces durant la troisième semaine.

ACTIVITÉS EXERCICE

1 » Quel est le coût des consommations intermédiaires pour la production d'une glace ? (doc. 1)

2 » Quel est le montant de la valeur ajoutée créée par le jeune glacier pour chaque glace ? (doc. 1 et 2)

3 » Quel profit le jeune glacier tire-t-il de son entreprise la première semaine (doc. 2) puis la seconde semaine ? (doc. 3)

4 » Combien de glaces la clientèle de la plage devrait-elle consommer pour que l'entreprise du jeune glacier retrouve le niveau de profit qu'elle réalisait avant que la concurrence ne s'installe ? (doc. 4)

5 » Si le jeune glacier fermait son entreprise à la fin de la troisième semaine, aurait-il gagné assez d'argent pour rembourser son triporteur ? (doc. 4)

DOSSIER 2

Comment l'entreprise choisit-elle sa quantité de production ?

COMPRENDRE

1 Quelle influence peut avoir la combinaison productive sur le choix du volume de production ? EXERCICE

Une entreprise étudie trois combinaisons productives de facteurs travail et capital. Les coûts horaires du capital s'élèvent à 80 €, tandis que les coûts horaires du travail sont de 15 €. L'entreprise vend ses produits à 100 € l'unité.
Le tableau suivant présente les premiers éléments de son analyse :

Technique de production	Nombre d'heures de capital	Nombre d'heures de travail	Quantité produite
1	70	15	600
2	50	20	550
3	40	25	400

QUESTIONS

1» Calculez pour chaque combinaison productive : le coût des facteurs de production (coût du capital et coût du travail) ; le coût total, le chiffre d'affaires et le profit.

2» Quelle combinaison l'entreprise a-t-elle intérêt à choisir ? Pourquoi ?

2 Est-il toujours souhaitable d'augmenter son volume de production ? EXERCICE

Une entreprise souhaite connaître les profits qu'elle tirerait de la réalisation de différents niveaux de production. Le tableau suivant présente les premiers éléments de son analyse :

Quantité produite	Coût total	Coût moyen	Chiffre d'affaires	Profit
100	7000			
200	13600			
300	19200			
400	22400			
500	23000			
600	23500			
700	23900			
800	24200			
900	24400			
1000	24500			

À SAVOIR

Le **coût moyen**, c'est ce qu'on appelle aussi le prix de revient ou le coût unitaire, c'est-à -dire ce que coûte, en moyenne, la production d'une unité de bien ou de service.

QUESTIONS

1» Recopiez et complétez le tableau, sachant que l'entreprise vend son produit 56 € l'unité.

2» En-dessous de quel niveau de demande l'entreprise n'a-t-elle pas intérêt à se lancer dans la production ? Justifiez votre réponse.

3» Comment expliquer l'évolution du coût moyen ?

ALLER PLUS LOIN

On parle d'**économies d'échelle** quand le coût moyen de production baisse au fur et à mesure que la quantité produite augmente. Elles proviennent généralement de la présence de coûts fixes, c'est-à -dire de dépenses dont le montant ne varie pas avec la quantité produite. C'est par exemple le cas du capital fixe, comme les machines ou les bâtiments : une fois qu'ils sont achetés, leur coût (amortissement, entretien, ...) ne varie pratiquement plus jusqu'à un certain seuil.

3 Quelles contraintes la concurrence fait-elle peser sur les volumes de production des entreprises ?

Une étude citée par Nintendo montre que le Japonais est la première firme au monde à avoir vendu une console à plus de 10 millions d'exemplaires en une année, aux États-Unis.
De quelle console s'agit-il ? De la Wii évidemment, Nintendo a écoulé 10,17 millions d'unités selon l'étude, contre 9,95 millions de Nintendo DS, la deuxième meilleure console vendue au classement. [...] La Wii possède 55 % des parts du marché des consoles de salon sur le nouveau continent [...], le marché des consoles en général à connu une croissance de 19 % en 2009, 99 % de cette croissance provient de produits Nintendo.
[...] Parmi les 3,35 milliards de dollars de croissance, 3,31 milliards proviennent du père de Mario. C'est une belle performance qui remet sérieusement en question le modèle des consoles de Sony et Microsoft. Certes, ces consoles se vendent bien, mais elles n'ont pas été un facteur de croissance en 2008.

www.presence-pc.com.

QUESTIONS

1» Qu'est-ce qu'une part de marché ?
2» Quelles raisons pourraient expliquer que Sony et Microsoft n'aient pas profité de la croissance du marché des consoles ?
3» Quelle conséquence a eu la compétitivité de Nintendo sur l'évolution du volume des ventes de ses concurrents ?

4 Organiser la production en stock ou à « flux tirés » ?

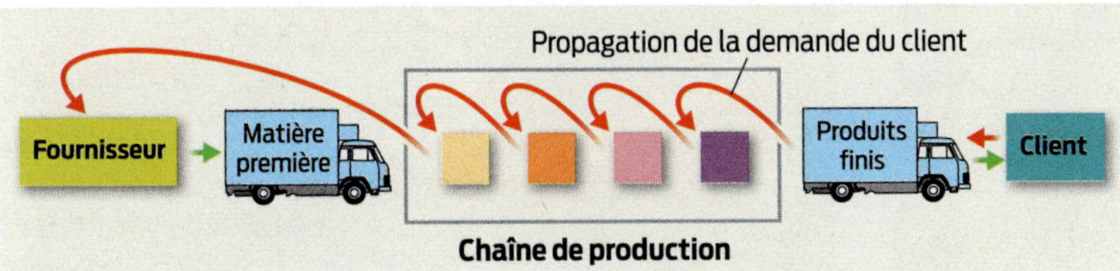

Le flux tiré s'appuie sur la commande du « client » qui tire le flux de production. Le flux tiré peut être vu comme une réaction en chaine initiée par la consommation du client.

À SAVOIR

La **compétitivité** désigne la capacité d'une entreprise à gagner des parts de marché au détriment de ses concurrents.

Le mode de distribution traditionnel des véhicules demande aux concessionnaires de commander des véhicules entre 4 et 8 semaines avant leur livraison, délai qui conduit fréquemment le client à se rabattre sur un modèle en «stock». [...] Cet aspect constitue un argument commercial important. Ainsi, même chez Toyota à l'origine de la production en flux tirés, au maximum 35 % seulement de la production est affecté à des commandes clients [...]. En effet, plusieurs constructeurs s'orientent vers une proportion de plus en plus importante de leurs flux tirés par la demande avec des exigences accrues de délai court et fiable. On peut notamment citer les constructeurs : BMW, Ford, Renault et Nissan, Toyota ou Volkswagen qui ont tous des objectifs compris entre 10 et 15 jours pour une production réalisée à la commande.

Eric BALLOT, Hugues MOLET, La distribution automobile à flux tirés, publication de l'Université d'Evry, 2002.

QUESTIONS

1» Qu'est-ce qu'une production à « flux tirés » ? Quel est son avantage ?
2» Les modèles en « stock » sont-ils produits selon la même logique que celle des flux tirés ? Justifiez votre réponse.
3» Qui impose le rythme de la production dans l'organisation du travail à flux tirés (ou tendus) ?

FAIRE LE POINT

» **Retrouvez à quel terme correspondent les définitions suivantes :**

❶ Le prix de vente multiplié par la quantité produite. ❷ Le coût de production divisé par la quantité produite. ❸ Plus une entreprise produit en grande quantité moins le coût de production unitaire est élevé. ❹ Le coût du travail et le coût du capital. ❺ La différence entre le chiffre d'affaires et le coût de production.

DOSSIER 3

Quels sont les effets du progrès technique sur les quantités et les prix ?

DÉCOUVRIR

Produire plus et moins cher

1 Des écrans plats par milliers...

L'usine de fabrication de LCD TV à Huizhan en Chine.

2 Des robots et des Clio

La tôlerie est automatisée à 98 % dans l'usine de Renault de Flins en Yvelines.

3 Une baisse des prix constante : vive la production en grande série !

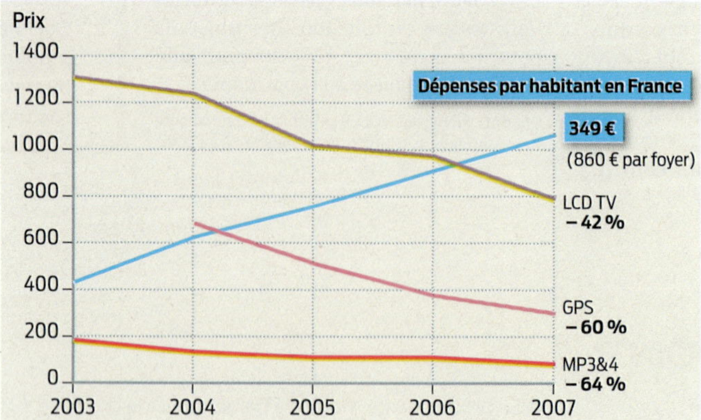

La courbe de dépenses par habitant en France donne une indication de l'évolution des dépenses de consommation des français mais ses données ne correspondent pas à l'axe des ordonnées.
Static peinyact.com

4 Apple invente l'ovni high tech

Dès sa sortie l'iPad a été vendu aux États-Unis entre 499 $ et 829 $ selon sa capacité de mémoire (de 16 à 64 Go).
Son prix de vente en Europe en mai 2010 varie de 499 € à 799 €.
Martin Vidberg, 2010.

5 À pied, à cheval, en moissonneuse

L'homme n'est pas fait pour travailler. Sa puissance continue n'est que « d'un dixième de cheval ». Avec des outils à main un homme met vingt jours pour labourer une acre. Avec une attelée de deux chevaux le travail se fait en une heure.

Pour qu'un hectare de blé soit fauché et lié en une heure il fallait :		
En 1750	à la faucille	40 à 50 hommes
En 1830	à la faux	25 à 30 hommes
Vers 1870	à la faucheuse	8 à 10 hommes
Vers 1905	à la moissonneuse lieuse	1 à 2 hommes
Vers 1950	à la moissonneuse batteuse	1 homme

L'emploi de machines de plus en plus perfectionnées n'est bien entendu pas le seul moyen d'accroître le rendement du travail. L'assainissement des terres, les amendements, les engrais... l'OST exercent aussi une grande influence sur l'accroissement de la productivité.

Henri BROUSSE, Jstor Revue Économique, volume IV, n° 5, septembre 1953, pp.628-642, Sciences po university press.

LE SAVIEZ-VOUS ?

L'**OST** (Organisation scientifique du travail) est pensée par Taylor au début du XXe siècle. Elle repose sur deux grands principes : une *division verticale du travail* qui consiste à séparer les tâches de conception de celles d'exécution et une *division horizontale* qui revient à parcelliser les tâches en opérations élémentaires. Ford se rend ensuite compte que l'organisation du travail ne doit pas se limiter à l'organisation du processus de production et met en place une politique salariale visant à assurer des débouchés à la production.

ACTIVITÉS

1 » Quels sont les points communs et les différences dans l'organisation de la production des usines présentées par les doc. 1 et 2 ?

2 » Cette organisation de la production a-t-elle un effet sur les quantités produites (doc. 2) ?

3 » Quel constat peut-on faire en observant le doc. 3 ?

4 » Que dire du prix de l'iPad lors de son introduction sur le marché américain puis européen en 2010 ? Comment le prix pourrait-il évoluer dans le temps ? (doc. 4)

5 » Quels changements a connu la production agricole en deux siècles ? (doc. 5)

DOSSIER 3

Quels sont les effets du progrès technique sur les quantités et les prix ?

COMPRENDRE

1 L'organisation du travail chez Ford

De 6 000 exemplaires produits en 1908, la Ford T passait à 189 000 en 1913. Entre temps avait été repensé systématiquement le problème du remplacement de l'homme par la machine. Il allait en découler un cascade d'innovations techniques, parmi lesquelles la célèbre chaîne de montage mobile permettant le transport continu de poste en poste. La réaction des travailleurs ne se fait pas attendre : 380 % de turnover en 1913… Le *five dollars day* ne résultait certes pas d'une volonté philanthropique, mais son principe va se révéler essentiel pour le développement de la production de masse dans la mesure où la redistribution des gains de productivité va s'ajouter à la baisse des prix pour stimuler le dynamisme du marché. Standardisation, mécanisation, […], production de masse, marché de masse, régime salarial fondé sur la redistribution d'une partie des gains de productivité […] telles sont les racines de la division du travail fordienne diffusée après la Seconde Guerre mondiale.

R. Boyer et G. Schmeder, *Revue IDEES*, nº 87, 1991.

« Tout le monde peut avoir une Ford T de la couleur qu'il souhaite, à condition que ce soit le noir… » Cette petite phrase de Henry Ford (1908-1927) est devenue célèbre et incarne la standardisation de la production. Le montage à la chaîne introduit partiellement en 1912 par Ford, devient global en 1913 et la durée d'assemblage de la Ford T passe de douze heures… à 90 minutes ce qui permet d'accroître la quantité produite et de faire encore chuter les prix.

QUESTIONS

1» Quelle conséquence la mise en œuvre de la chaîne de montage par Henry Ford a-t-elle eue sur les quantités produites ?

2» Comment expliquer le fort turnover des salariés en 1913 ? Comment Ford est-il parvenu à fidéliser ses salariés ?

3» Comment l'organisation fordiste de la production a-t-elle favorisé à la fois la hausse de la production et celle de la consommation ? Vous pouvez utiliser un schéma.

À SAVOIR

Les **gains de productivité** correspondent à une augmentation de la productivité des facteurs. Lorsque le rapport entre le volume de la production et le volume des moyens mis en œuvre pour l'obtenir augmente on parle de gains de productivité. Ils résultent de l'organisation du travail, de la performance du capital mais aussi de la motivation des salariés et peuvent servir à accroître l'investissement de l'entreprise et/ou les salaires. Ils peuvent aussi se traduire par une baisse des prix.

2 Productivité et accroissement des richesses

Taux de croissance annuel moyen du PIB et de la productivité du travail (en %).

	États-Unis		France		Japon	
	1950-1973	1973-1992	1950-1973	1973-1992	1950-1973	1973-1992
PIB	3,92	2,39	5,02	2,26	9,25	3,76
PIB par heure de travail[1]	2,74	1,11	5,11	2,73	7,69	3,13

1. Le PIB par heure de travail peut servir d'indicateur pour mesurer la productivité du travail.

A. Maddison, *L'économie mondiale 1820-1992*, OCDE 1995. Repris dans *Problèmes économiques*, mars 1997.

QUESTIONS

1» À quoi correspond le taux de croissance annuel moyen du PIB ?

2» Mettez les données concernant la France sur la période 1950-1973 dans une phrase.

3» Quels liens peut-on établir entre PIB et PIB par heure de travail ?

3 L'effet Wal-Mart

Après avoir été très lente pendant 20 ans, la croissance de la productivité américaine s'est accélérée vers la fin des années 1990. [...] Quelle fut la cause de cette accélération ? Était-ce l'émergence d'Internet ?

Pas selon les analystes [...] une source majeure d'amélioration de la productivité après 1995 fut une augmentation de la production par travailleur dans le commerce – les magasins vendaient beaucoup plus de marchandises par travailleur. Et pourquoi la productivité augmenta-t-elle dans le secteur du commerce aux États-Unis ? La raison tient en deux syllabes : Wal-Mart [...]. Wal-Mart a été pionnier dans l'utilisation de la technologie moderne pour améliorer la productivité. Par exemple, ce fut l'une des premières entreprises à utiliser les ordinateurs pour répertorier les stocks, à utiliser le code-barres, à établir des liens électroniques directs avec les fournisseurs, etc... [...] Progressivement, les autres entreprises imitèrent les pratiques de Wal-Mart.

On peut tirer deux leçons de « l'effet Wal-Mart » [...]. L'une est que la manière dont vous appliquez une technologie fait toute la différence. Tout le monde dans le commerce connaissait les ordinateurs, mais Wal-Mart trouva la manière de les utiliser. L'autre est qu'une grande partie de la croissance économique provient d'améliorations quotidiennes plutôt que de nouvelles technologies séduisantes.

Paul Krugman, Robin Wells, *Macroéconomie*, De Boeck Université, 2009.

QUESTIONS

1 » Comment expliquer l'accélération de la productivité américaine à partir de la fin des années 1990 ?

2 » Par quels types d'innovation Wal-Mart est-il parvenu à améliorer sa productivité ?

3 » Wal-Mart a fait de sa capacité à proposer des prix réduits un slogan. Comment expliquer cette politique de prix réduits ?

À SAVOIR

Une **innovation** est la mise en valeur d'une invention sur le marché. On distingue généralement les **innovations de produit** (mise au point/commercialisation d'un produit plus performant) et les **innovations de procédé** (mise au point/adoption de méthodes de production ou de distribution nouvelles ou améliorées). Ces deux types d'innovation peuvent être simultanés.

4 La Wii à un prix bientôt accessible à tous

Au cours de la durée de vie des produits, leurs coûts de fabrication diminuent progressivement, laissant l'opportunité de procéder à terme à des baisses de prix significatives, permettant de générer des volumes de vente plus importants tout en accaparant des parts de marché plus significatives. Plus spécifiquement, les constructeurs de consoles de jeu profitent de ces réductions de coûts, ce qui explique les baisses de prix de la Xbox 360 et de la PS3 [...]. Koya Tabata, analyste chez Crédit Suisse, a souligné au *Financial Times* que Nintendo rencontre actuellement des coûts de fabrication en baisse de 45 % depuis le lancement de la Wii. Ce cas de figure pourrait laisser un champ d'application à Nintendo concernant une possible diminution de prix afin de stimuler les ventes, notamment pour s'introduire dans les marchés émergents, si l'on en croit les propos tenus par Tabata.

Fabien H. « Wii, des coûts de fabrication en baisse de 45 % ? », Generation-nt.com, avril 2009.

QUESTIONS

1 » Comment expliquer la baisse du prix de la Wii ?

2 » Quels sont les avantages de cette baisse des prix pour Nintendo ?

FAIRE LE POINT

» **Précisez pour chacune des situations suivantes s'il s'agit d'une innovation de produit et/ou de procédé et expliquez dans chacun des cas l'impact que l'innovation a eu ou pourrait avoir sur les quantités produites ou les prix :**

1. L'application de l'Organisation scientifique du travail dans l'industrie automobile.
2. La création du microprocesseur par Intel.
3. La technique de l'imprimerie typographique inventée par Gutenberg.
4. La mise en place de panneaux photovoltaïques.
5. Les technologies de recyclage du papier.

DOSSIER 4

Quels sont les conséquences du progrès technique sur les facteurs de production ?

DÉCOUVRIR

Des hommes et des machines

1 La vengeance des hommes sur les machines

Révolte des ouvriers tisserands contre les métiers à filer et à tisser. C'est ce qu'on appelle le « luddisme » (de John Ludd qui, vers 1780, aurait détruit des machines textiles). Le mouvement ouvrier prend naissance en Angleterre en 1811 et 1812.
Les ouvriers se vengent sur les machines car ils anticipent le fait qu'elles vont leur prendre leur travail.

2 Du 78-tours au CD

Usine de disques en 1908, France.

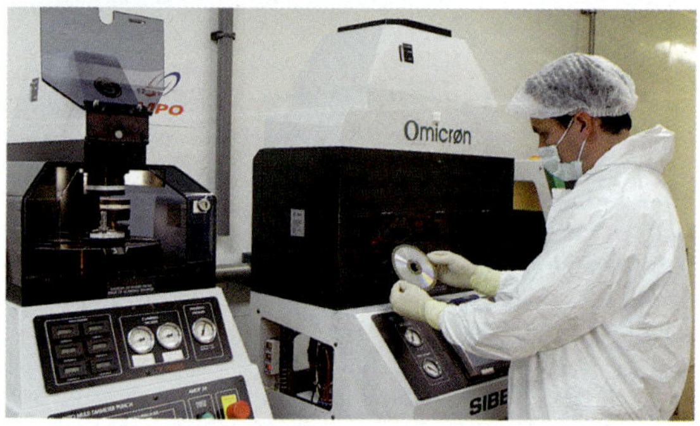

Usine de CD de l'entreprise MPO à Averton, France.

3 Bye bye Mississipi

En octobre 1944, le delta du Mississipi fut le siège d'un événement qui devait changer à jamais les conditions de vie des Africains-Américains. Le 2 octobre, une foule d'environ 3 000 personnes se rassembla sur un champ de coton à la sortie de Clarksdale pour contempler la première démonstration réussie d'une ramasseuse mécanique de coton. [...] La foule n'en revenait pas. En une heure, un travailleur agricole pouvait cueillir 9 kg de coton. La ramasseuse mécanique pouvait en récolter plus de 450 dans le même laps de temps. Chaque machine pouvait faire le travail de cinquante personnes.
En 1949, seulement 6 % du coton du Sud était récolté par des moyens mécaniques ; en 1964, cette proportion était de 70 %. Huit ans plus tard, on avait atteint 100 % de mécanisation. Pour la première fois depuis qu'ils avaient été transportés comme esclaves dans le Sud, les mains et les dos des Noirs étaient devenus inutiles.
L'impact de la mécanisation de l'agriculture du Sud combinée à l'attrait des hauts salaires dans les villes industrielles du Nord produisit ce que Nicholas Lehman a appelé « une des plus vastes et des plus rapides migrations internes de l'histoire ». Plus de 5 millions d'hommes partirent vers le Nord en quête de travail entre les années 1940 et les années 1970.

Jeremy Rifkin, *La Fin du Travail*, La Découverte, 1995.

4 On n'arrête pas le progrès

Alors que le grand Schtroumpf n'est pas au village, l'effervescence est à son comble, pour les réparations annuelles, jusqu'au moment ou un marteau vient fracasser la tête du Schtroumpf à lunette, suite à une maladresse du Schtroumpf maladroit. Le Schtroumpf paresseux est envoyé chez le Schtroumpf bricoleur pour aller chercher un marteau neuf. Mais le Schtroumpf paresseux est tellement fatigué que le Schtroumpf bricoleur lui fabrique une petite voiture à remonter avec une clef pour se déplacer sans se fatiguer. c'est alors que commence la fabrication des premiers engins... et des robots.

5 Un monde du travail en mutation

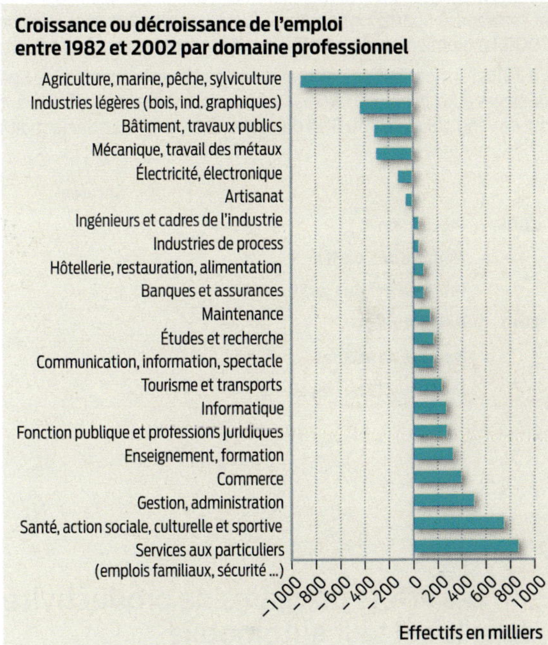

Jean-Louis Dayant, « L'emploi en France depuis 30 ans », *L'emploi, nouveaux enjeux*, édition 2008, INSEE.

ACTIVITÉS

1 » L'introduction de la technologie a-t-elle été bien accueillie lors de la Révolution industrielle ? (doc. 1)

2 » Que montre le doc. 2 sur l'évolution des technologies de fabrication de disques ?

3 » Comment expliquer l'exode rural des Africains-Américains des États du Sud vers ceux du Nord ? (doc. 3)

4 » Quels sont les avantages de l'introduction des robots dans la vie des Schtroumpfs ? (doc. 4)

5 » Comparez les données chiffrées concernant l'« agriculture, marine, pêche et sylviculture » et l'« informatique ». (doc. 5)

DOSSIER 4

Quels sont les conséquences du progrès technique sur les facteurs de production ?

COMPRENDRE

1 La productivité du travail

EXERCICE

Deux entreprises concurrentes fabriquant des sièges auto pour enfant, l'entreprise Securex et l'entreprise Sparta, ont produit et vendu respectivement 1 million et 500 000 sièges en 2009. La première comprend 160 salariés tandis que la seconde emploie 80 salariés.

En 2010, l'entreprise Securex prend une partie de la clientèle de Sparta et vend 1,2 million de sièges auto, le nombre de ses salariés ne changeant pas. En revanche, l'entreprise Sparta, qui ne vend plus que 300 000 de sièges auto, a dû licencier la moitié de son personnel.

		Securex	Sparta
2009	**Production**		
	Nombre de salariés		
	Productivité du travail		
2010	**Production**		
	Nombre de salariés		
	Productivité du travail		

QUESTIONS

1» Reproduisez et complétez le tableau.

2» Comment évolue la productivité des deux entreprises entre 2009 et 2010 ?

3» Quelles sont les deux façons d'accroître la productivité présentées dans cet exemple ?

À SAVOIR

La **productivité du travail** se définit par le rapport entre un volume de production réalisé et la quantité de travail employée (nombre d'heures ouvrées ou effectifs employés).

Productivité horaire du travail = production / nombre d'heures de travail

Productivité du travail par salarié = production / effectifs employés

2 Les effets des gains de productivité dans le secteur automobile

Les gains de productivité ne disparaissent pas dans la nature. D'une manière ou d'une autre, ils contribuent à réduire les prix de vente, à augmenter les salaires ou les revenus des propriétaires du capital, alimentant ce qu'Alfred Sauvy appelait le « déversement ». Les ouvriers spécialisés (OS) de l'automobile ont perdu leur place remplacés par des robots, mais les techniciens de Renault mieux payés sont partis aux sports d'hiver et ont contribué à créer des emplois dans les stations de ski [...]

Les prix des produits manufacturés ont sensiblement baissé grâce aux gains de productivité : avec son revenu annuel, un salarié au bas de l'échelle peut aujourd'hui acheter une voiture de type Clio alors qu'il y a un demi-siècle il pouvait tout juste acheter une bicyclette. Et cela a considérablement gonflé la demande. En outre, les innovations n'ont cessé d'aboutir à de nouveaux objets, dont beaucoup ont tiré la consommation et changé en profondeur nos modes de vie.

Denis Clerc, *Alternatives économiques* hors série n° 71, 1er trimestre 2007.

QUESTIONS

1» Quels sont les usages des gains de productivité qui apparaissent dans ce document ?

2» Quels emplois disparaissent dans l'industrie automobile du fait du progrès technique ? Pourquoi Alfred Sauvy parle-t-il d'un déversement d'emplois ?

3» Quels sont les différents facteurs qui expliquent que le progrès technique favorise l'accroissement de la demande dans l'économie ?

ALLER PLUS LOIN

La **théorie du déversement sectoriel** montre que les gains de productivité issus du progrès technique transforment la structure de la population active : sur le long terme on assiste au passage de la population active du secteur primaire au secteur secondaire puis au secteur tertiaire.

3 Les effets créateurs et destructeurs des NTIC

Sur certains marchés, la rupture technologique est même brutale déstabilisant les acteurs en place. L'exemple le plus frappant est certainement celui de l'industrie de la musique. Les grands du secteur souffrent d'un déclin des ventes de disques (20 % depuis 2000). Les studios de cinéma commencent à subir le même détournement de leur activité.

Plus diffuse mais non moins réelle est la menace que fait peser le média Internet sur la presse, la télévision et la radio. Non seulement il leur arrache de la publicité mais il les concurrence de manière frontale, ébranlant même leur légitimité. Mais ceux qui ont le plus de souci à se faire sont certainement les grands opérateurs de télécommunications. [...] Ce n'est là que la face visible de la nouvelle économie. L'usage de la Toile s'est propagé dans toutes les entreprises (logistique, gestion des stocks, achats, distribution, services clients). Les économistes estiment ainsi que les États-Unis doivent chaque année un point de leur croissance aux gains de productivité apportés par la diffusion des technologies de l'information et de la communication.

Gaëlle Macke, « Il y a dix ans, Internet commençait à changer le monde », *Le Monde*, 19 août 2005.

QUESTIONS

1» Quelles évolutions technologiques expliquent le déclin des ventes de disques depuis quelques années ?

2» Parallèlement, quelles activités sont créées dans ce secteur ?

3» Montrez qu'un même processus de « destruction créatrice » est aussi à l'œuvre dans le domaine de la presse.

ALLER PLUS LOIN

La **destruction créatrice** est un terme utilisé par Joseph Schumpeter pour décrire la dynamique du capitalisme. Pour lui les innovations conduisent à la disparition de certaines activités économiques tout en en créant de nouvelles.

4 Évolution de la structure des emplois par catégorie socioprofessionnelle

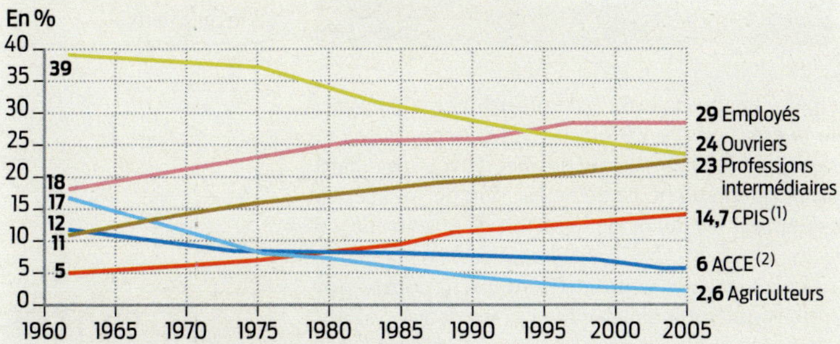

1. CPIS : cadres et professions intellectuelles supérieures
2. ACCE : artisans, commerçants et chef d'entreprise

Lecture : En 1965, les ouvriers occupent 39 % des emplois.

« Évolution de la structure des emplois par catégorie socioprofessionnelle », *Sciences humaines*, mensuel nº 209, novembre 2009.

QUESTIONS

1» Présentez les principales évolutions dans la répartition de l'emploi en vous appuyant sur des données chiffrées pertinentes.

2» Comment expliquez-vous le déclin de la part de certaines catégories et la progression d'autres dans la population active ?

FAIRE LE POINT

» **Expliquez à partir des situations suivantes quels types d'emplois sont créés et/ou disparaissent :**

❶ des distributeurs de timbres sont installés à la Poste ; ❷ une usine automatise sa chaine de production de yaourts ; ❸ une machine à vendanger assure la récolte d'un viticulteur bordelais ; ❹ les français remplissent leurs impôts par internet ; ❺ Casino propose de faire ses courses en ligne et de se faire livrer à domicile ; ❻ des chaines câblées proposent des vidéos à la demande.

GRAND ANGLE

Zara et Apple : deux stratégies de création de richesses

→ **SAVOIRS :** valeur ajoutée, délocalisation
→ **SAVOIR-FAIRE :** analyse de textes → FICHE MÉTHODE 1

» Zara ou penser local

1 Un homme éclairé

Amancio Ortega ouvre sa première boutique Zara en 1975. Le concept ? Démocratiser les vêtements de luxe en s'en inspirant largement, afin de créer des modèles qui seront vendus moitié moins cher que les originaux.

80 % des produits sont fabriqués en Europe
Contrairement à H&M, son concurrent principal, Zara possède 65 % de ses usines en Espagne. La majeure partie des points stratégiques de la création d'un produit (de la conception à la finition) est ainsi gérée dans un espace géographique restreint, ce qui permet d'avoir un regard global sur la production et de pouvoir agir dessus directement. La délocalisation permet certes d'obtenir des coûts plus bas, mais allonge également les délais de livraison de 2 à 3 mois, ce qui est inacceptable pour Zara.
L'Espagnol veut faire la différence grâce à sa capacité de réaction extrêmement courte : un imprévu climatique, une tendance surprise, un produit-phare plébiscité par les people… Zara peut réagir quasiment instantanément. Amancio Ortega insiste sur le fait que le climat est le premier facteur à prendre en compte. Un été pluvieux ou un hiver doux peuvent ainsi ruiner des collections prévues 6 mois à l'avance, alors qu'en réduisant les délais entre le croquis et la mise en boutique à trois semaines, l'espagnol a toutes les chances de rafler la mise. Flexibilité et rapidité sont les maîtres mots du concept Zara.

www.tendancesdemode.com, 2007.

2 La production, une course contre la montre

Chaque magasin Zara communique quotidiennement par un réseau interne l'évolution de ses stocks et les suggestions des consommateurs. Une armada de plus de 200 stylistes renouvelle en quinze jours l'ensemble des collections en les différenciant selon les pays. Parallèlement, les usines Zara et leurs sous-traitants espagnols, portugais adaptent en temps réel leur production pour les marchés situés à un ou deux jours de camion. Gap, avec ses collections produites en Asie du Sud-Est, à un mois de bateau du marché, est incapable de suivre.

P. Ashkénazy, *Les Désordres du travail*, Le Seuil, La République des Idées, 2004.

ACTIVITÉS

1 » Quel est le concept fondateur de Zara (doc. 1) ?
2 » Pourquoi l'entreprise Zara n'a-t-elle pas opté pour la délocalisation ? (doc. 1)
3 » Décrivez la stratégie de flexibilité de Zara (doc. 1 et 2).
4 » Comment l'entreprise compense-t-elle les coûts de production plus élevés en Europe pour se maintenir face à ses concurrents qui compressent leurs coûts ? (doc. 1 et 2)

Apple ou penser global

3 Radioscopie d'un iPod

Une équipe de chercheurs américains s'est récemment intéressée au cas de l'iPod, et, plus précisément, à l'iPod-vidéo (30 GB) de 5e génération, commercialisé par Apple en octobre 2005. Les chercheurs ont collecté patiemment des données sur les principaux composants, leur prix, leur valeur ajoutée, le lieu de production et la nationalité du producteur. Voici les résultats :

Structure du coût de production du vidéo iPod 30GB vendu 299 $ aux États-Unis (451 composants)

Composant	Fournisseur et lieu de fabrication	Prix d'usine estimé
Disque dur	Toshiba (Japon)	73, 39 $
Module d'affichage	Toshiba-Matsushita (Japon)	23,27 $
Contrôleur vidéo	Broadcom (Etats-Unis)	8,36 $
Contrôleur général	PortalPlayer (Etats-Unis)	4,94 $
Assemblage	Inventec (Taiwan)	3,86 $
Batterie	Inconnu (Corée)	2,89 $
Mémoire SDRAM (32MB)	Samsung (Corée)	2,37 $
Back enclosure	Inconnu (Taiwan)	2,30 $
Mainboard PCB	Inconnu (Taiwan)	1,90 $
Mémoire mobile 8 RAM	Elpida (Japon)	1,85 $
Autres composants		19,28 $
Coût total		144,40 $

Le prix de vente au détail de cet iPod 30GB au moment de l'analyse est de 299 $. La différence de 154,60 $ entre le prix de vente et le coût de fabrication de 144,40 $ peut être décomposée en coûts de transports, marge des vendeurs, marge des distributeurs et résultats d'exploitation d'Apple.

Greg Linden, Kenneth L. Kraemer, Jason Dedrick, « Who Captures Values in a Global Innovative Network ? The Case of Apple's IPod ». *Communication of the ACM*, Vol.52, n° 3, Mars 2009.

L'iPod et l'iPhone sont deux produits qui proposent des services (la musique, la communication mobile, le navigateur internet) adaptés aux besoins des jeunes. Le fait qu'Apple revendique ses produits comme créatifs et individuels contribue à leur succès. Tout le monde aime aussi les produits brillants, épurés, simples d'utilisation et au design attractif.

4 La tribu Apple

À l'instar de la société Sony, Apple se positionne toujours sur des marchés en croissance qui ont vocation à devenir planétaires. Mais pour se trouver sur les meilleurs marchés possibles sans souffrir de la concurrence, Apple se démarque avec sa stratégie : verrouiller les utilisateurs par toutes sortes de mécanismes ingénieux pour les amener à racheter des produits Apple et fournir à l'utilisateur une expérience « unique » et conviviale. Par sa stratégie de différenciation, Apple est donc destiné à rester sur de petites parts de marché, mais avec une forte valeur ajoutée. La stratégie générale d'Apple vise à enfermer ses utilisateurs dans un monde entièrement Apple, depuis le magasin (Apple Store) pour acheter le matériel au baladeur (iPod) en passant par la revente en ligne de musique (Apple Music Store).

Bruno Godard et alii, Projet MAGE *Étude de la stratégie Macintosh iPod & iTunes*, 21 juin 2004.

ACTIVITÉS

1 » Quel est le montant de la valeur ajoutée d'un iPod 30GB ? Correspond-elle au bénéfice d'Apple ? (doc. 3)

2 » Où se fait la production de l'Ipod ? Pourquoi ? (doc. 3)

3 » Comment l'entreprise Apple parvient-elle à contourner la concurrence ? (doc. 4)

4 » Qu'est-ce qui explique le succès des produits Apple au-delà d'un marketing efficace ? (doc. 4)

QUESTION DE SYNTHÈSE

À l'aide des différents documents, présentez les stratégies des deux entreprises dans deux paragraphes structurés.

L'ESSENTIEL

» Le choix d'une combinaison productive efficace

Pour produire, l'entreprise combine des **facteurs de production**, du capital et du travail. Le **facteur travail** correspond à l'ensemble des interventions humaines aux diverses étapes du processus productif. Le **facteur capital** recouvre le **capital fixe** (l'ensemble des biens tels que les machines et les bâtiments utilisés au cours de plusieurs cycles de production) et le **capital circulant** (ou **consommations intermédiaires**) qui regroupe l'ensemble des biens détruits ou transformés au cours du processus de production.
L'entrepreneur choisit la **combinaison** de ses facteurs de production correspondant au **coût de production** le plus faible. Il peut ainsi décider de **substituer du capital au travail**, c'est-à-dire de remplacer le travail des hommes par des machines, si le coût du travail est plus élevé que celui du capital.
Les facteurs de production peuvent être **complémentaires** (si l'entreprise doit augmenter la quantité d'un facteur de production en même temps que celle d'un autre) ou **substituables** (si elle peut remplacer une quantité donnée d'un facteur de production par une quantité supplémentaire d'un autre facteur).

» La productivité ou l'efficacité de la combinaison productive

L'efficacité d'une combinaison productive se mesure par l'augmentation de la **productivité**. On retient souvent la **productivité du travail** qui exprime le rapport entre la production et les effectifs ou le nombre d'heures travaillées.
Le **progrès technique** est un facteur d'accroissement de la productivité. Il permet bien sûr de créer de nouveaux produits (**innovation de produit**) visant surtout à adresser une demande nouvelle pour l'entreprise. Mais il permet aussi d'améliorer les techniques de production ou l'organisation du travail (**innovation de procédés**). Cela se traduit par des **gains de productivité** pouvant conduire à une baisse des prix, à une amélioration du niveau des profits et/ou du niveau des salaires.
Le progrès technique a également des effets sur l'**emploi** puisqu'il en modifie la nature : des emplois qualifiés sont créés tandis que des emplois peu qualifiés disparaissent. Il favorise de fait la progression de l'emploi dans certains secteurs de l'économie au détriment d'autres, moins porteurs de croissance.

Comprendre autrement »

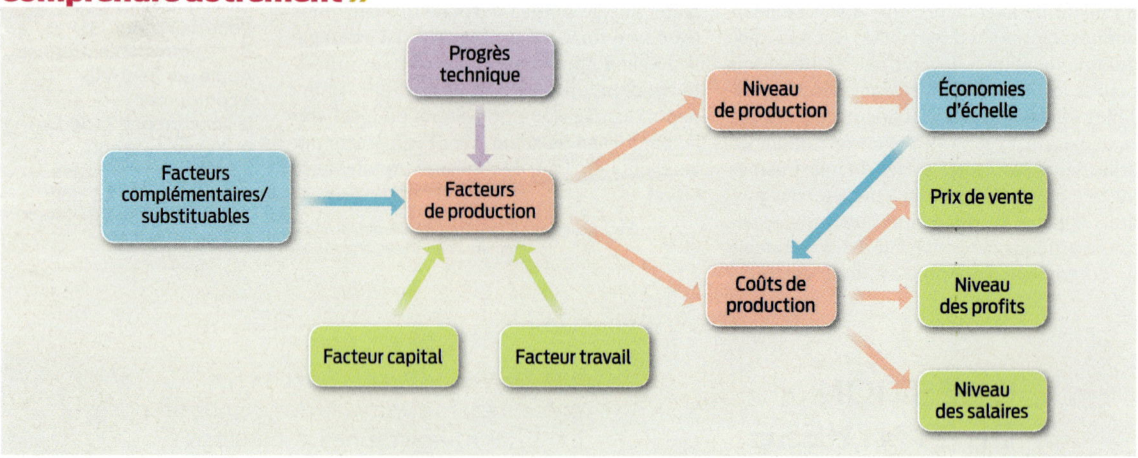

CHAPITRE 5

Comment se forment les prix sur un marché ?

Comment les prix sont-ils déterminés sur un marché ?

OBJECTIFS DU CHAPITRE

On montrera comment dans un modèle simple de marché se fixe et s'ajuste le prix en fonction des variations de l'offre et de la demande.
En partant d'un exemple, on construira les courbes d'offre et de demande, on recherchera les facteurs susceptibles d'expliquer leur déplacement et on en analysera l'impact en termes d'augmentation ou de baisse des prix.

DOSSIER 1

Comment les variations de l'offre et de la demande affectent-elles le niveau des prix ?

DÉCOUVRIR

Prix qui montent, prix qui descendent

1 Poissons contre cailloux

Martin Vidberg, 2009.
www.martinvidberg.com

2 Saint-Valentin : le Wall Street des roses en ébullition

Près de 150 millions de fleurs, dont un tiers de roses, sont vendues aux enchères en quelques jours : à l'approche de la Saint-Valentin, le marché d'Aalsmeer, aux Pays-Bas, surnommé le « Wall Street des roses », est en pleine effervescence.

3 Marché des huîtres en état de choc

Le Point.fr

01/03/2010. Dégâts considérables pour les producteurs d'huîtres et de moules

La tempête Xynthia a provoqué des « dégâts considérables » chez les producteurs d'huîtres et de moules installés entre l'île d'Oléron (Charente-Maritime) et l'île de Noirmoutier (Vendée) [...] La Charente-Maritime, qui compte 1 200 ostréiculteurs, assure 43 % de la commercialisation des huîtres creuses en France.

Le Point, 1er mars 2010.

4 « Au moins cinq fruits et légumes par jour »

Évolution du prix des fruits et légumes entre juin et juillet 2009

	Produit	Évolution en %
FRUITS	Pomme	+4,7
	Melon	-5,7
	Abricot	-7,2
	Cerise	+30,4
	Fraise	+10,5
	Pêche	-10,9
	Poire	+ 6,5
LÉGUMES	Aubergine	-6,6
	Carotte	-17,4
	Courgette	-15,1
	Haricots verts	-30,6
	Poivron	-3,4
	Pomme de terre	-8,1
	Tomate	-21,8

Observatoire des prix des fruits et légumes, Familles rurales, été 2009.

5 Appel au boycott de la fraise espagnole sur Facebook

Nom

Stop à la vente de fraises espagnoles : véritable scandale écologique
Catégorie :

Intérêts communs **Causes et convictions**

Description
À la mi-juin, la France aura importé plus de 83 000 tonnes de fraises d'Espagne (71 % de sa consommation). À deux ou trois euros le kilo sur les marchés et dans les grandes surfaces, ces fraises sont transportées par des camions sur plus de 1 500 km.
L'agriculture intensive de la fraise, se fait dans le sud de l'Andalousie sur 6 000 hectares. La main-d'œuvre marocaine mal payée est exposée aux produits (bromure de méthyl et chloropicrine) utilisés entre autres en dépit du protocole de Montréal sur les gaz attaquant la couche d'ozone.
Une partie de la région est transformée en savane entraînant l'exode des oiseaux migrateurs et la disparition des derniers lynx pardel.
2 000 hectares de forêt ont été rasés pour accueillir des plants de fraisiers poussant sous les 5 000 tonnes de plastique noir ! Les réserves d'eau ont été épuisées : d'où l'apparition d'usines de dessalement d'eau de mer sur les côtes andalouses.
La fraise espagnole est un symbole du massacre écologique : biodiversité, eau, pesticides, forêt, plastique, maladies.
Signez cette pétition [...] agissons pour que ça s'arrête.
Faîtes circuler l'info et les rubriques du site de Nicolas Hulot consacré à « l'opération fraises de printemps ».
Merci aux envoyés spéciaux du WWF et à Claude-Marie Vadrot de nous avoir sensibilisés à ce massacre.

Niveau de confidentialité

Ouvert : tout le contenu est public.

Facebook, 2009.

ACTIVITÉS

1 » Pourquoi dans la bande dessinée, le prix du poisson passe de 1 à 2 puis 4 cailloux ? Que se passe-t-il lorsqu'un nouveau vendeur de poisson apparaît ? (doc. 1)

2 » Pourquoi le marché des roses d'Aalsmeer est-il « en effervescence » au moment de la Saint-Valentin ? (doc. 2)

3 » Quelle a été la conséquence de la tempête Xynthia sur le prix des moules et des huîtres ? (doc. 3)

4 » Comment expliquer la baisse du prix des tomates et des melons pendant l'été ? (doc. 4)

5 » Quel est l'impact des importations de fraises espagnoles sur le marché de la fraise en France ? Quel peut-être celui d'un boycott ? (doc. 5)

DOSSIER 1

Comment les variations de l'offre et de la demande affectent-elles le niveau des prix ?

COMPRENDRE

1 Les courbes de demande et d'offre de kiwis

EXERCICE

La **courbe de demande** du marché indique la quantité totale d'un bien ou d'un service qui sera demandée par tous les consommateurs du marché à chaque niveau de prix.

Nous nous intéressons ici au marché du kiwi. La courbe de demande de kiwis est le nombre de kilogrammes de kiwis qui seront achetés par l'ensemble des consommateurs pour chaque niveau de prix. Elle s'obtient en additionnant, pour chaque prix, les quantités demandées par chaque consommateur.

Supposons que la demande se répartisse de la manière suivante :

Prix du kilogramme de kiwi (en euros)	Quantité demandée (en millions de kilos/an)
3	52
2,75	55
2,5	63
2,25	72
2	78

La **courbe d'offre** de marché représente la quantité d'un bien que toutes les entreprises présentes sur le marché sont disposées à offrir à chaque niveau de prix

La courbe d'offre de kiwis est le nombre de kilogrammes de kiwis qui seront proposés à la vente par les producteurs de ce fruit pour chaque niveau de prix.

La courbe d'offre est normalement croissante, c'est-à-dire que plus le prix est élevé, plus les entreprises offrent une quantité d'un bien ou service importante. Cela tient à ce que des prix plus élevés augmentent les profits de l'entreprise, ce qui l'incite à produire davantage. L'offre de kiwis se répartit de la façon suivante :

Prix du kilogramme de kiwi (en euros)	Quantité offerte (en millions de kilos/an)
3	71
2,75	68
2,5	63
2,25	58
2	51

QUESTIONS

1» Comprendre la phrase soulignée : Faisons l'hypothèse que le marché du kiwi est composé de 5 acheteurs, qui sont prêts à acheter respectivement 6, 5, 4, 3 et 2 millions de kilos de kiwis par an au prix de 5 euros le kilo, calculez la demande totale de kiwis au prix de 5 euros le kilo.

2» Comment évolue la quantité demandée et la quantité offerte lorsque le prix du kilo de kiwis augmente ?

3» Représentez sur un même graphique la courbe de demande et la courbe d'offre de kiwis en mettant en ordonnée le prix du kilo de kiwis et en abscisses la quantité de kiwis (en millions de kilos/an). À quel prix et pour quelle quantité la courbe d'offre rencontre-t-elle la courbe de demande ?

2 L'équilibre de marché

Quand le prix d'un bien correspond à l'équilibre, [le plus] de consommateurs obtiennent [...] la quantité qu'ils souhaitent acheter à ce prix et (le plus) de producteurs vendent [...] la quantité qu'ils sont disposés à vendre. Le marché est équilibré [...] on dit que le prix atteint est le prix d'équilibre de marché [...]. À l'équilibre, aucun acheteur ni aucun producteur n'est incité à modifier le prix ou la quantité. Dans les économies de marché concurrentielles, les prix effectifs tendent vers les prix d'équilibre auxquels l'offre et la demande sont égales. Il s'agit de **la loi de l'offre et de la demande**. Ce que dit en revanche la loi de l'offre et de la demande, c'est que, lorsqu'un marché n'est pas en équilibre, on peut prévoir l'apparition de certaines forces de changement.

Joseph E. Stiglitz, Carl E. Walsh, Jean-Dominique Lafay, *Principes d'économie moderne*, De Boeck Université, 2007.

QUESTIONS

1» Qu'est-ce que la loi de l'offre et de la demande ?

2» Dans le graphique du document 1 supposons que le prix du kilo de kiwi passe de 2,5 euros à 2,75 euros : quelles quantités sont prêts à vendre les producteurs et quelles quantités sont prêts à acheter les consommateurs pour ce nouveau prix ? Même question si le prix du kilo de kiwis passe de 2,50 euros à 2,25 euros.

3» Expliquez la phrase soulignée.

3 Le déplacement de la courbe d'offre de kiwis — EXERCICE

Un quart de la production française est produite dans la vallée de l'Adour, dans le sud-ouest de la France. La France est désormais le cinquième producteur mondial.
La culture du kiwi exige des spécificités climatiques expliquant que sa production est très concentrée. Imaginons que le climat devienne de plus en plus propice à la production de kiwis en France. En 2020, l'offre de kiwis français proposée aux consommateurs français se répartirait alors selon les données du tableau. (Notez qu'une partie de la production française reste destinée à l'exportation).

La répartition de l'offre selon le prix en 2020

Prix du kilogramme de kiwi (en euros)	Quantité offerte (en millions de kilos/an)
3	78
2,75	74
2,5	70
2,25	65
2	62

QUESTIONS

1» Sur le graphique du document 1, tracez la nouvelle courbe d'offre pour l'année 2020 à partir des données du tableau. Quelles sont les conséquences de cette modification de l'offre de kiwis sur le marché du kiwi si la demande reste inchangée ?

2» Cherchez des facteurs qui peuvent déplacer la courbe d'offre vers la droite (offre croissante) ou vers la gauche (offre décroissante).

4 Le déplacement de la courbe de demande de kiwis — EXERCICE

Supposons qu'à la suite de diverses campagnes de nutrition et de promotion comparables à celle-ci, la consommation de kiwis des français s'accroisse en 2020.

QUESTIONS

1» Tracez une courbe de demande correspondant à cette situation sur le graphique du doc. 1. Qu'observez-vous ?

2» La courbe de demande de 2020 pourrait-elle rencontrer la courbe d'offre de 2020 au prix d'équilibre de 2,50 euros le kilo ? Qu'est-ce qui distingue alors cet équilibre de l'équilibre précédent décrit par le doc. 1 ?

3» Cherchez des facteurs qui peuvent déplacer la courbe de demande vers la droite (demande croissante) ou vers la gauche (demande décroissante).

FAIRE LE POINT

» **Analysez les situations suivantes, en précisant dans chaque cas si les courbes d'offre et de demande se déplacent vers la droite ou la gauche et comment varie le prix :**

Situation A : Le ralentissement de la croissance et les changements des habitudes alimentaires conduisent à une baisse de la consommation de lait. En parallèle, l'Union européenne supprime progressivement les quotas de production de lait, ce qui se traduit par une augmentation de la quantité de lait disponible.

Situation B : La demande de jus d'orange progresse régulièrement mais un hiver rigoureux en Espagne a entraîné cette année le gel d'hectares entiers d'orangers.

DOSSIER 2

L'évolution des prix répond-elle seulement à la loi de l'offre et de la demande ?

DÉCOUVRIR

Des prix sous influence

1 L'iPod a une mémoire d'éléphant

À la grande époque des baladeurs à disque dur, dont les capacités se décuplaient d'année en année[1], il était difficile de croire qu'au final, ces modèles permettant de stocker toujours plus de musique seraient finalement supplantés par les appareils à mémoire flash de plus petite capacité, mais aux dimensions nettement plus confortables. Popularisés notamment par l'iPod Nano, qui a connu depuis de multiples évolutions, ces modèles constituent aujourd'hui une part non négligeable de l'offre des principaux constructeurs et offrent des fonctionnalités plutôt variées : lecture audio, lecture de vidéos et, dans la plupart des cas, dictaphone et tuner FM, parfois même avec enregistrement du son.

Stéphane Ruscher, « Comparatif de 5 lecteurs Flash », Clubic.com, janvier 2010.

1. En 50 ans, la capacité des disques durs a été multipliée par un facteur d'environ 500 000. En 29 ans, le prix du mégaoctet a été divisé par 1,3 million.

L'évolution du prix des mémoires Flash NAND

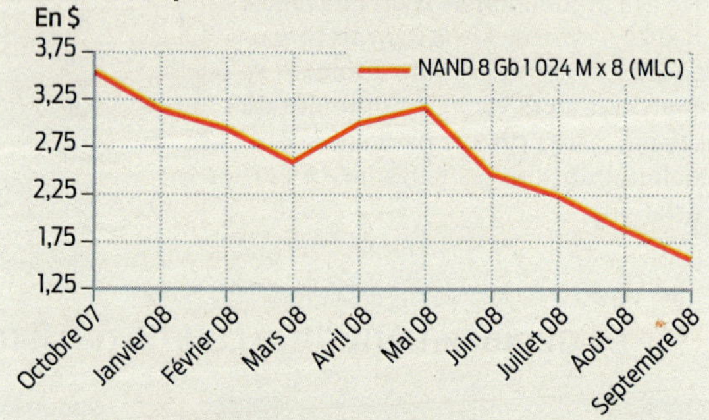

Le prix des mémoires Flash NAND de 8 gigaoctets a chuté de 30 à 35 % en l'espace de 10 mois. Ces mémoires sont utilisées dans de plus en plus d'objets mobiles comme les lecteurs MP3, les appareils photos numériques, les clefs USB.

2 Coup de fil hors de prix

Voici l'extrait d'une conversation téléphonique entre deux patrons de compagnies aériennes au début des années 1980 (cette conversation fut rapportée par le *New York Times* du 24 février 1983). Robert Crandall était alors Président d'American Airlines et Howard Putnam, Président de Braniff Airways.

Crandall : « Nom de Zeus, il est complètement stupide de continuer à se bouffer le nez comme ça et de ne pas gagner un centime.
Putnam : Que proposez-vous ?
Crandall : C'est simple. Vous augmentez vos tarifs de 20 %. Le lendemain, j'en fais autant avec les miens.
Putnam : Robert, nous ne…
Crandall : Vous ferez plus de fric et moi aussi.
Putnam : On ne peut pas parler prix !
Crandall : Et m…, Howard. On peut parler de ce qu'on veut. »

Gregory Mankiw, *Principes de l'économie*, Économica, 1998.

3 Coca-Cola contre Pepsi : la guerre des bulles

Parts de marché de Coca-Cola et Pepsi en 2004

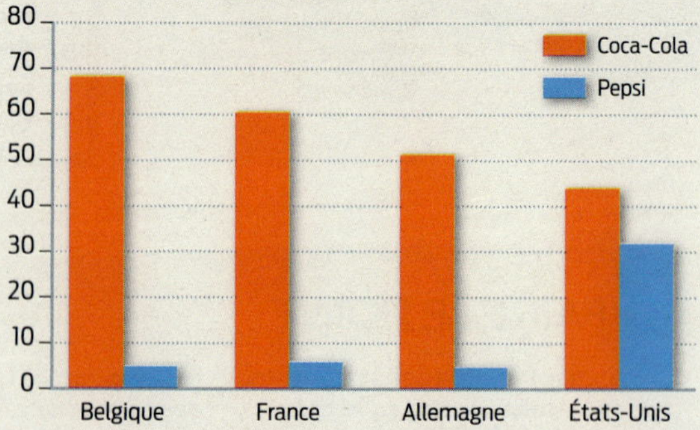

En 2004, à la suite d'une plainte déposée en 1999 par Pepsi à l'encontre de Coca-Cola pour **abus de position dominante**, Coca-Cola s'engage auprès de la Commission européenne à ne plus faire signer d'accords d'exclusivité à ses clients.

Extrait du *New York Times*, 20 octobre 2004.

4 Ces degrés qui coûtent cher

Répartition des coûts d'une bouteille de cognac à 17,47 €

État	7,84 €	44,9 %
Supermarché	3,23 €	18,5 %
Négoce	4,56 €	26 %
Distillateur	0,31 €	1,8 %
Viticulteur	1,53 €	8,8 %

Détail de la part de l'État :

TVA 19,6 %	17,47 - (17,47/1196)	2,86 €
Accises[1]	14,50 € x 40 % x 0,75 L	4,35 €
Cotisation Sécurité sociale	1,30 € x 0,75 L	0,97 €

1. Les accises sont un droit à acquitter pour accéder à la consommation de certains produits. En général, cette taxe frappe les alcools, les tabacs, les produits énergétiques (pétrole, gaz, etc.), les véhicules ou les produits dits « de luxe ». Le but recherché par le législateur est de dissuader la consommation de certains produits.

La Charente Libre, 13 octobre 2004.

Lors de la période de vieillissement, une partie du volume s'évapore : c'est la part des anges… qui n'est pas prise en compte ici dans les coûts !

5 Un peu « soupe au lait »

ACTIVITÉS

1 » Comment expliquer la baisse du prix des mémoires Flash alors que leurs capacités s'accroissent ? (doc. 1)

2 » Quelles sont les conséquences possibles de la conversation téléphonique décrite dans le doc. 2 ?

3 » Comparez et expliquez la position de Coca-Cola sur le marché américain et sur le marché européen. Pourquoi l'entreprise a-t-elle été sanctionnée ? (doc. 3)

4 » Comment et pourquoi l'État influence-t-il le prix du cognac ? (doc. 4)

5 » Qui, du représentant de l'industrie laitière et du producteur de lait, est un « donneur de prix », et un « preneur de prix » ? (doc. 5)

DOSSIER 2

L'évolution des prix répond-elle seulement à la loi de l'offre et de la demande ?

COMPRENDRE

1 Du producteur au consommateur

Le prix du lait à la production baisse, mais pas celui en rayon. « Nous refusons que se répètent les années 2002-2007, où le prix du lait avait baissé sans qu'aucune répercussion ne soit consentie aux consommateurs ». L'association consumériste prend de l'avance sur la Direction générale de la concurrence, de la consommation et de la répression des fraudes (DGCCRF), qui doit publier son enquête sur les marges de la filière laitière [...].
Pour l'association de consommateurs, le point noir reste le lait de consommation. En effet, son prix n'a baissé que de 2 %, alors que, selon l'UFC-Que choisir, il aurait dû « en toute logique baisser de 20 % ». [...] « Il est clair que s'opère actuellement une confiscation inadmissible de cette baisse des prix » précise l'étude, qui se charge de pointer du doigt ceux qu'elle considère comme responsables : « en fonction du type de produit, ce sont tantôt les industriels, tantôt les distributeurs qui accaparent cette marge ». Dans le cas des marques nationales, l'association considère que la concurrence est trop faible pour que les prix baissent, puisque seulement deux industriels (Lactalis et Sodiaal) se partagent 75 % du marché.

M.G., « L'UFC-Que choisir réclame une baisse du prix du lait », *Le Figaro*, 22 juillet 2009.

QUESTIONS

1» Pourquoi la baisse du prix du lait ne s'est-elle pas répercutée sur le prix de vente du lait de grande marque ?

2» Quels sont les moyens d'améliorer le fonctionnement de la concurrence sur un marché ?

2 Entente sur le marché de la téléphonie mobile

Évolution des parts de marché des opérateurs mobiles en France

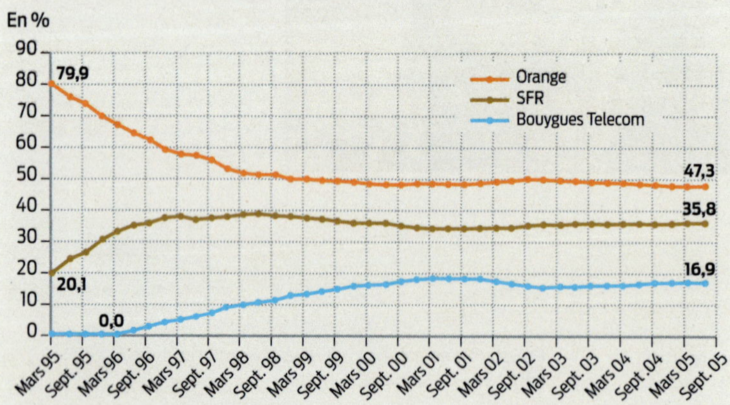

Source : ARCEP

Avis du Conseil de la concurrence de 2005 : « Les sociétés Orange France, SFR et Bouygues Télécom se sont livrées à des pratiques d'entente ayant restreint le jeu de la concurrence sur le marché ». Les opérateurs mobiles se sont échangés « tous les mois », de 1997 à 2003, des chiffres « précis et confidentiels ». Les trois opérateurs français sont condamnés à 534 millions d'euros d'amende.

QUESTIONS

1» Commentez l'évolution des parts de marché des opérateurs téléphoniques français dans le graphique.

2» Quelles sont les conséquences des stratégies d'Orange, de SFR et de Bouygues sur les prix proposés aux consommateurs ?

3» Quel peut être l'effet de l'entrée d'un nouvel opérateur comme Free ?

3 Entre demande de faibles prix et prix de la différence

L'indice de satisfaction des consommateurs américains mesure la satisfaction des consommateurs par rapport à 200 entreprises dans 40 secteurs. [...] Ce que l'indice révèle clairement est qu'une entreprise ne peut pas s'attirer les grâces des consommateurs par des prix plus faibles. Bien que cela paraisse heurter le sens commun, des produits moins chers et de meilleure qualité ne se traduisent pas toujours par des ventes plus élevées. [...] Ce qui se passe est que les clients en viennent à considérer les diminutions de prix comme la norme dans certains secteurs, tels que les vols aériens, les gadgets numériques ou les ordinateurs. [...] Par exemple, Hewlett-Packard, le fabricant d'ordinateurs et d'imprimantes, offre des produits améliorés à des prix plus faibles années après années, mais son indice de satisfaction des consommateurs est relativement bas.

Sans surprise, les entreprises qui s'efforcent de suivre les préférences des consommateurs ont des indices de satisfactions plus élevés. Prenez par exemple Starbucks : vous n'allez pas dans un Starbucks pour boire un café au rabais ; vous y allez plutôt pour passer un bon moment [...] De la même manière, vous achetez vos livres sur amazon.com, plutôt que sur d'autres sites de vente en ligne qui proposent des prix plus intéressants, parce qu'amazon.com conserve l'historique de vos sélections précédentes et utilise cette sélection pour vous proposer de nouveaux livres qui peuvent convenir à vos goûts personnels.

Paul Krugman, Robin Wells, *Microéconomie*, De Boeck Université, 2009.

QUESTIONS

1» Expliquez la phrase soulignée.

2» À partir de vos connaissances, expliquez pourquoi l'entreprise Hewlett-Packard parvient à baisser ses prix tout en améliorant la qualité de ses produits.

3» Pourquoi les consommateurs acceptent-ils de payer des biens ou des services plus chers chez Starbucks ou Amazon.fr ?

4 Demande et prix des HLM

Valeur des loyers du secteur HLM et du secteur locatif privé (au 1er janvier 2007, euros/m²)

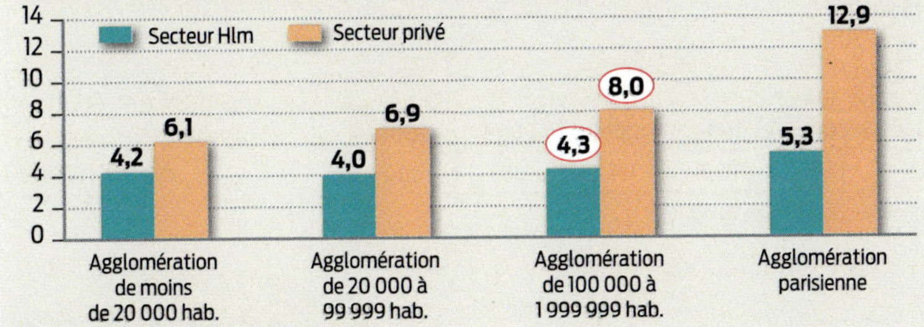

www.le-buzz-immobilier.com

QUESTIONS

1» Mettez les chiffres entourés du graphique dans une phrase.

2» Commentez le graphique en utilisant les données chiffrées.

3» Demandez-vous si le prix des loyers en logement HLM s'explique par la faiblesse de la demande d'habitations à loyer modéré.

FAIRE LE POINT

» **Précisez, pour chacun des cas suivants, si le prix pratiqué sur le marché relève :**
a de la loi de l'offre et de la demande, b de l'effet du progrès technique, c de l'existence d'un pouvoir de marché d'une ou de plusieurs entreprises, d de l'impact d'une entente, e de l'action de l'État sur les prix, f d'une pratique de discrimination par les prix (plusieurs explications peuvent être possibles).

1 Entre 1993 et 1994 le prix de la vitamine augmente de 30 % par rapport à 1990 alors que les laboratoires Roche, BASF et Rhône Poulenc contrôlaient plus de 60 % de l'approvisionnement en vitamines du monde entier.
2 Le prix des GPS baisse de 60 % entre 2004 et 2007.
3 Les livres sont vendus en France à un prix unique.
4 Les cinémas UGC proposent des tarifs réduits aux étudiants.

Inflation mesurée, inflation ressentie

→ **SAVOIRS :** construction et portée de l'indice des prix à la consommation
→ **SAVOIR-FAIRE :** calculs de pourcentage de variation → FICHE MÉTHODE 7 et d'indices → FICHE MÉTHODE 8

» La mesure de l'évolution des prix à la consommation

1 Construire l'indice des prix

Pour mesurer la hausse du niveau général des prix, on calcule des indices de prix. L'indice le plus utilisé est l'**indice des prix à la consommation (IPC)**, mais il existe d'autres indices (par exemple des prix à la construction, des prix industriels…).
En France, l'indice des prix à la consommation est calculé chaque mois par l'INSEE. Plusieurs centaines d'agents de l'INSEE effectuent 160 000 relevés de prix dans les différents circuits de commercialisation situés dans plus de 100 agglomérations représentatives des villes de plus de 2 000 habitants. Ces relevés permettent de calculer un indice des prix élémentaire pour chacun des 303 postes de dépenses qui sont pris en compte dans le calcul de l'indice. […] L'indice des prix à la consommation joue un rôle important dans le débat public. Il sert de base à l'indexation de certains revenus (notamment le salaire minimum), de certaines prestations sociales, des tranches du barème de l'impôt sur le revenu etc.

Alain Beitone et alii, *Économie*, coll. « Aide-Mémoire » 4e édition, Sirey, 2009.

À SAVOIR

On appelle **taux d'inflation** la mesure en pourcentage de l'augmentation du niveau général des prix au cours d'une période donnée (généralement l'année). Le taux d'inflation de 2009 se calcule de la manière suivante :

$$\frac{I_{prix\ 2009} - I_{prix\ 2008}}{I_{prix\ 2008}} \times 100$$

2 Une hausse des prix modérée

Indices des prix à la consommation, base 100 en 2000

2000	2001	2002	2003	2004	2005	2006	2007	2008	2009
100	101,8	103,8	106	108,5	110,5	112,7	114,5	118,1	118,2

Données INSEE, bases de données d'indices des prix à la consommation harmonisés, avril 2010.

3 Smic et pouvoir d'achat

Années	2000	2001	2002	2003	2004	2005	2006	2007	2008	2009	2010
Smic horaire (en euros)	6,41	6,67	6,83	7,19	7,61	8,03	8,27	8,44	8,71	8,82	8,86

Données INSEE, 2010.

LE SAVIEZ-VOUS ?

Le **Salaire minimum interprofessionnel de croissance** (**Smic**) est le salaire horaire minimum légal en France. Il a été institué en 1970. Au premier janvier 2010, le Smic mensuel brut est de 1 343,77 euros, soit environ 1 056 euros nets.

Le **pouvoir d'achat** d'un salarié s'améliore si l'augmentation de son salaire est supérieure à celle des prix.

ACTIVITÉS

1 » À quoi sert l'indice des prix à la consommation ?
2 » Quelle a été la progression des prix entre 2000 et 2008 ? → FICHE MÉTHODE 7
3 » Calculez les indices du Smic horaire de 2001 à 2010 avec pour base 100 l'année 2000.
4 » Le pouvoir d'achat des salariés payés au SMIC s'est-il amélioré entre 2000 et 2009, entre 2008 et 2009 ?

La perception de la hausse des prix

4 L'effet euro

Le pouvoir d'achat des ménages européens fait actuellement l'objet d'une controverse. L'impression diffuse est que le pouvoir d'achat a faiblement augmenté ces dernières années et que ce phénomène est masqué dans les statistiques présentées par les organismes officiels. Ce doute sur les faits eux-mêmes a conduit à une confusion encore plus grande sur les causes de ce sentiment de stagnation du pouvoir d'achat : en particulier, le passage à l'euro a été incriminé dans plusieurs pays, y compris par des responsables politiques de premier plan.

Questions d'Europe ° 50 de J.-F. Jamet, Fondation Robert Schuman, janvier 2007.

5 Mieux vaut filmer que fumer

Palmarès des plus fortes baisses et des plus fortes hausses de prix entre 2001 et 2006

Libellés	Taux de croissance en %	Libellés	Taux de croissance en %
Micro-ordinateurs	-59	Tabac	+56
Matériel vidéo	-55	Gazole et GPL	+36
Caméscope	-51	Médecins	+ 20
Téléviseurs	-43	Boissons chaudes dans les cafés	+17

Dossier « La mesure du pouvoir d'achat et sa perception par les ménages » in *L'Économie française*, édition 2007.

6 Des dépenses incompressibles

Part des dépenses pré-engagées dans le revenu disponible brut des ménages

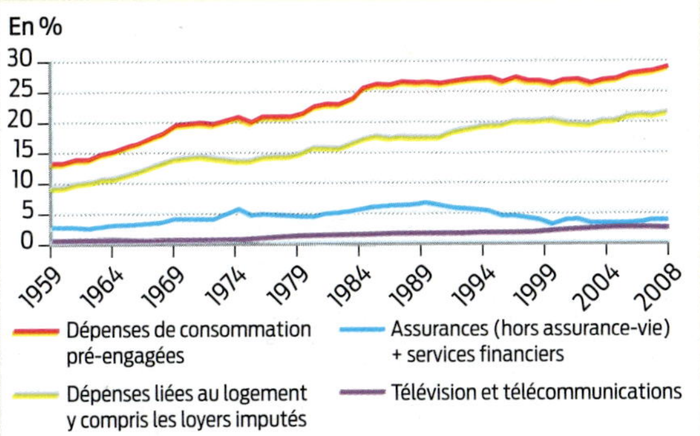

Source : INSEE, *comptes nationaux*, base 2000.

Les dépenses pré-engagées (ou dépenses contraintes) sont des dépenses ressenties comme contraintes par les ménages car ils peuvent difficilement les supprimer à court terme. Ces dépenses sont souvent renouvelées tous les mois.

INSEE, dossier « La consommation des ménages depuis 50 ans », *50 ans de consommation en France*, édition 2009.

ACTIVITÉS

1 » Peut-on établir un lien entre passage à l'euro et pouvoir d'achat (doc. 4) ?

2 » Parmi les dépenses présentées dans le doc. 5, quelles sont celles qui sont les plus fréquentes pour les ménages ? Les moins fréquentes ? Que constatez-vous ?

3 » Donnez un exemple pour chacune des dépenses présentées dans le graphique (doc. 6).

4 » Commentez le graphique du doc. 6 en utilisant au moins un calcul de taux de variation.

QUESTION DE SYNTHÈSE

Comment expliquer l'écart entre l'inflation mesurée par l'indice des prix à la consommation et la hausse des prix ressentie par les ménages ?

L'ESSENTIEL

» La loi de l'offre et de la demande

La **demande** est la quantité d'un bien ou d'un service que les ménages et les entreprises décident d'acheter à un prix donné. L'**offre** est la quantité d'un bien ou d'un service que les vendeurs sont prêts à vendre pour un prix donné.

La **courbe de demande** et la **courbe d'offre** illustrent comment la demande et l'offre évoluent pour chaque niveau de prix d'un bien ou d'un service. La **loi de l'offre et de la demande** stipule que lorsque le prix s'accroît, la demande des acheteurs diminue tandis que l'offre des producteurs augmente. Ainsi, un changement de prix se traduit par une modification des quantités demandées et offertes. On observe alors un **déplacement le long de la courbe** d'offre ou de la courbe de demande.

La demande et l'offre peuvent aussi augmenter ou baisser pour tous les prix donnés. Ainsi un changement des préférences des consommateurs du fait de campagnes de publicité ou d'information par exemple peut **déplacer la courbe** de demande vers la droite (lorsque la demande progresse) ou vers la gauche, (lorsqu'elle diminue). De même la variation du nombre de producteurs d'un bien ou d'un service conduit à un **déplacement de la courbe d'offre**.

» Marché concurrentiel et marchés imparfaits

Sur un **marché concurrentiel**, le prix tend vers le **prix d'équilibre**. À ce prix, le plus de consommateurs sont en mesure d'obtenir la quantité qu'ils désirent et le plus de vendeurs de produire les quantités qu'ils veulent. La quantité offerte par les producteurs est alors égale à la quantité demandée par les consommateurs (**quantité d'équilibre**).

Il existe toutefois un certain nombre de situations qui portent **atteinte au fonctionnement** de la loi de l'offre et de la demande. Les prix peuvent ainsi s'accroître du fait d'entreprises qui dominent un marché donné (oligopoles, monopoles), d'ententes illicites (cartels), de la mise en place d'impôts par l'État... Les prix peuvent aussi baisser du fait des gains de productivité réalisés dans leur production ou de pratiques de discrimination par les prix (tarifs étudiants...).

Comprendre autrement »

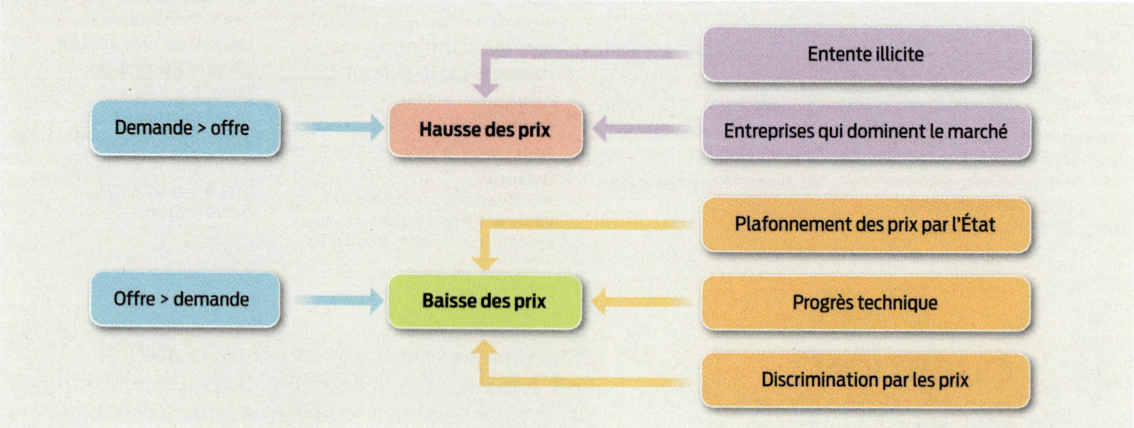

CHAPITRE 6

La pollution : comment remédier aux limites du marché ?

Comment les contraintes environnementales sont-elles prises en compte par les acteurs économiques ?

OBJECTIFS DU CHAPITRE

En prenant appui sur l'exemple de la pollution, on montrera que le fonctionnement du marché ne conduit pas nécessairement les producteurs à prendre en compte les coûts sociaux.
On présentera les politiques incitatives (taxes, subventions) ou contraignantes (normes) que la puissance publique est conduite à mettre en place pour pallier cette défaillance du marché.

DOSSIER 1

Comment la pollution révèle-t-elle les défaillances du marché ?

DÉCOUVRIR

Quand le marché ne marche pas

1 Pédaler sans s'asphyxier

La pollution de l'air à Pékin (Beijing, Chine) : l'utilisation massive du charbon et le développement de l'automobile rendent l'atmosphère des villes chinoises irrespirable.

2 La complainte des pêcheurs de crevettes

La nappe de pétrole échappé de la plate-forme qui a sombré le 22 avril dans le golfe du Mexique a commencé jeudi soir à toucher les côtes de Louisiane, a annoncé un responsable local. La marée noire a été décrétée « catastrophe nationale » par les autorités américaines. Le président Barack Obama a promis, jeudi 29 avril, de mobiliser « tous les moyens disponibles », dont l'armée, pour tenter de minimiser les effets de ces millions de litres de brut. [...] Une partie de l'économie de cette région du sud des États-Unis risque d'être affectée. En effet, 40 % des fruits de mer consommés aux États-Unis proviennent de Louisiane. Des éleveurs de crevettes de l'État ont d'ores et déjà déposé, jeudi 29 avril, une plainte collective pour « négligence » et « pollution ».

Le Monde, 29 avril 2010.

3 Voisinage opportun

Un snack et un cinéma côte-à-côte carrefour de l'Odéon à Paris.

4 La France en panne de recherche ?

L'effort total de recherche de divers pays, dont la France, rapporté au PIB

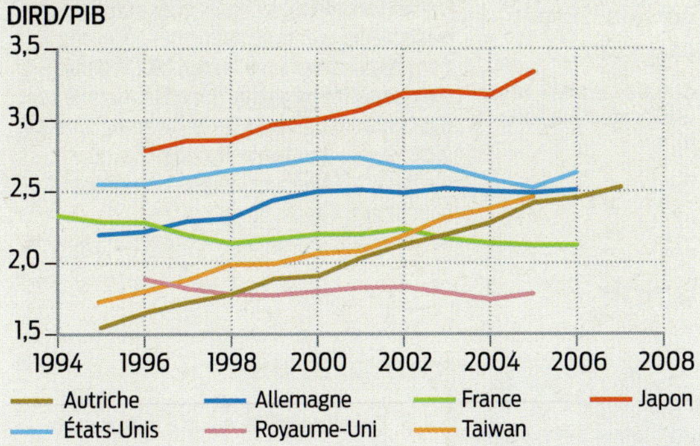

DIRD : dépense intérieure de recherche et développement ; PIB (Produit intérieur brut).
Sauvons la recherche.fr

5 Bombe à retardement

Métyvié, 2008.

ACTIVITÉS

1 » Quels sont les agents économiques responsables des phénomènes de pollution dans les doc. 1 et 2 ?

2 » Quels sont les agents économiques qui subissent les désavantages de ces phénomènes de pollution ? (doc. 1 et 2)

3 » Quel établissement a intérêt à être installé à côté de l'autre et pourquoi ? (doc. 3)

4 » Quel pourcentage de son PIB la France a-t-elle consacré à la Recherche et développement en 2006 ? Quel est l'avantage pour les différents acteurs d'un pays d'un effort important de recherche ? (doc. 4)

5 » Qui sont les baby-boomers ? Quels reproches faits à ces baby-boomers le caricaturiste a-t-il voulu illustrer ? (doc. 5)

DOSSIER 1

Comment la pollution révèle-t-elle les défaillances du marché ?

COMPRENDRE

1 Les questions environnementales en Chine : un défi colossal

Déjà 2e consommateur mondial d'énergie, les besoins énergétiques de la Chine ne cessent de croître. Parallèlement à la croissance économique, les problèmes liés à la pollution n'ont cessé de s'accentuer faisant des questions environnementales l'un des défis majeurs que le gouvernement devra affronter.

[…]La Chine vient de dépasser les États-Unis en termes d'émissions de gaz à effet de serre, se classant au premier rang mondial. À eux seuls ces deux pays émettent plus de 40 % du CO_2 mondial. […] 16 des 20 villes les plus polluées au monde se trouvent en Chine selon la Banque mondiale et l'OMS. […] 750 000 décès sont engendrés chaque année par des maladies respiratoires. Les maladies en partie dues à la pollution représentent la 1re cause de mortalité en Chine.

[…] Ces 6 derniers mois, plus d'1,1 million de véhicules chinois ont été vendus chaque mois en Chine. La capitale compte à elle seule environ 3,82 millions de véhicules et 5,51 millions de personnes dotées du permis de conduire. Malgré une croissance rapide de ces chiffres, avec près de 47 véhicules pour 1 000 habitants, le taux de motorisation de la Chine demeure très faible en comparaison de la moyenne mondiale, 120 pour 1 000 ou des États-Unis, 800 pour 1 000.

[…] Un tiers du territoire est touché par les pluies acides. 90 % des nappes souterraines des grandes villes chinoises sont polluées, les lacs et rivières étant pollués à 70 %. […] 40% du territoire est en effet affecté par une ou plusieurs formes de dégradation : érosion, surpâturage, déforestation, salinisation.

Ambassade de France en Chine, 2010.
www.ambafrance-cn.org

QUESTIONS

1» Quels sont les problèmes environnementaux auxquels est confrontée la Chine récemment ?

2» Quelles sont les causes principales de la pollution de l'air en Chine ?

3» Quelles sont les conséquences pour les individus de cette forme de pollution ? En quoi peut-on dire que cette pollution constitue une externalité ?

À SAVOIR

Une **externalité** est l'impact des actions d'un ou plusieurs agents économiques sur autrui non pris en compte par le marché. On parle d'**externalité négative** quand les tiers ne sont pas dédommagés pour les désavantages qu'ils subissent, et d'**externalité positive** quand ils n'ont pas à payer pour les avantages dont ils bénéficient.

2 Marées vertes : les baigneurs broient du noir

QUESTIONS

1» Quelle est la cause principale des marées vertes en Bretagne ?

2» Faites une liste la plus complète possible des agents qui subissent les effets néfastes de ces marées vertes.

3» Comment les pouvoirs publics peuvent-ils intervenir pour lutter contre la prolifération de ces algues vertes ?

3 Et si les abeilles disparaissaient ?

La survie ou l'évolution de plus de 80 % des espèces végétales dans le monde dépendent directement de la pollinisation par les insectes. Ces insectes pollinisateurs sont pour l'essentiel des abeilles, dont il existe plus de 1 000 espèces en France. Partout dans le monde et plus encore dans les pays industrialisés comme la France, les populations de ces abeilles sont en déclin et de nombreuses espèces sont menacées. En effet, l'élimination de leurs sites de nidification (disparition des haies et remembrements, urbanisation), la raréfaction des plantes qui leur fournissent nectar et pollen (liée à la monoculture et l'utilisation d'herbicides), et les épandages de pesticides sont autant de facteurs qui contribuent à éliminer les pollinisateurs. Les conséquences positives de la biodiversité des pollinisateurs sur la biodiversité des plantes et sur les activités humaines, et en particulier sur l'agriculture, commencent néanmoins à être reconnues et même chiffrées en termes économiques.

INRA, 2005.

QUESTIONS

1» Quelles sont les causes du déclin des abeilles qui sont évoquées dans le document ?

2» Quel rôle essentiel des abeilles est mis en évidence dans le document ? Dans ces conditions, quelles seraient les conséquences possibles d'une raréfaction de ces insectes ?

3» Le coût social engendré par le déclin de la population des abeilles est-il pris en compte par les agents économiques qui utilisent des pesticides ?

4 Le moindre coût social de la voiture électrique

Les voitures thermiques ont un coût pour la société en raison des nuisances qu'elles induisent. Aussi, en investissant dans la voiture électrique, l'État espère un retour sur investissement. [...] Une partie des subventions distribuées à la voiture électrique vise à être couverte par des économies de moyen et long terme :

Coûts évités par voiture électrique[1] (en €)	Estimation basse	Estimation moyenne	Estimation haute
Pollution de l'air (santé, nature)	250	500	750
Bruit	250	2 500	3 500
Changement climatique (augmentation de la température)	210	750	1 350

Le coût de la pollution atmosphérique et du bruit sont déterminés suivant trois scénarios : urbain (estimation haute), en campagne (estimation basse) et un scénario intermédiaire.

1. Une voiture électrique fonctionne avec une batterie électrique tandis qu'une voiture thermique fonctionne à l'essence.

Données élaborées par le site voiture-electrique-populaire. fr à partir de *Methodologies for external cost estimates and internalisation scenarios, Discussion paper for the workshop on internalisation*, 15 mars 2007.

QUESTIONS

1» Calculez en utilisant les données du tableau les coûts sociaux estimés pour une voiture thermique pour chaque scénario envisagé.

2» Pourquoi peut-on dire à travers ce document que les voitures thermiques constituent une source d'externalités négatives ?

3» Comment les défenseurs de la voiture électrique justifient-ils ici les subventions versées par l'État pour l'achat d'une voiture électrique ? Quels coûts de la voiture électrique sont omis ici ?

FAIRE LE POINT

» **Analysez chacun des cas suivants en précisant les agents responsables des externalités, ceux en bénéficiant ou en pâtissant, les risques encourus en laissant faire le marché, et les solutions possibles :**

1. Une marée noire salit plusieurs kilomètres de plages.
2. Un gymnase public est construit dans un quartier sensible.
3. Une usine s'installe à proximité d'une ville thermale.
4. Des chercheurs font une découverte qui permettra de développer de nouveaux traitements pour les malades du Sida.

DOSSIER 2

Le fait que l'environnement soit un bien collectif rend-il plus complexe sa prise en compte par le marché ?

DÉCOUVRIR

La surexploitation des ressources communes

1 L'eau, le soleil...

Un vélo tombé à l'eau (lac inférieur du Bois de Boulogne).

La plage, c'est le pied...

2 Bouffée d'air pur

Randonnée en montagne dans le massif de la Meije, Hautes-Alpes.

3 Des filets bien garnis... pour l'instant

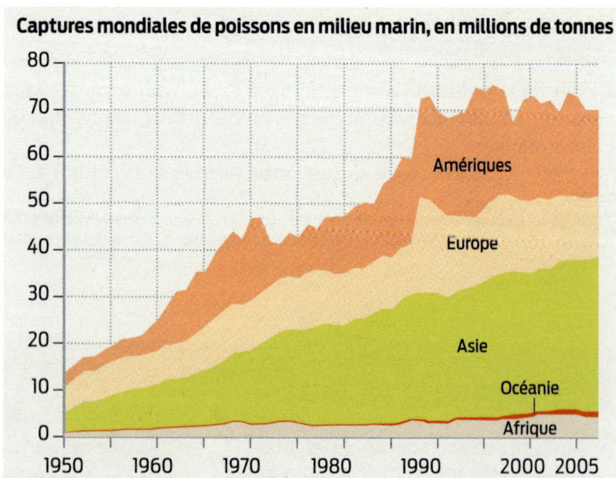

Le monde prélevait 13 millions de tonnes de poissons en 1950, c'est désormais 70 millions de tonnes par an.
Données FAO.

4 Une cueillette encore plus risquée...

« Le fait, pour tout usager, de ramasser ou d'emporter des champignons, fruits, semences ou produits des forêts est puni de l'amende prévue pour les contraventions de la 3e classe (jusqu'à 450 €). Lorsque le volume prélevé est supérieur à 5 litres, l'amende encourue est celle prévue pour les contraventions de la 5e classe (jusqu'à 1 500 €). »
Article R138-20, Code forestier, droit d'usage dans les forêts de l'État.

5 La tragédie des biens communs

[La tragédie des biens communs] veut symboliser la dégradation de l'environnement qui provient de l'utilisation par de nombreux individus d'une ressource commune en accès libre. Hardin[1] l'illustre par le comportement rationnel d'un éleveur qui tire un bénéfice direct de l'élevage de ses propres animaux, paissant dans un champ commun, mais subit un coût dû à la raréfaction de l'herbe, coût qui croît avec le nombre de bêtes. Toutefois, comme il partage ces coûts avec tous les autres éleveurs alors que son bénéfice ne provient que de son bétail, il est dans son propre intérêt d'augmenter son troupeau et de faire paître de plus en plus d'animaux. Chaque éleveur ayant le même intérêt, ce comportement conduit à une raréfaction croissante de l'herbe, c'est-à-dire à la disparition de la ressource commune. […]
Une telle évolution se produit quand chaque individu ne considère que ses coûts et bénéfices privés faisant ainsi l'hypothèse que ses propres actions n'ont pas d'influence significative sur la ressource globale.

Philippe Bontems, Gilles Rotillon, *Économie de l'environnement*, La Découverte, 1998.

1. Garett Hardin fut professeur de biologie à l'Université de Californie.

ACTIVITÉS

1 » Quels usages possibles du bien commun apparaissent dans le doc. 1 ?

2 » Quels sont les biens dont jouit cette randonneuse ? (doc. 2)

3 » Quelle est (approximativement) la quantité de poissons pêchés par l'Asie en 2005 ? (doc. 3)

4 » Pourquoi et comment le ramassage des champignons est-il interdit ? (doc. 4)

5 » Quels sont les problèmes posés par l'élevage intensif ? Montrez qu'ils possèdent des caractéristiques analogues à ceux posés par le ramassage des champignons ou par la surpêche (doc. 5).

DOSSIER 2

Le fait que l'environnement soit un bien collectif rend-il plus complexe sa prise en compte par le marché ?

COMPRENDRE

1 Resquilleur et pollueur... des passagers clandestins

QUESTIONS

1» Montrez que ces deux situations relèvent d'un comportement de passager clandestin.

2» Quel type de sanction est-il appliqué pour chacun de ces comportements de passager clandestin ?

À SAVOIR

On appelle **passager clandestin** une personne qui utilise un bien collectif sans en supporter les coûts.

2 Les deux critères de la définition des biens publics

Les biens et services publics sont, à des degrés variables, non rivaux et non exclusifs. Un bien non rival est un bien dont la consommation ou l'utilisation par un individu ne diminue pas son degré de disponibilité pour d'autres. Par exemple, si les militaires empêchent une nation hostile d'envahir votre ville, l'utilité que vous procure cette protection ne diminue pas l'utilité de vos voisins. Un bien est non exclusif s'il s'avère problématique d'en empêcher la consommation par les individus qui ne contribuent pas à son financement. Par exemple, même si vos voisins ne contribuent pas à financer l'entretien d'une armée, ils bénéficient malgré tout de sa protection.

Un autre exemple de bien non rival et non exclusif est donné par l'émission de radio *The Late Show with David Letterman*[1]. Le fait que vous suiviez ce programme ne le rend pas pour autant moins disponible pour d'autres, et une fois que l'émission a été diffusée sur les ondes hertziennes, il est difficile d'empêcher quiconque d'y avoir accès.

De même, si la ville de New York organise un spectacle de feux d'artifice dans le port de New York pour célébrer un événement particulier, elle ne peut pas faire payer le spectacle, parce que le port peut être observé de nombreux endroits différents de la ville. De plus, la valeur que les spectateurs accordent à la manifestation est indépendante du nombre supplémentaire de spectateurs.

En revanche, l'utilité d'un bien privé diminue progressivement avec la consommation qu'en fait tout individu. Par exemple, lorsque vous mangez un cheeseburger, il cesse d'être disponible pour quelqu'un d'autre. De plus, il est aisé d'exclure les individus qui n'en payent pas la consommation.

Robert Frank, Ben Bernanke, *Principes d'économie*, Économica, 2009.

1. Célèbre talk-show américain.

QUESTIONS

1» Que signifient ici « rivalité » et « exclusion » ?

2» Relevez dans le texte un exemple de bien public fourni par l'État.

3» Tous les biens publics sont-ils proposés par l'État ? Illustrez votre réponse.

3 Le radar, un bien public parfois mal vu du public

QUESTIONS

1» Quel est le service produit par les radars sur les routes ?

2» Pourquoi peut-on considérer qu'il s'agit d'un bien public ?

4 Le « casse-tête » des biens publics mondiaux

La plus épineuse des défaillances du marché est peut-être due aux biens publics globaux. Ce sont des externalités dont les effets se font indivisiblement sentir dans le monde entier. Des actions pour ralentir le réchauffement global de la planète [...], ou des mesures pour prévenir la disparition de la couche d'ozone, [...] en constituent d'importants exemples.

Les biens publics globaux posent des problèmes particuliers car il n'y a pas de marché ou de mécanismes politiques à notre disposition pour les attribuer efficacement. Les marchés échouent régulièrement car les individus n'ont pas de bonnes incitations à les produire, tandis que les pouvoirs publics ne peuvent récolter tous les bénéfices dans ces domaines.

En quoi les biens publics globaux diffèrent-ils des autres biens ? Si une terrible tempête détruit une grande partie de la récolte de blé américaine, le système des prix va guider les paysans et les consommateurs pour équilibrer besoins et disponibilités. Si un système public de routes doit être modernisé, les électeurs vont inciter l'État à développer un réseau efficace de transport. Mais si des problèmes apparaissent au sujet des biens publics globaux, tels le réchauffement planétaire ou la résistance aux antibiotiques, ni les participants au marché, ni les divers États n'ont d'incitation à trouver une solution efficace.

Paul Samuelson, William Nordhaus, *Économie*, Économica, 2005.

QUESTIONS

1» Qu'est-ce qui pourrait ralentir le réchauffement global de la planète ?

2» Une atmosphère propre à la surface de la planète est-elle un bien public ?

3» Pourquoi un bien public mondial est-il particulièrement difficile à prendre en charge ?

FAIRE LE POINT

» **En vous appuyant sur les définitions des mots « rival », « non rival », « exclusif » et « non exclusif » fournies dans le document 2 :**

❶ Élaborez un tableau présentant 2 colonnes (rival/non rival) et deux lignes (exclusif/non exclusif). ❷ Placez les biens ou services suivants dans la case du tableau qui leur correspond : parc d'attraction, repas, éclairage public, poissons dans la rivière. ❸ Trouvez, sur le doc. 3, un bien correspondant aux différentes cases du tableau et complétez avec des exemples personnels.

DOSSIER 3

Comment inciter les acteurs économiques à prendre en compte les coûts environnementaux de leur activité ?

DÉCOUVRIR

Des incitations contre la pollution

1 Quand les bouchons ne sont qu'un mauvais souvenir...

Exemple de voie de bus en bordure de voie express, à Bogota, Colombie.

Le système des Carpools en Californie qui permettent aux voitures comprenant deux passagers ou plus, de circuler sur une voie spécifique.

2 Rouler propre et pas cher

Vélo'v est un service proposé par le Grand Lyon et géré par JCDecaux, propriétaire des vélos. Il est entièrement financé par les recettes publicitaires. Quel que soit le mode d'abonnement au Vélo'v, la première demi-heure est gratuite.

3 Les facteurs de l'effet de serre

Émissions de dioxyde de carbone (CO_2) par secteur (2004)

Consommation en grammes

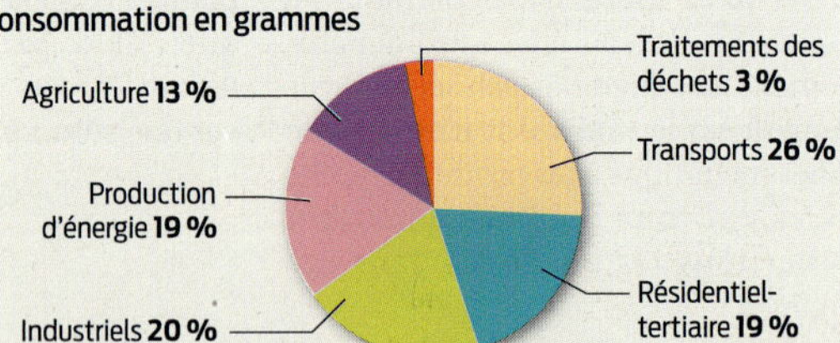

Évolution des gaz à effet de serre en France de 1990 à 2004

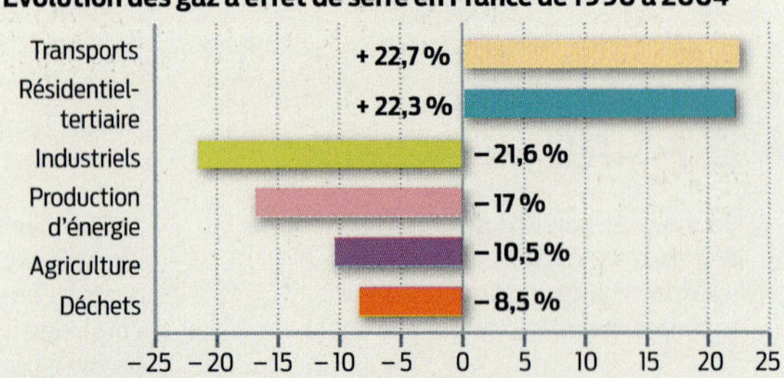

Source : CITEPA, 2006, sans corrections des données climatiques et des modes de comptage des équivalents CO_2.

4 Bonus-malus écologique

Le montant du bonus-malus varie en fonction du niveau d'émission de CO_2 au km

Émission de CO_2/km	Montant du bonus
< ou égal à 60 g	5 000 €
De 61 à 100 g	1 000 €
De 101 g à 120 g	700 €
De 121 g à 130 g	200 €
Émission de CO_2/km	**Montant du malus**
De 161 g à 165 g	200 €
De 166 g à 200 g	750 €
De 201 g à 250 g	1 600 €
Plus de 250 g	2 600 €

Données ADEME, 2010.

Un bonus écologique est désormais versé à la première immatriculation pour tout achat d'un véhicule particulier neuf émettant moins de 130 g CO_2/km, ce qui représente aujourd'hui environ 30 % des ventes.
Ce mécanisme - qui constitue la première application du « signal-prix » écologique proposé par le Grenelle de l'environnement - est purement incitatif.

ADEME/MACARD.

Les pouvoirs publics, au niveau européen, ont rendu obligatoire l'affichage des consommations de carburant et des émissions de dioxyde de carbone (CO_2) des véhicules neufs. C'est le *car labelling*.

5 Subventionner les énergies renouvelables

Coût et rentabilité moyenne
d'une installation de panneaux photovoltaïques chez un particulier

Équipement et main-d'œuvre	22 000 €
Crédit d'impôt sur l'équipement	- 8 000 €
Coût final payé par le particulier	14 000 €
Revenu annuel (revente de l'électricité)	2 050 €
Temps de retour sur investissement	7 ans

Antoine de Ravignan, « Le Boom photovoltaïque », *Alternatives économiques*, n° 283, septembre 2009.

ACTIVITÉS

1 » Quelles sont les mesures prises par les pouvoirs publics pour limiter l'usage de l'automobile ? (doc. 1)

2 » Comment les citoyens sont-ils incités à se déplacer en vélo ? (doc. 2)

3 » Quels sont les domaines dans lesquels les émissions de gaz à effet de serre ont crû, de 1990 à 2004 ? (doc. 3)

4 » Quel est le principe et l'objectif du système de bonus-malus ? (doc. 4)

5 » Quelle forme prend l'incitation à limiter ses émissions de gaz à effet de serre dans le doc. 5 ?

DOSSIER 3

Comment inciter les acteurs économiques à prendre en compte les coûts environnementaux de leur activité ?

COMPRENDRE

1 Le péage urbain londonien : un bilan en termes de coûts/avantages

Le péage s'applique du lundi au vendredi, sauf jours fériés, de 7 h 00 à 18 h 30. Dès le début le tarif fut élevé : 5 £ par jour (7,50 €) [...] Le 4 juillet 2005, il fut porté à 8 £ par jour (12 €), avec quelques aménagements pour les véhicules utilitaires (7 £ par jour) et les résidants (4 £ par semaine) et on a introduit des abonnements mensuels et annuels à tarif réduit. Le régime des pénalités pour défaut de paiement a été modifié en juin 2006 pour offrir la possibilité d'acquitter un prix majoré (10 £) en cas de règlement le jour suivant.

Bilan socio-économique global du péage urbain de Londres
(en milliards de livres par an en valeur 2005 aux prix du marché)

		Gains de temps et de régularité	Autres ressources (enregistrement et paiement)	Impacts financiers (péage)
Déplacements automobiles soumis au péage	Individus	70	– 5	– 79
	Entreprises	190	– 14	– 157
Passagers de bus	Individus	43		
Société	Dont Accidents		14	
	CO_2 et autres gaz		3	
État, Tfl (Transports for London), collectivités locales (Boroughs)	Dont Taxe carburant et TVA		– 41	– 41
	Péage			236
Parc de stationnement privé	Pertes de revenus			– 10

NB : Aux éléments du tableau se rajoutent divers coûts comme des coûts d'infrastructure ou des revenus publics de parcs de stationnement...

Le péage urbain de Londres : éléments pour une analyse coûts-avantages. Institut d'Aménagement et d'Urbanisme Île-de-France, mai 2008.

QUESTIONS

1» Pourquoi les tarifs du péage urbain de Londres sont-ils élevés ?

2» Quels sont les principaux inconvénients de la mise en place d'un péage pour chacun des acteurs suivants : les automobilistes, les entreprises et l'État et les collectivités locales ?

3» Quels sont les principaux avantages retirés de la mise en place du péage par l'État et les collectivités locales, les entreprises, les individus et la société dans son ensemble ?

2 La Suède, reine des écotaxes

Les Suédois sont des pionniers de la fiscalité verte. Ils s'acquittent notamment de la taxe carbone depuis 1991. En 2006, les écotaxes représentaient 2,7 % du PIB suédois et un peu plus de 8 % de la charge fiscale totale du pays [...] Les taxes sur les émissions comptent pour 85 % de la fiscalité verte en Suède. Le reste englobe les taxes sur les substances polluantes et les transports. Le royaume a adopté sa première écotaxe en 1988. [...] L'efficacité de ces mesures ? « La taxe CO_2 a permis de remplacer massivement le charbon et le fioul par des biocombustibles dans le secteur du chauffage », constate le professeur Thomas B. Johansson, spécialiste de l'analyse des systèmes énergétiques. Affolés par les prix, les Suédois ont opté pour le chauffage urbain ou les granulés de bois, dont ils sont les premiers consommateurs au monde. Selon plusieurs estimations, la taxe carbone aurait permis de réduire de 7 millions de tonnes les émissions de CO_2 dans le secteur du logement en 2005 par rapport à 1990, et entre 1,5 et 3 millions de tonnes dans les transports. [...] Un tiers de l'énergie consommée en Suède provient de sources renouvelables.

Anne-Françoise Hivert, « La Suède, reine des écotaxes », *Terra Economica*, 5 janvier 2009.

QUESTIONS

1» Que taxe la « taxe carbone » ?

2» Qui fixe les écotaxes et dans quel but ?

3» Quel impact semblent avoir eu les écotaxes sur les comportements des citoyens et des entreprises suédoises ?

À SAVOIR

La **fiscalité** est l'ensemble des pratiques relatives à la perception des impôts et des autres prélèvements obligatoires.

3 STMicroelectronics à la pointe de l'innovation

STMicroelectronics […], compte 2 100 salariés. Le site est confronté à des problèmes de congestion et de stationnement. La hausse continue des effectifs (sans augmentation du nombre de places de stationnement) aggrave régulièrement une situation déjà critique. Par ailleurs, les déplacements représentent une part significative (40 %) de la consommation d'énergie du site et STMicroelectronics souhaite les diminuer. Pour ces raisons […], STMicroelectronics décide en 2000 de mettre en place un Plan de déplacements entreprise (PDE).

[…] Pour un employeur, le PDE est une démarche de développement durable visant à promouvoir des modes de déplacements alternatifs à la voiture individuelle […] En cela, ces démarches sont fortement soutenues par l'ADEME et les collectivités locales[1] […].

Les actions mises en place par ST Microelectronics sont : une navette pour les usagers du train, des abonnements transport à tarif préférentiel, des aménagements piétons sécurisés, des kits vélos. […]

Les résultats obtenus sont spectaculaires […] : 37,5% des salariés ont abandonné la voiture pour opter pour un mode de transport alternatif à la voiture. Par conséquent, le bilan environnemental est largement positif : 360 tonnes de CO_2 sont évitées annuellement

www.ademe.fr, 2010.

1. Le financement de l'ADEME s'élève ici à 32 % des dépenses engagées par ST Microélectronics.

QUESTIONS

1» Pourquoi l'entreprise ST Microelectronics s'est-elle engagée dans le Plan de déplacement entreprise ?

2» Quelles mesures ont-elles été mises en place ?

3» Par qui le projet a-t-il été financé ?

LE SAVIEZ-VOUS ?

L'**ADEME** (Agence de l'environnement et de la maîtrise de l'énergie) participe à la mise en œuvre des politiques publiques dans les domaines de l'environnement, de l'énergie et du développement durable. Elle met à disposition des entreprises, collectivités locales, pouvoirs publics et du grand public, ses capacités d'expertise, de conseil et de financement.

4 Des réglementations dans l'industrie du tannage

Afin de conserver leur compétitivité sur le marché mondial, les fabricants européens de cuir doivent parvenir à une utilisation plus efficace de leurs matériaux bruts et éviter le gaspillage […]. Un tel gaspillage génère des déchets dont l'impact financier et environnemental est considérable. Les sous-produits doivent (désormais) être réutilisés/recyclés ou transformés en de nouveaux produits de plus grande valeur. Ainsi, les tanneurs européens orientent actuellement leur production vers des cuirs de meilleure qualité et plus attractifs pour le secteur de la mode. […] La réglementation environnementale a un impact considérable sur l'industrie du cuir et du tannage, qui estime la part des coûts liés à la protection de l'environnement à environ 5 % des coûts opérationnels totaux.[…] L'industrie doit prendre des mesures afin de réduire la pollution de l'eau […]. L'industrie est également concernée par le nouveau règlement REACH[1] relatif aux substances chimiques. Toutefois, le règlement REACH peut également profiter aux entreprises en favorisant l'innovation dans le secteur des substances chimiques liées au cuir.

Commission européenne, 2010.

QUESTIONS

1» Quelles sont les contraintes des réglementations européennes pour l'industrie du tannage ?

2» Quels sont les divers avantages retirés par ce secteur d'activité du respect de ces réglementations ?

3» Quels sont les avantages de ces réglementations pour la société dans son ensemble ?

FAIRE LE POINT

» **Précisez pour chacune des situations suivantes si les pouvoirs publics agissent sur les comportements écologiques des ménages et/ou des entreprises et par quel moyen (incitation financière envers les ménages, taxe, subventions aux entreprises, réglementation, sanction) :**

❶ l'État verse 5 000 € pour l'achat d'un véhicule émettant moins de 60 g de CO_2 au km ; ❷ les poids lourds devront verser dès 2 012 une redevance pour utiliser le réseau routier national ; ❸ l'ADEME aide les entreprises à mettre en place des chauffe-eau solaires ; ❹ le code de l'environnement prévoit qu'est « puni de 50 000 euros d'amende le fait pour tout capitaine ou responsable à bord d'un navire, de se rendre coupable d'un rejet de substance polluante » ; ❺ la RATP dispose fin 2010 de 30 % de bus fonctionnant au gazole dépollué (gazole à très basse teneur en soufre) répondant au minimum à la norme Euro IV.

GRAND ANGLE

La révolution verte des entreprises : une stratégie marketing ?

→ **SAVOIRS :** incitations

→ **SAVOIR-FAIRE :** analyse de documents → FICHE MÉTHODE 1, lecture de graphiques → FICHE MÉTHODE 4, taux de variation → FICHE MÉTHODE 7

» La mode du vert : simple éco-blanchiment…

1 Laver plus vert…

À l'occasion de la 12e semaine de la publicité, l'organisation écologiste Alliance pour la Planète a mis en ligne son « Observatoire Indépendant de la Publicité ». Cet organisme a pour mission de surveiller la communication des entreprises, qui sont de plus en plus nombreuses à abuser de l'argument écologique dans leurs messages publicitaires.

[…] Honda fait pousser des voitures dans les arbres, BMW considère le plaisir comme « une énergie renouvelable », et McDonald's se donne des airs de Starbucks en optant pour un logo vert sur la devanture de ses restaurants londoniens…

Les entreprises rivalisent aujourd'hui d'ingéniosité pour verdir leur image. Quitte à abuser de l'argument écologique pour vanter les mérites d'activités ou de produits parfois polluants. « Trois secteurs sont en dérapage incontrôlé : l'énergie, l'automobile et les produits de grande consommation soi-disant « verts » », constate Jacques-Olivier Barthes, directeur de la communication du Fonds mondial pour la nature (WWF).

Blaise Mao, « Le Greenwashing sous haute surveillance », *Géo*, février 2009.

2 Le tourisme vert, entre bonnes intentions et hypocrisie

Quand on entre au Solar Hôtel […] dans le 14e arrondissement de Paris, on pénètre dans un monde écologiquement parfait, ou presque. L'eau de pluie qui ruisselle sur le toit, récupérée dans de grands containers, sert à alimenter les chasses d'eau. […] La moquette est juste posée sur le sol pour éviter l'usage de colles toxiques, et le Wi-Fi, potentiellement dangereux pour la santé, a été banni des chambres. […]

M. Laval [propriétaire de l'hôtel] n'est pas le seul professionnel du tourisme à surfer sur la vague durable, qu'elle prenne le nom de « tourisme responsable », « éthique », « solidaire » ou « écologique », des étiquettes correspondant chacune à un concept bien précis, et bien sûr à un marketing adapté. […]

Les touristes sont-ils convaincus par ces belles paroles ? Pas tous. Pour l'instant […], le voyage durable « est encore un tourisme de niche ». Même au très vertueux Solar Hôtel, à Paris, « la plupart des clients viennent surtout pour le prix modique des chambres », reconnaît M. Laval. […]

Le tourisme génère des revenus, mais modifie l'environnement. La géographe Sylvie Brunel décrit dans *La Planète disneylandisée* (éd. Sciences humaines, 2006) la disparition de certains milieux naturels sous l'effet de la pression touristique, pendant que quelques hectares du même territoire, préservés et entretenus, font office de réserve. […]

Comme le reste de l'économie, le tourisme n'échappe pas, en outre, au « business éthique », qui, selon la géographe, comporte trois aspects : « Le catéchisme inculqué aux clients, l'alibi écologique qui cache une nécessité économique, et la communication outrancière sur un aspect mineur. »

Olivier Razemon, « L'écotourisme, business de "niche" », *Le Monde* supplément Développement durable, 8 avril 2010.

ACTIVITÉS

1 » Qu'est-ce que le « greenwashing » et qui le pratique le plus ? (doc. 1)

2 » Quelle est la stratégie d'entreprise choisie par le Solar Hotel ? (doc. 2)

3 » L'argument écologique est-il suffisant pour attirer les clients ? (doc. 2)

4 » Quelles sont les principes et les contradictions du « business éthique » ? (doc. 2)

» ... ou un tournant véritable pour les entreprises ?

3 Une responsabilité sociale et environnementale motivée

Le renforcement des législations vertes, type «pollueur-payeur», et des normes écologiques est une première incitation à agir [pour les entreprises]. Une autre vient de la mise en cause croissante de leur responsabilité environnementale devant les tribunaux: après les procès retentissants liés aux affaires de marée noire aux États-Unis (Exxon Valdez) et en France (Erika), les mises en cause se sont multipliées dans les secteurs de l'alimentation ou des jouets (à la suite notamment d'un certain nombre de dérapages en Chine) ou de la construction automobile aux États-Unis et au Japon[1]. [...]
Au-delà de ces éléments de contrainte, la perception que les investissements verts sont rentables progresse. Outre des cas évidents comme l'optimisation énergétique des installations, les économies apportées par l'isolation des locaux [...]. Il s'y ajoute un véritable effort de certains pour adopter un comportement d'entreprise citoyenne et suivre une stratégie d'«investissement responsable» (ISR). Elles y sont d'ailleurs incitées par la mise en place de rapports de développement durable [...]. Plus de 3 600 entreprises dans le monde ont aujourd'hui adhéré aux dix principes sociaux et environnementaux du «Global compact» de l'ONU.

Philippe Jurgensen, « Acteurs privés, pouvoirs publics, organismes internationaux : quels rôles », *Cahiers français* nº 355, 2010.

1. Des constructeurs japonais ont même été pour la première fois condamnés à indemniser les victimes de la pollution par les gaz d'échappement.

4 Le tournant vert déjà sensible

Nombre de salariés des secteurs d'activité environnementale privée

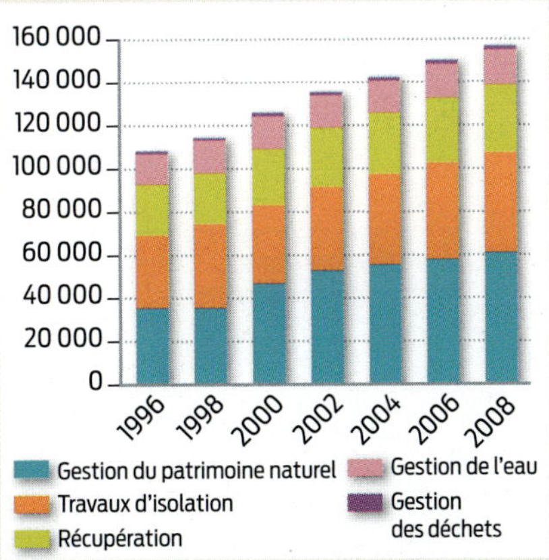

Ministère de l'Écologie, de l'Énergie, du Développement durable et de la Mer, *Observation et Statistiques de l'environnement*, 2009.

Les investissements antipollution par domaine (entreprises industrielles de 20 salariés ou plus)

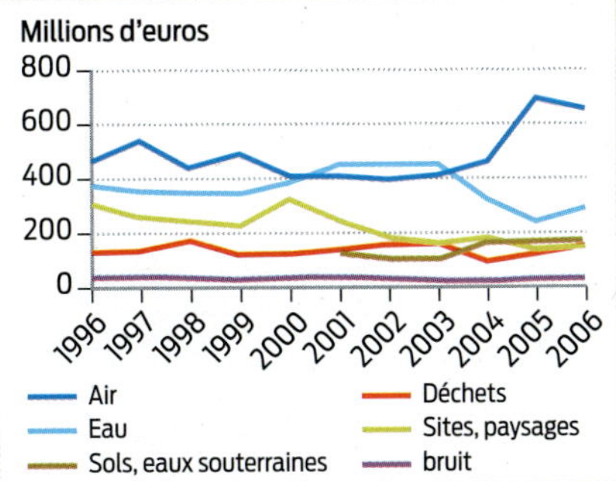

Note : les données des années antérieures à 2006 ont été redressées de manière à couvrir le champ des établissements industriels de 20 salariés ou plus, qui est celui de l'enquête relative à 2006.
L'Industrie en France, INSEE, 2008.

ACTIVITÉS

1 » Quelles sont les trois motivations possibles à la conversion écologique des entreprises ? (doc. 3)
2 » Montrez par un calcul adapté, la progression de l'emploi dans la gestion du patrimoine naturel entre 1996 et 2008 (doc. 4).
3 » Donnez des exemples d'emplois dans les activités environnementales (doc. 4).
4 » L'investissement antipollution dans l'industrie progresse-t-il entre 1996 et 2006 ? Comment l'expliquer ? (doc. 4)

QUESTION DE SYNTHÈSE

Vous montrerez que, malgré une part d'opportunisme, on peut penser que l'écologie sera au cœur de l'économie de demain.

L'ESSENTIEL

» Les défaillances du marché

Normalement, dans une économie de marché, je paie pour accroître mon bien-être et suis dédommagé lorsqu'il diminue (si je désire un beau jardin, j'y consacre des moyens, si je laisse mon jardin à l'abandon, je ferai au moins l'économie du jardinier). Mais, certaines activités ont un effet sur mon bien-être, sans contrepartie (on parle alors d'**effet externe**). Beaucoup d'activités ont des effets externes négatifs sur l'environnement (pollution des eaux, de l'air, des sols). Et ceux qui les provoquent ont tendance à produire ou consommer bien plus que s'ils avaient dû dédommager les victimes des conséquences de leurs activités.

» L'environnement, un bien pas comme les autres

Un bien privé (une baguette de pain, par exemple) est **rival** et **exclusif** : il ne peut être consommé qu'une fois, et n'est fourni qu'à ceux qui l'ont payé. Les **ressources communes** (eau pure des rivières) sont des biens rivaux, mais non exclusifs : tout le monde y a accès, sans restriction, ce qui favorise la surconsommation. Les **biens publics** environnementaux (propreté des plages) sont, eux, non rivaux et non exclusifs. Leurs caractéristiques encouragent les comportements de **passager clandestin** : certains veulent en profiter, sans contribuer à leur production (à l'image de ceux qui jouissent d'une plage propre, sans participer à son nettoyage).

» L'action des pouvoirs publics en faveur de l'environnement

Les pouvoirs publics peuvent édicter des **normes** pour empêcher les entreprises de polluer (interdiction d'utiliser certains matériaux dangereux, limitation de l'utilisation de certaines ressources). Mais, les mesures les plus efficaces passent par des **incitations** pour que les producteurs (et les consommateurs) changent d'attitude : en **taxant** les activités productrices d'externalités négatives, et en **subventionnant** les techniques de production propres ou les choix de consommation respectueux de l'environnement, on oriente les comportements vers une économie durable.

Comprendre autrement »

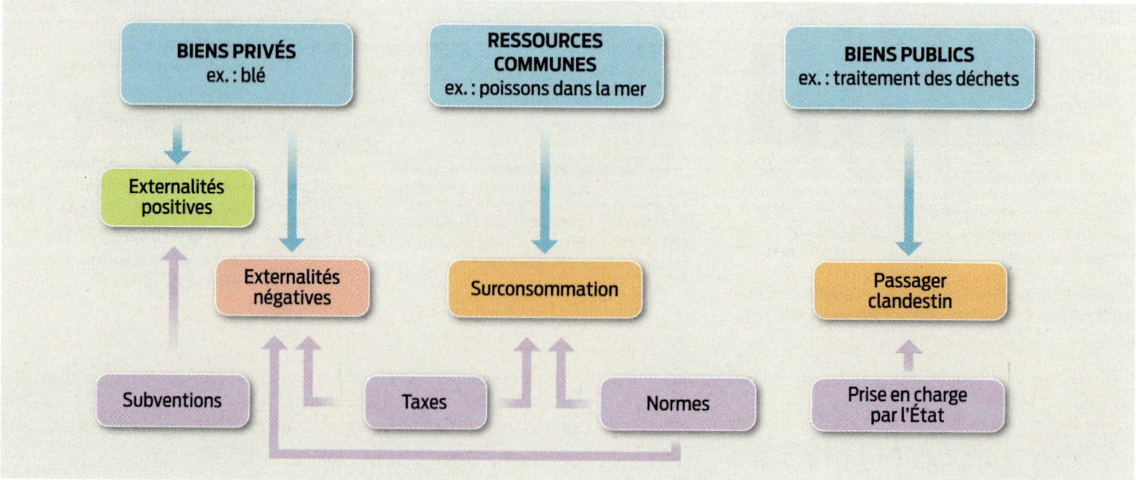

CHAPITRE 7

Le diplôme : un passeport pour l'emploi ?

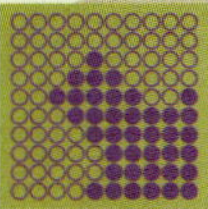

Un niveau de diplôme élevé est-il déterminant pour l'accès à l'emploi ?

OBJECTIFS DU CHAPITRE

À partir de données chiffrées, on analysera la relation entre le niveau et la nature des études poursuivies et l'accès à un emploi plus ou moins qualifié. On montrera que la poursuite d'études supérieures est un investissement en capital humain mais qu'elle est aussi influencée par le milieu social.

DOSSIER 1

Un niveau élevé de diplôme favorise-t-il toujours l'accès à l'emploi ?

DÉCOUVRIR

Être diplômé(e) ou ne pas être ?

1 Le diplôme contre le chômage

Taux de chômage selon le diplôme (en %)

	1990	2008
Sans diplôme	10,9	12,7
Brevet, CAP, BEP	7,5	7,7
Baccalauréat	5,7	6,8
Bac +2	3,6	4,3
Diplôme supérieur	3,8	4,7

Champ : France métropolitaine, population des ménages, personnes de 15 ans ou plus.
Insee, Enquêtes Emploi.

2 Passe ton bac d'abord...

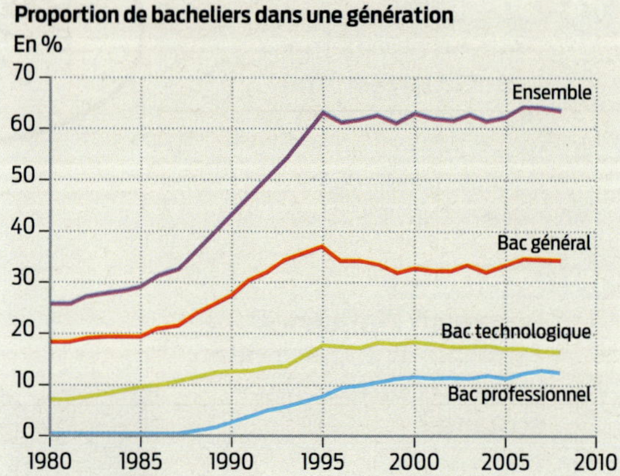

Champ : France métroplitaine.
Source : Depp.

3 «Trop de diplômes tue le diplôme» ?

4 Des parcours variables

Existe-t-il un lien entre difficultés d'insertion et choix d'orientation ? Six ans après la fin de leurs études, des personnes de tous niveaux et spécialités de formation ayant connu un accès à l'emploi difficile, revisitent leurs choix et leurs parcours[1]. Rares sont ceux qui récusent la valeur de la formation. Néanmoins, l'évaluation qu'ils font *a posteriori* de son utilité sur le marché du travail varie selon leur niveau. Une catégorie semble particulièrement fragile, le niveau intermédiaire de formation, des bacheliers aux titulaires d'un niveau ou d'un diplôme bac +2, généralement universitaires. Ils jugent, plus que les autres, avoir eu des difficultés à utiliser les acquis de la formation initiale, tant pour décrocher un emploi que pour ensuite exercer leur activité ; ils connaissent également des réorientations plus fréquentes. [...]
Porter un regard rétrospectif sur l'ensemble de leurs parcours permet aux personnes ayant connu des trajectoires non linéaires de donner du sens aux réorientations effectuées. Ces trajectoires [...] sont souvent semées d'échecs ou d'orientations imposées en cours de scolarité, et marquées par des changements de spécialités, une diversification des diplômes, des retours dans des spécialités antérieures. Cette confrontation aux difficultés n'est pas toujours ressentie négativement ; elle est même souvent perçue *a posteriori* comme ayant favorisé le développement de l'autonomie et la maturation des projets.

« Les choix d'orientation face à l'emploi », Bref Céreq, n° 258, novembre 2008.

1. Pour cette étude réalisée en 2007, le Céreq a conduit 68 entretiens auprès de personnes ayant connu des difficultés d'insertion.

5 Quel diplôme ?

ACTIVITÉS

1 » Faites une phrase avec les chiffres encadrés et commentez le doc. 1.

2 » Commentez le doc. 2 en dégageant des périodes.

3 » Commentez le titre du doc. 3 à l'aide du dessin humoristique.

4 » À partir du doc. 4, montrez que la formation scolaire détermine inégalement les parcours des jeunes diplômés.

5 » Qu'implique le titre du *Nouvel Observateur* ? (doc. 5)

DOSSIER 1

Un niveau élevé de diplôme favorise-t-il toujours l'accès à l'emploi ?

COMPRENDRE

1 L'évolution de la qualification des emplois

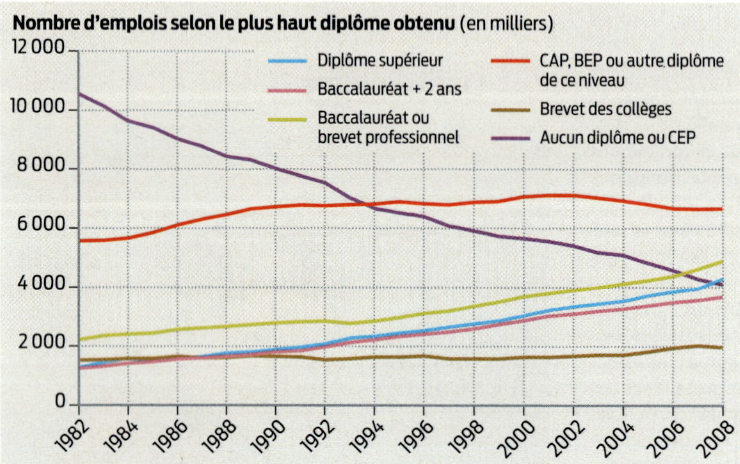

Note : CAP : Certificat d'aptitude professionnelle, BEP : Brevet d'aptitude professionnelle, CEP : Certificat d'Etudes Primaires. Données INSEE résultats, 2009.

QUESTIONS

1» Calculez le taux de variation des diplômés de l'enseignement supérieur et des sans-diplômes occupant un emploi entre 1982 et 2008. → FICHE MÉTHODE 7 Qu'en déduisez-vous ?

2» À l'aide d'un coefficient multiplicateur, montrez l'évolution du nombre de titulaires d'un bac, d'un bac plus deux. → FICHE MÉTHODE 7

3» Quel diplôme occupe le plus d'emplois en 2008 ? Interprétez.

À SAVOIR

On peut définir la **qualification professionnelle** comme l'aptitude du salarié à exercer un emploi. Elle est déterminée à la fois par le diplôme acquis et par l'expérience professionnelle.

2 Un diplôme dévalué ?

« Pour mes parents, c'était clair : tu travailles à l'école, tu as ton bac, tu vas à la fac ou en tout cas tu continues après le bac, et tu réussiras dans la vie. On voit le résultat… Finalement, eux, pas trop d'études et une belle place. Moi, un BTS et rien de bien réjouissant. »
Cet agent technique de 37 ans, fils de cadre dans l'industrie, a fait l'amère expérience du déclassement intergénérationnel. Comme des centaines de milliers d'autres qui ne sont pas parvenus à maintenir la position sociale de leurs parents. Par choix, pour une minorité d'entre eux, par manque de réussite scolaire ou bien encore faute d'avoir pu décrocher une « bonne place », malgré des études réussies.
[…] La montée du niveau d'éducation a globalement épousé les transformations dans la structure de l'emploi : 23,5 % de la génération 1964-1968 ont au moins un bac + 2, contre 14,2 % de la génération 1944-1948, tandis que la part des postes qualifiés dans l'emploi total progressait de manière continue. Il n'en demeure pas moins que nombre de trentenaires et de quadragénaires n'ont pas accédé à des positions sociales supérieures ou même égales à celles de leurs parents, bien qu'ils soient plus diplômés qu'eux. Cette évolution est en partie liée aux transformations dans l'organisation du travail et dans le contenu des postes : le niveau de diplôme exigé pour accéder à nombre d'emplois est désormais bien plus élevé. Mais cette évolution, sur fond de difficultés d'insertion de nombreux jeunes diplômés, nourrit les frustrations sociales. Même si le diplôme demeure la meilleure garantie contre le chômage, et aujourd'hui plus encore qu'hier, du fait précisément du durcissement de la concurrence sur le marché du travail.

Franck Seuret, « Quand l'ascenseur social fonctionne dans les deux sens », *Alternatives économiques*, nº 289, mars 2010.

QUESTIONS

1» Comment expliquer qu'à diplôme égal ou supérieur les générations aujourd'hui trentenaires ou quadragénaires occupent une position sociale égale ou inférieure à celle de la génération de leurs parents ?

2» Avoir un diplôme est-il pour autant devenu inutile ?

À SAVOIR

Le **déclassement intergénérationnel** signifie qu'un enfant occupe une position sociale inférieure à celle de ses parents. L'INSEE estime ainsi qu'en 2003, c'est le cas pour 25 % des 35-39 ans.

3 Quelle destinée professionnelle selon le diplôme ?

Situation professionnelle en 2005 des jeunes sortis de formation initiale depuis cinq ans (en % de chaque catégorie de diplôme).

	Chefs d'entreprise et professions supérieures	Employés et ouvriers qualifiés	Employés et ouvriers non qualifiés	Au chômage	Sans activité professionnelle
Diplômes d'enseignement supérieur	23	15	7	6	7
Diplôme national du brevet et moins	1	17	28	27	21

Repères et références statistiques, ministère de l'Éducation nationale, 2007.

QUESTIONS

1» Faites une phrase avec chacun des deux chiffres encadrés.
2» Commentez le document à l'aide de données chiffrées.

4 La relation entre le diplôme et l'emploi

Gare aux illusions d'optique : si le Grenelle de l'environnement devrait bien créer des milliers d'emplois, ce seront avant tout des techniciens, ingénieurs, consultants, dans l'énergie, le BTP, le recyclage. Pas des spécialistes de l'écologie. Et les profils recherchés ne sont pas toujours ceux que l'on croit. Malgré la crise, un jeune muni d'un BTS du bâtiment en poche est (très recherché) : « Nous avons en moyenne cinq offres pour chacun de nos diplômés, assure Gérard Lelan, proviseur du lycée Saint-Lambert, à Paris. Certains CAP, dans les métiers de bouche notamment, peinent à trouver des candidats malgré des salaires supérieurs à celui d'une infirmière débutante ou d'un jeune prof...
Souvent éloignées des réalités, les hiérarchies toutes faites entre métiers plus ou moins nobles influent sur les choix des étudiants. Souvent, à leur détriment : les professions intellectuelles et certains univers comme l'édition, le design ou le marketing sont survalorisés. A l'inverse, sont snobés la vente, l'industrie, l'artisanat. « C'est un système perdant-perdant. D'un côté, des pans entiers de notre économie ne trouvent pas le personnel nécessaire, de l'autre de jeunes diplômés n'arrivent pas à se caser », regrette Laurent Blanchard[1].
Et puis, il n'y pas que l'excellence scolaire. Motivation, débrouillardise et ouverture d'esprit font la différence. Les jeunes que nous avons interrogés ont su slalomer d'une formation, d'une discipline à l'autre, multiplier les stages.

« Métier par métier, secteur par secteur, les diplômes qui donnent un travail », *Le Nouvel Observateur*, 29 janvier 2009.

1. Directeur exécutif de Page Personnel, un cabinet de recrutement.

QUESTIONS

1» Les études courtes permettent-elles de s'insérer sur le marché du travail ? Pourquoi ne sont-elles pas toujours attractives ?
2» Expliquez la phrase soulignée.
3» Quels sont les éléments d'une insertion réussie sur le marché du travail ?

FAIRE LE POINT

» **Faites tous les liens qui vous paraissent logiques :**

En 2008, le taux de chômage des cadres est de 3,6 %, celui des ouvriers de 10,7 % •	• Les diplômes sont dévalués sur le marché du travail.
10 % des ouvriers et 26 % des employés possèdent un bac +2 •	• Le niveau de qualification des actifs s'améliore.
Le nombre d'emplois occupés par les diplômés de l'enseignement supérieur a doublé •	• Le diplôme est une protection contre le chômage.

DOSSIER 2

Peut-on considérer l'éducation comme un investissement ?

DÉCOUVRIR

Un capital humain capital

1 Plus de diplômes, plus de revenus

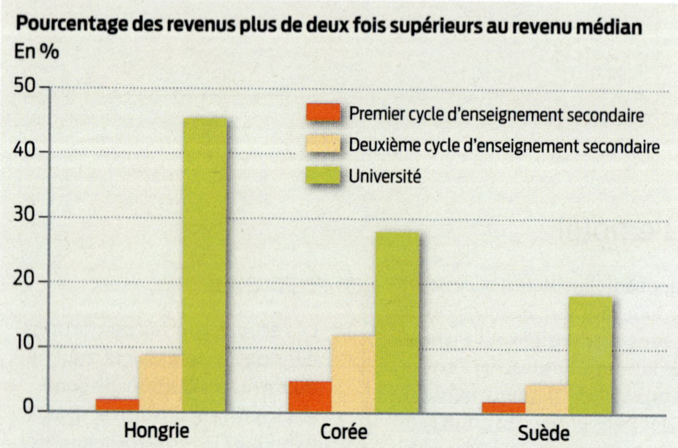

Le revenu médian correspond au revenu au-dessus et au-dessous duquel se trouvent 50 % des actifs. Données dans Bryan Keeley, *Le Capital humain. Comment le savoir détermine nos vies*. OCDE, 2007.

Selon Paul Krugman, prix Nobel d'économie 2008, les travailleurs ayant seulement le baccalauréat gagnent beaucoup moins que les diplômés de l'Université. La valeur (actualisée) de la différence moyenne de gains au cours d'une vie professionnelle se situe autour de 225 000 euros.

2 Des juniors aux seniors : créer et entretenir le capital humain

3 Un concept clé du management

Amplitude, cabinet conseil en développement du capital humain.

4 Mieux vaut être homme et cadre

Proportion de femmes et d'hommes ayant un enfant de moins 6 ans accédant à une formation, selon leur niveau de qualification

Source : Cereq, *Bref* n° 179

5 Le capital humain… déshumanisé ?

Milon.

Bearboz, lavieeco.com

ACTIVITÉS

1 » Quel avantage la détention d'un diplôme semble-t-elle procurer selon le doc. 1 ?

2 » Quand débute et quand s'achève la formation ? (doc. 2)

3 » En quoi la formation du personnel est-elle importante pour les entreprises ? (doc. 3)

4 » Quels paradoxes fait ressortir le doc. 4 ?

5 » Quelles sont les ambiguïtés de la notion de capital humain qui apparaissent ici ? (doc. 5)

DOSSIER 2

Peut-on considérer l'éducation comme un investissement ?

COMPRENDRE

1 Combien rapporte un diplôme ?

Chômage et salaire après trois ans de vie active pour la génération diplômée en 2004

3 ans après...		Taux de chômage (%)	Salaire net médian (en euros constants de 2004)
DEUG	LSH	12	1250
	MST	10	-
BTS	Tertiaire	9	1280
	Industriel	6	1410
Licence	LSH	13	1260
	MST	5	1400
Bac +4	LSH	11	1500
	MST	9	1630
Master recherche	LSH	8	1600
	MST	6	1800
Master professionnel	LSH	6	1770
	MST	8	1920
École de Commerce		5	2350
École d'ingénieur		3	2170
Doctorat	LSH	11	2000
	MST	10	2000
	Médecine	3	2570

BTS · brevet de technicien supérieur, DEUG · diplôme d'études universitaires générales, LSH · Lettres, Sciences humaines, MST · Mathématiques, Sciences, Techniques.

« Être diplômé de l'enseignement supérieur, un atout pour rentrer dans la vie active », CEREQ *Bref*, nº 253, juin 2008.

QUESTIONS

1» Selon ce tableau, quels sont les deux principaux avantages donnés par un diplôme ? Illustrez par des chiffres.

2» Tous les diplômes sont-ils aussi rentables à niveau égal ?

À SAVOIR

La théorie du **capital humain** de Gary Becker suppose que les individus peuvent améliorer leur productivité par des actes volontaires d'investissement dans l'éducation ou la formation. Les écarts de salaire traduisent alors le fait que les individus ne sont pas tous disposés à faire le même investissement en formation.

2 Un investissement pour la vie

Investir dans la santé et l'éducation des enfants – leur capital humain – crée des bénéfices durables pour plusieurs raisons. Tout d'abord, leur capacité à apprendre est exceptionnelle durant leurs premières années. La plupart des enfants assimilent l'essentiel d'une langue avant l'âge de 2 ans – quiconque apprend une langue étrangère une fois adulte sait ce que représente un tel exploit. Et les jeunes enfants ont aussi le potentiel de développer des aptitudes sociales cruciales qu'ils conserveront tout le reste de leur vie. Investir aussi précocement est également sensé d'un point de vue économique. Selon le prix Nobel James Heckman[1], c'est lorsque l'investissement dans l'éducation est effectué au cours de la petite enfance qu'il a les rendements les plus élevés. Mais il y a aussi des bénéfices sociaux. Comme le montre une étude américaine, en offrant un soutien renforcé aux enfants de moins de 5 ans issus de milieux défavorisés, on réduit jusqu'à 70 % leurs taux de criminalité et de mise en liberté surveillée à l'âge de 15 ans.

Brian Keeley, *Le Capital humain. Comment le savoir détermine notre vie*. OCDE Publishing, 2007.

1. Heckman, James J. (2000), « Policies to Foster Human Capital », in *Research in Economics*, vol. 54, no 1, University of Venice/Elsevier B.V.

QUESTIONS

1» Quels sont les enseignements du texte pour orienter les choix de politique publique ?

2» Quel est alors l'intérêt de l'investissement dans l'enseignement scolaire et la formation professionnelle ?

3 L'éducation au service de la croissance ?

Main-d'œuvre possédant une éducation de niveau universitaire (en % de la main-d'œuvre totale) en Corée du Sud

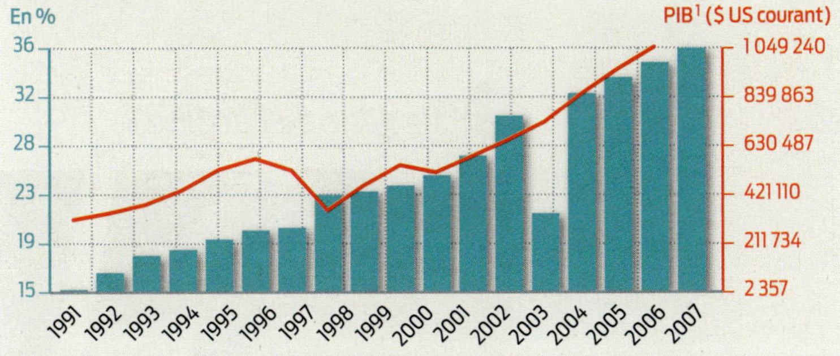

1. PIB en dollar et en million.

L'exemple de la Corée montre qu'il est possible de relever le défi de la quantité. Il y a tout juste deux générations, ce pays avait le niveau de vie actuel de l'Afghanistan et ses performances éducatives figuraient parmi les plus faibles des pays de l'OCDE. Aujourd'hui, 97 % de tous les Coréens de 25 à 34 ans ont achevé le deuxième cycle du secondaire, taux qui place la Corée en tête dans la zone OCDE.

QUESTIONS

1» Faites une phrase avec les chiffres de l'année 2006.
2» Calculez le taux de variation du PIB et celui de la main-d'œuvre ayant un niveau universitaire entre 1992 et 2006.
3» Quels liens peut-on établir entre l'enrichissement de la Corée et l'augmentation du niveau d'éducation de sa population ?

ALLER PLUS LOIN

Certains économistes (notamment les théoriciens de la **croissance endogène**) ont montré que les dépenses d'éducation favorisaient l'accroissement des richesses produites car alors les salariés plus compétents accroissent leur efficacité et peuvent dégager des externalités positives pour le reste de la société.

4 Un investissement pas toujours payant...

Elle ne manque pas de courage, Marie Duru-Bellat[1], pour aller à contre-courant d'une opinion partagée. Élever sans cesse le niveau scolaire, nous dit-elle, encourager les élèves à poursuivre leurs études sont un mauvais investissement pour le pays et creusent les inégalités. [...]
La course à la formation est généralement gagnante pour les individus qui s'y livrent. Mais, pour la société dans son ensemble, cette course est un gâchis. [...] D'abord, parce que les places sont en nombre limité : celui qui l'emporte en prive forcément le concurrent, contraint de se rabattre sur des positions moins prestigieuses, moins rémunérées ou moins intéressantes : bref, le déclassement, dont 44 % des jeunes diplômés du supérieur seraient aujourd'hui victimes. Ensuite, parce que l'inflation des diplômes, comme toute inflation, tend à réduire leur valeur. Donc à pénaliser ceux qui ont investi dans le passé, et à encourager, par des stratégies d'allongement des études, le gâchis.

Denis Clerc, *Alternatives économiques* n° 243, janvier 2006.

1. *L'Inflation scolaire*, par Marie Duru-Bellat Coll. La République des idées, Le Seuil, 2006.

QUESTIONS

1» Qu'entend-on par « inflation des diplômes » ?
2» Pourquoi, selon Marie Duru-Bellat, la poursuite des études est-elle un mauvais investissement ?
3» Pourquoi cette analyse est-elle à contre-courant de l'opinion partagée ? Qu'en pensez-vous au regard du doc. 1 ?

FAIRE LE POINT

» **Commentez les affirmations suivantes en rédigeant un petit paragraphe argumenté :**

1. Le capital humain s'acquiert dès l'entrée à l'école.
2. Le capital humain est simplement déterminé par le niveau de diplôme.
3. Le capital humain se dévalorise nécessairement en cours de carrière.
4. « Trop de diplômes peut tuer le diplôme ».

DOSSIER 3

Comment l'influence familiale explique-t-elle les écarts de réussite scolaire ?

DÉCOUVRIR

Tel père, tel fils

1 Marchands d'épices

Dans le film *Le fils de l'épicier*, un jeune reprend la boutique ambulante de son père en milieu rural.

2 Le gène de l'artiste ?

Fils d'enseignants**, Philippe Delerm** est un ancien professeur de lettres et un écrivain.

Vincent Delerm est un auteur-compositeur. Il est le fils de l'écrivain Philippe Delerm et de Martine Delerm, illustratrice de romans pour la jeunesse.

3 Travailler comme son père

Prenons l'exemple de Christophe, élevé dans un bourg voisin de Foulange. [...] Après une scolarité plutôt réussie au collège, Christophe intègre un lycée technique. Il échoue aux épreuves du bac professionnel, mais a auparavant obtenu CAP et BEP de comptabilité. Il a 20 ans en 1990 lorsqu'il quitte la région en quête d'une situation professionnelle qui corresponde aux espoirs hérités de sa scolarité. [...] À 27 ans, il revient dans sa région d'origine où le statut d'ouvrier d'usine de son père lui permet de valoriser localement son BEP de comptabilité. Il entre à l'usine dans laquelle travaille son père, comme employé de bureau [...] et, en 2003, à 33 ans, il fait construire un pavillon à Foulange.[...]. Réussite tardive? Christophe perçoit aujourd'hui son devenir plutôt sous le registre de l'amertume. Amertume d'avoir attendu aussi longtemps avant de pouvoir « s'installer » [...]. Travailler dans l'usine dans laquelle travaille son père n'est pas pour lui très valorisant, d'autant que son salaire d'employé est à peine plus élevé que celui d'ouvrier.

Nicolas Réhany, « Jeunesse rurale : quel avenir pour les gars du coin ? », Les Grands Dossiers nº 4, *Sciences humaines*, 2006.

4 Parcours d'étudiants

Répartition en 2007-2008 des étudiants français selon la PCS du chef de famille

En %	Classes préparatoires aux grandes écoles (CPGE)	Université (hors IUT[1])	Sections de techniciens supérieurs (STS)
Agriculteurs	2,0	1,9	4,2
Artisans, commerçants, chefs d'entreprise	7,8	6,7	8,1
Professions libérales, cadres, enseignants	50,4	32,2	15,0
Professions intermédiaires	13,9	14,6	15,6
Employés	10,2	13,3	18,2
Ouvriers	5,1	10,1	20,3
Retraités, inactifs	7,3	11,7	14,0
Indéterminé	3,5	9,5	4,9
Ensemble	100	100	100

1. IUT : Institut universitaire technologique.
Lecture : le chef de la famille de 5,1 % des élèves de classes préparatoires aux grandes écoles est un ouvrier.
Données ministère de l'Éducation nationale, 2008.

5 Que deviennent les fils de...

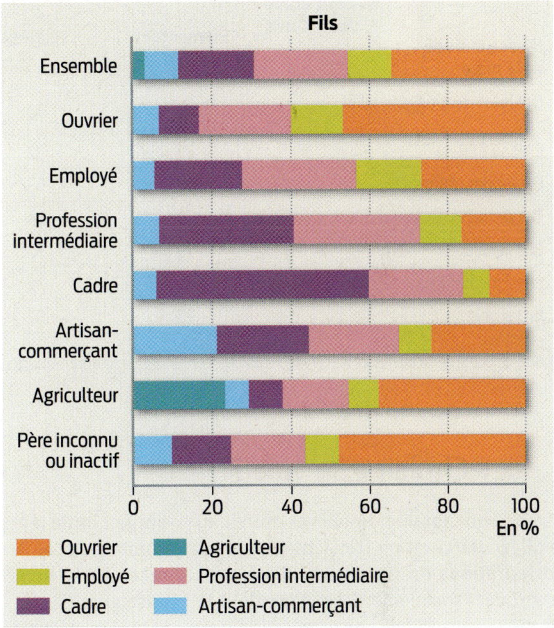

INSEE, 2003.

ACTIVITÉS

1 » Les choix professionnels se font-ils par hasard ? (doc. 1)

2 » Le talent artistique est-il seulement inné chez Vincent Delerm ? (doc. 2)

3 » Montrez que le parcours de Christophe reste lié à la position sociale de son père. (doc. 3)

4 » Comparez la répartition des étudiants de CPGE et STS selon leur origine sociale. Commentez. (doc. 4)

5 » Faites une phrase avec les chiffres du groupe agriculteur et ceux du groupe cadre. Que constatez-vous ? (doc. 5)

DOSSIER 3

Comment l'influence familiale explique-t-elle les écarts de réussite scolaire ?

COMPRENDRE

1 Tout ne s'apprend pas à l'école

Proportion de mères se jugeant dépassées pour l'aide aux devoirs, en fonction de leur niveau de diplôme et du niveau d'étude de leurs enfants (en %)

Niveau d'étude de la mère \ Niveau d'étude des enfants	Élémentaire	Collège	Lycée
Certificat d'études primaires	30	80	91
CAP ou BEP	25	72	78
Brevet des collèges	18	53	70
Bac professionnel ou technologique	15	34	70
Bac général	9	32	60
Enseignement supérieur	5	26	45
Ensemble	22	52	63

INSEE, Enquête Permanente sur les conditions de vie des ménages, éducation et famille, année scolaire 2002/2003.

QUESTIONS

1» Faites une phrase avec la donnée encadrée.
2» Analysez le tableau à l'aide de données chiffrées.
3» Donnez d'autres exemples que l'aide aux devoirs montrant le rôle de la famille dans la réussite scolaire.

2 « Choisir » sa voie ?

La presque totalité des élèves entrés au collège parvient en troisième, mais les orientations en fin de troisième sont marquées socialement. Un élève dont la famille exprimerait une orientation peu ambitieuse, qui se situerait en deçà de ses capacités, risque de voir cette forme « d'auto-sélection » scolaire entérinée par le conseil de classe. Ainsi, à notes au contrôle continu du diplôme national du brevet comparables, un décalage de voeux d'orientation apparaît parmi les élèves faibles ou moyens. Lorsqu'ils ont obtenu une note au contrôle continu qui se situe entre 9 et 12, 94 % des enfants de cadres contre seulement 67 % de ceux d'ouvriers demandent une orientation vers le second cycle général et technologique des lycées. Parmi les élèves entrés en sixième en 1989, 40 % des enfants issus d'un milieu d'ouvriers non qualifiés ont fait toute leur scolarité dans l'enseignement professionnel, contre seulement 6,5 % de ceux issus d'un milieu enseignant. [...]

Si (...) on ne considère que les bacheliers généraux qui ont « décroché » leur baccalauréat avec une mention, on constate que l'origine sociale reste un facteur de différenciation important dans les choix qui sont faits. Ainsi, un élève dans cette situation scolaire a deux fois plus de chances de s'inscrire dans une classe préparatoire aux grandes écoles, filière la plus prestigieuse et réputée offrir les meilleurs débouchés, si son père est cadre supérieur ou enseignant que s'il est ouvrier.

« L'École réduit-elle les inégalités sociales ? » *La revue Éducation & formations* n° 66 – juillet-décembre 2003.

QUESTIONS

1» Comment expliquer que les élèves de milieux modestes sont surreprésentés dans l'enseignement professionnel ?
2» Comment l'école participe-t-elle à ce que l'auteur appelle l'« auto-sélection » ?
3» À quels niveaux du système éducatif les différences d'ambition entre groupes sociaux sont-elles visibles ?

ALLER PLUS LOIN

Le sociologue **Raymond Boudon** a montré que la poursuite d'étude dépendait de l'arbitrage de la famille entre les coûts inhérents à la scolarité (matériels ou psychologiques) et les avantages attendus en termes d'accession à une position sociale plus enviable. Alors que les familles de milieu modeste surestiment les coûts de la prolongation des études secondaires, les familles de milieu favorisé n'envisagent pas une autre voie que l'enseignement secondaire et supérieur pour leurs enfants.

3 Un « surinvestissement scolaire »

Imane est entrée tôt à l'école maternelle [...}. On remarque immédiatement chez elle le soin qu'elle porte à son travail. Elle est l'un des deux meilleurs élèves de CE2 de la classe [...] Le père est ouvrier qualifié et la mère sans emploi, leurs niveaux de diplôme n'ont rien d'exceptionnels, mais c'est dans la trajectoire du père que l'on trouve la clef principale de compréhension des dispositions familiales extrêmement favorables à la scolarité des enfants. [...] Cet homme a incorporé un ensemble d'attitudes en harmonie avec l'école : politesse, langage explicite, construit, correct, précis, ton posé, douceur et calme dans la voix, gestes accompagnant son discours... [...] Si Imane a intériorisé les exigences scolaires comme des désirs personnels, on constate qu'elle a, comme par mimétisme, le même ton posé, le même style de discours explicite que son père.[...]. En dehors du père qui est la figure centrale dans l'orientation des comportements scolaires adéquats, il faut aussi évoquer la complicité qui s'est nouée entre Imane et sa cousine plus âgée. Là encore, Imane est en relation avec une personne qui, dans ses manières de parler, dans ses goûts..., peut contribuer à constituer chez elle des dispositions scolairement adéquates.

Portrait 26 dans : *Tableaux de familles : heurs et malheurs scolaires en milieux populaires*, Bernard Lahire, Gallimard, Le Seuil, 1995.

QUESTIONS

1» Quelle est l'origine sociale d'Imane ?

2» Montrez en quoi des membres de la famille d'Imane contribuent à son attitude de bonne élève.

3» En quoi ce texte nuance-t-il le doc. 1 ?

Deligne.

4 Langue de l'école, langue des rues...

L'apprentissage de la langue standard étant l'une des principales fonctions de l'école et la transmission de tout le savoir scolaire s'effectuant à travers cette même langue standard, l'école se trouve être inévitablement le lieu privilégié d'une lutte permanente d'imposition des normes linguistiques. Face à ceux qui s'écartent, par ignorance ou par méconnaissance, des règles de la langue autorisée et surtout contre ceux qui usent d'un type de langage non reconnu [..] les enseignants ont pour rôle [...] de censurer, corriger et redresser systématiquement les écarts[...]. Il peut être très légitimement choquant, faut-il le souligner, d'entendre à longueur de journée des adolescents qui parlent entre eux « comme des cochons », s'insultent à tout bout de champ et ne se gênent pas, à l'occasion, pour adresser à leurs maîtres les pires injures.

Derrière cette confrontation violente, dont les conséquences humaines ne sont certainement pas à prendre à la légère, se cache pourtant un conflit d'une tout autre nature. L'institution scolaire ne se heurte pas seulement ici à des « élèves difficiles » [...] mais également aux membres d'un univers social et culturel qui lui est relativement étranger.

David Lepoutre, « Le langage de la culture des rues », extrait de Robert Rochefort, *Cœur de banlieue*, Odile Jacob, 1997.

QUESTIONS

1» Comment la langue « standard » est-elle transmise à l'école ?

2» Quels sont les élèves qui doivent faire le plus d'efforts pour l'acquérir ?

3» Pourquoi l'apprentissage de la langue peut-il être parfois à l'origine de tensions dans l'univers scolaire ?

FAIRE LE POINT

» **Les affirmations suivantes reflètent-elles le fait que la réussite scolaire dépend du niveau culturel de la famille, de la décision des familles de poursuivre ou non des études, et/ou de l'importance du réseau familial :**

1. Faire des études longues est un impératif pour les enfants dont le père est cadre.
2. Travailler le plus tôt après des études professionnelles est la garantie de ne pas perdre de temps à l'université.
3. Les enfants d'ouvrier dont l'un des membres de la famille élargie est diplômé ont de meilleures chances de réussite.
4. Les enfants dont la mère est bachelière ont le plus de chances d'obtenir le baccalauréat.

DOSSIER 4

Les parcours scolaires sont-ils seulement affectés par l'origine sociale ?

DÉCOUVRIR

Le parcours contre l'origine : de la ZEP à Sciences Po

1 Zone d'éducation prioritaire (ZEP), à quel prix ?

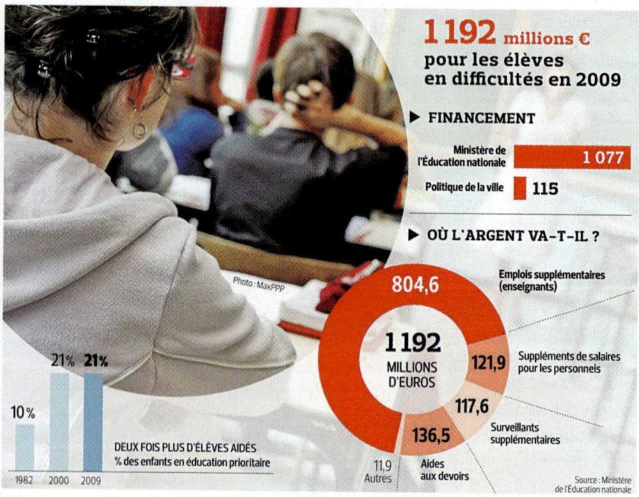

Les « Zones d'éducation prioritaire » (ZEP) ont été mises en œuvre il y a trente ans dans l'objectif de « donner plus à ceux qui ont moins » (A. Savary). L'éducation nationale affecte des moyens supplémentaires aux établissements classés en ZEP appelés maintenant « Réseaux ambition réussite » (RAR).

Marie-Estelle Pech, « Le grand gaspillage de la lutte contre l'échec scolaire », *Le Figaro*, 3 mars 2010.

2 Sortir de sa famille pour réussir ?

« L'internat d'excellence s'adresse à des collégiens, lycéens et étudiants motivés, ne bénéficiant pas d'un environnement favorable pour réussir leurs études. Cette mesure de la dynamique "Espoir Banlieues", mise en place en 2008 pour la promotion de l'égalité des chances et de la mixité sociale, prend une nouvelle dimension avec l'ouverture de onze internats d'excellence à la rentrée 2010. À terme, 20 000 places seront créées pour l'internat d'excellence ».

Présentation du site du ministère de l'Éducation nationale.

3 Ouvrir les murs ou élargir l'accès à l'élite

Sciences Po a mis en place une convention avec des établissements situés dans des zones d'éducation prioritaire afin de permettre aux meilleurs élèves d'origine populaire d'intégrer cet établissement.

4 Rouler vers une autre vie

Au pied des barres du quartier nord d'Asnières (Hauts-de-Seine), Lucas, 9 ans, tentait hier matin d'imaginer sa nouvelle école, située dans le quartier résidentiel Flachat, à l'autre bout de la ville. « La cour est peut-être plus grande, j'espère qu'il y aura plus de jeux... », murmure ce petit bonhomme, flanqué d'un gros cartable neuf pour cette rentrée spéciale. Avec onze autres élèves de l'école Descartes, classée en zone d'éducation prioritaire (ZEP), Lucas a été sélectionné pour expérimenter le « busing ». Ce dispositif, inscrit dans le plan « banlieue espoir » du gouvernement, vise à organiser le transport scolaire d'enfants issus de quartiers populaires « aux résultats moyens » vers des écoles au niveau social plus élevé, afin de favoriser la mixité sociale. [...] À 7 h 45, le bus démarre en trombe. « Ma fille va être motivée par les meilleurs. À Descartes, ils étaient trop nombreux dans sa classe », confie Amina Lkhou, une maman. Vingt minutes plus tard, le groupe arrive à la primaire Jean d'Ormesson. « Je suis perdue. C'est calme ici », commente Laëtitia Sery, une autre mère. Les enfants, eux, ne semblent pas plus déboussolés que ça. Seule déception pour Lucas, la cour est « minus ». Quant au maire d'Asnières, Sébastien Pietrasanta (PS), il imagine déjà la prochaine rentrée. « Je souhaite que le dispositif inverse se mette en place. » « Il y aura peu de candidats », prévient d'emblée une maman de Flachat. Dans ce sens-là, le chemin pourrait être plus long à parcourir.

Carole Bianchi, « Le "busing" fait la navette pour la mixité à Asnières », *20 Minutes*, 3 septembre 2008.

5 Les expériences étrangères de discrimination positive...

La politique d'*affirmative action* désigne aux États-Unis un ensemble de mesures mises en place à la fin des années 1960 pour permettre aux jeunes de minorités (les Noirs, les femmes, les Hispaniques, les descendants des Indiens...) de bénéficier d'un traitement différentiel dans l'accès à l'emploi et bien sûr dans l'admission dans les établissements d'enseignement supérieur.

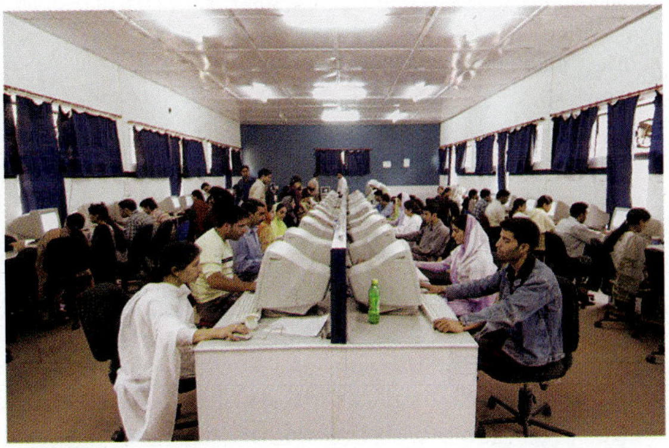

En Inde, près de la moitié des places dans les universités et instituts sont réservées aux étudiants défavorisés, membres le plus souvent des castes inférieures.

ACTIVITÉS

1 » Quels sont les objectifs et les moyens mis en œuvre dans les zones d'éducation prioritaire ? (doc. 1)

2 » Quel public est ciblé par les Internats d'excellence ? (doc. 2)

3 » Que cherche à faire Sciences Po en recrutant des élèves de ZEP ? (doc. 3)

4 » En quoi consiste le « busing » ? (doc. 4)

5 » À quel problème social la discrimination est-elle censée répondre ? (doc. 5)

DOSSIER 4

Les parcours scolaires sont-ils seulement affectés par l'origine sociale ?

COMPRENDRE

1 L'effet de l'établissement sur l'hétérogénéité des classes

Certes, le choix d'un établissement reste en France un phénomène minoritaire (environ 10 % des élèves de 6e fréquentent un collège public autre que celui de leur secteur). [...]. Les familles les mieux informées cherchent à y aménager, pour leur enfant, un contexte préservé et « distinctif » par exemple par certains choix d'options. Ainsi, les familles (du moins celles dont les enfants sont de bon niveau, qui sont aussi les plus influentes dans le milieu scolaire) ont intérêt à ce que leur enfant soit dans une « bonne » classe (puisqu'on progresse d'autant plus que le niveau de la classe est élevé), et à ce que l'établissement fasse des classes de niveaux. Ces stratégies sont conformes aux intérêts privés des parents de bons élèves, mais elles divergent de ce qui apparaît comme l'intérêt général. Car si l'on prend en compte les acquis scolaires de toute une classe d'âge, ce sont les classes hétérogènes qui s'avèrent les plus « productives », maximisant les progrès des plus faibles sans obérer proportionnellement les progrès des plus forts. Mais les parents des élèves faibles, qui ont tout intérêt aux classes hétérogènes, sont nettement moins influents.

Marie Duru-Bellat, « Les inégalités à l'école », Revue *Comprendre*, PUF, 2003.

QUESTIONS

1» Quel est l'intérêt des classes de niveau ?
2» Pour quels élèves les « classes hétérogènes » sont-elles préférables ? Pourquoi ?
3» Expliquez la phrase soulignée.

2 L'effet maître ?

L'explication des différences d'efficacité entre les enseignants est d'abord à rechercher dans les différences entre les pratiques. [...] Dans certaines classes, le temps est optimisé : installation et mise en route rapides, peu de pertes de temps dans les changements d'activité, périodes de non-travail minimisées, etc. [...] Il a été aussi montré que les enseignants qui ont des attentes élevées vis-à-vis des acquisitions de leurs élèves obtiennent effectivement de meilleurs résultats que les autres [...] Les enseignants qui ont des attentes élevées offrent un contenu plus riche, plus ambitieux aux élèves, ils s'évertuent davantage à leur faire acquérir les notions. [...] Or, tous les enseignants ne portent pas le même regard sur les élèves. Les jugements rigides ou stéréotypés sont sans doute les moins aptes à favoriser les progrès des élèves. Ces enseignants dogmatiques amplifient les différences, entre forts et faibles par exemple. Ils développent de ce fait de faibles attentes vis-à-vis de ceux qu'ils jugent faibles. [...] À l'inverse, les enseignants efficaces font preuve d'une attitude non dogmatique, une confiance dans la capacité des élèves à progresser [...] Cela suppose aussi une vigilance constante aux progrès réalisés par les élèves, de manière à réviser les jugements et, ainsi, ne pas enfermer les élèves dans la catégorie des bons ou des moins bons.

Pascal Bressoux : « Comment favoriser les progrès des élèves ? » *Sciences Humaines*, n° 192, avril 2008.

Emmanuel Chaunu.

QUESTIONS

1» Une heure de cours est-elle identique d'une classe à l'autre ?
2» Quelles sont, selon l'auteur, les différences d'approche entre un enseignant qui réduit les inégalités et un enseignant qui les creuse ?

3 Le rôle des effectifs des classes sur la réussite scolaire

L'étude de T. Piketty établit que la diminution des effectifs élèves a un effet sur la réussite scolaire, ce qui relance le débat sur les moyens. De nombreuses études précédentes donnaient à penser qu'il n'y a pas de lien entre le nombre d'élèves et les résultats scolaires. [...] On sait que quand une classe dépasse 30 élèves en CE1, par exemple, le rectorat autorise l'ouverture d'une nouvelle classe ce qui fait descendre l'effectif moyen. T. Piketty établit qu'une « réduction d'un élève par classe de CE1 conduit à une augmentation de 0,7 point du score obtenu par les élèves défavorisés aux évaluations de maths du début de CE2... La légère politique de ciblage des moyens actuellement en vigueur en ZEP (taille moyenne des classes de 21,9 en ZEP contre 23,3 hors ZEP) permet de réduire d'environ 10 % l'écart de réussite. Cet écart pourrait être réduit de 40 % si l'on mettait en place un ciblage fort avec une taille de classe moyenne de 18 en ZEP et 24,2 hors ZEP ». Car la baisse des effectifs, pour T. Piketty, n'a de sens que pour les ZEP : elle affecte beaucoup moins la réussite des enfants favorisés.

François Jarraud, « Réduire le nombre d'élèves augmente le résultat, établit T. Piketty », *Café Pédagogique*, 2004.

QUESTIONS

1» Quelle relation établit l'économiste Thomas Piketty ?

2» Quels types d'élèves pourraient tirer avantage d'une réduction des effectifs selon le texte ? Pourquoi ?

4 « Plus à ceux qui ont le moins » : un bilan mitigé

Proportion d'enfants d'ouvriers et d'inactifs, d'enfants de cadres et d'enseignants, d'élèves en retard à l'entrée en sixième à la rentrée 2006

Type d'établissement	Proportion d'enfants d'ouvriers et d'inactifs	Proportion d'enfants de cadres et d'enseignants	Proportion d'élèves entrant en 6e en retard
Réseau ambition réussite (RAR)	75,5	8,2	34,3
Réseau réussite scolaire (RRS)	57,6	19	23,4
Hors RAR et RRS	37,9	35,2	14,8
Ensemble	43	31,2	16,9

Menep. Champ : France métropolitaine + DOM, secteur public.
N.B. : les réseaux ambition réussite (RAR) et réseaux réussite scolaire(RSS) ont pris le relais des ZEP.

QUESTIONS

1» Faites une phrase avec les chiffres encadrés.

2» Montrez à l'aide des données chiffrées que les enfants d'ouvriers et d'inactifs sont surreprésentés dans les établissements RAR ou RSS.

3» Calculez le rapport entre la proportion d'élèves entrant en 6e en retard dans les établissements RAR et la proportion d'élèves en retard dans l'ensemble des élèves. → FICHE MÉTHODE 6 Qu'en déduisez-vous ?

FAIRE LE POINT

» Précisez si les affirmations suivantes reflètent le fait que la réussite scolaire dépend de l'« effet maître », de l'« effet établissement », de « l'effet classe » :

1. La politique d'aide aux établissements défavorisés n'a pas tenu toutes ses promesses.
2. La réussite d'un élève quelle que soit son origine sociale peut varier d'un établissement à l'autre.
3. Le nombre d'élèves par classe peut être déterminant pour la réussite scolaire.
4. La réussite scolaire varie selon les pratiques pédagogiques.

Les réussites paradoxales

SAVOIRS : mobilité sociale, capital culturel.
SAVOIR-FAIRE : analyse de texte → FICHE MÉTHODE 1, lecture de tableaux → FICHE MÉTHODE 3

Pierre Bourdieu, un parcours intellectuel, reflet d'une histoire personnelle

1 Quand l'origine sociale influence le métier de sociologue

Il va s'en dire que la conversion que j'ai eu à faire pour venir à la sociologie n'était pas sans lien avec ma trajectoire sociale. J'ai passé la plus grande partie de ma jeunesse dans un petit village reculé du sud-ouest de la France. Et je n'ai pu satisfaire aux demandes de l'institution scolaire qu'en renonçant à beaucoup de mes expériences et de mes acquisitions premières, et pas seulement à un certain accent… En France, le fait de venir d'une province lointaine, surtout lorsqu'elle est située au sud de la Loire confère un certain nombre de propriétés qui ne sont pas sans équivalent dans la situation coloniale. […] Il y a des formes plus ou moins subtiles de racisme social qui ne peuvent pas ne pas éveiller une certaine forme de lucidité ; le fait d'être constamment rappelé à son étrangeté incite à percevoir des choses que d'autres peuvent ne pas voir ou sentir. Cela dit, il est vrai que je suis un produit de l'École normale qui a trahi l'École normale.

L. J.-D. Wacquand, Pierre Bourdieu, *Réponses pour une anthropologie réflexive*, Le Seuil, 1992.

Pierre Bourdieu (1930-2002) : le « petit chose » au Collège de France : fils de métayer devenu receveur des postes, et d'une mère au foyer, issue d'une famille de paysans aisés, il est l'un des sociologues majeurs du XXe siècle.

2 Un miraculé scolaire critique de l'école républicaine

La publication des *Héritiers* (1964) apparaît comme une opération de désenchantement radicale. En se fondant sur des analyses statistiques indiscutables, P. Bourdieu et J.-C. Passeron montrent la dimension en partie illusoire du processus de démocratisation de l'école. La surreprésentation des enfants des familles culturellement favorisées dans l'enseignement supérieur, et à l'inverse la sous représentation des enfants d'origine populaire, indiquent que l'école fonctionne comme une machine de sélection sociale. Alors que la majorité des enfants des milieux à fort « capital culturel » accède à l'université, les enfants des milieux populaires sont « sursélectionnés ».

Vincent Troger, « Bourdieu et l'école : la démocratisation désenchantée », *Sciences Humaines*, hors-série spécial, n° 1, 2002.

3 Une reproduction des positions sociales

Devenir professionnel (à l'âge de 35-39 ans) des fils d'employés ou d'ouvriers qualifiés, en %

Génération de naissance du fils	Cadres et professions intellectuelles supérieures	Professions intermédiaires	Employés et ouvriers qualifiés	Employés et ouvriers non qualifiés	Contremaîtres	Indépendants
1944-1948	10,5	22,5	39,4	12,7	7	7,9
1964-1968	9,6	15,7	43,7	21,9	4	4,9

Camille Peugny, INSEE, *Économie et statistique* n°410B, 2007.

ACTIVITÉS

1 » En quoi la réussite de Pierre Bourdieu est-elle exceptionnelle ? (doc. 1)
2 » Quelle est la thèse des « héritiers » ? (doc. 2)
3 » Expliquez la relation entre l'origine sociale de Pierre Bourdieu et son travail de sociologue ? (doc 1 et 2)
4 » La thèse de Pierre Bourdieu est-elle infirmée par les études statistiques récentes ? (doc. 3)

Mohamed Dia, l'audace contre l'échec scolaire

4 De la banlieue au monde de la mode

Mohamed Dia, [...] gosse de Sarcelles, [...] est en passe de s'imposer sur le marché du streetwear, de la sape des rues. [...] Mohamed Dia est le cinquième et dernier fils d'une famille d'immigrés maliens. Ses parents s'installent à Sarcelles. Son père est chargé d'entretien à Radio France, sa mère est cuisinière à Disneyland Paris. Ils divorcent rapidement. L'école l'ennuie. Il fait déjà gaffe à ses fringues, siglées Nike comme tout le monde. Première année de BEP, Dia prend la tangente, ascenseur scolaire en dérangement. Il se fait livreur de pizzas et s'incruste dans le goudron des *playgrounds*, disputant les tournois de basket qui prolifèrent. Mais difficile de rêver à Jordan du haut de son 1,78 m. Il glandouille. Et tord le nez devant la réussite de ses copains d'école qui font carrière dans le rap, Stomy Bugsy, le duo d'Arsenik et autres caïds du Secteur Ä. Faut bien vivre, le voilà emploi-jeune à la mairie de Sarcelles. [...] Vol dégriffé pour New York et là, la révélation. [...] Lui aussi va imposer sa griffe.

Portrait, *Libération*, jeudi 14 mars 2002.

Mohamed Dia est un créateur franco-malien de vêtements de sport et de tenues de ville (sportswear et streetwear), fondateur de la marque M. Dia. Après une jeunesse à Sarcelles, il dépense l'essentiel de ses économies au milieu des années 1997 pour créer des prototypes de vêtements. Portés par des chanteurs de rap populaire des collectifs Secteur Ä (dont faisaient partie Passi, Stomy Bugsy, Doc Gynéco, Arsenik, entre autres) et Ministère Amer, il parvient à faire produire ses premiers vêtements en 1998 par une petite entreprise de la zone franche de Sarcelles.

5 Le devenir des immigrés en France

Répartition des immigrés en % selon la catégorie socioprofessionnelle

Catégorie socioprofessionnelle	Répartition des immigrés par catégorie en %	Part des immigrés dans la catégorie
Agriculteurs exploitants	0,4	1,3
Artisans, commerçants et chefs d'entreprises	8,5	10,9
Cadres et professions intellectuelles supérieures	11,2	5,6
Professions intermédiaires	13,8	4,6
Employés	34,3	9,1
Ouvriers	31,9	11
Ouvriers qualifiés	*19,5*	*10,1*
Ouvriers non qualifiés	*11,4*	*13,7*
Ensemble	100	7,7

INSEE, Enquête emploi, du 1er au 4e trimestre 2007.
Champ : France métropolitaine, actifs immigrés de 15 ans et plus.
Lecture : 8,5 % des immigrés sont des artisans, commerçants et chefs d'entreprises. Ils représentent 10,9 % de l'effectif total de cette CSP.

ACTIVITÉS

1 » De quel milieu social est issu Mohamed Dia ? (doc. 4)

2 » Sa trajectoire scolaire a-t-elle déterminé sa réussite professionnelle ? (doc. 4)

3 » Dans quelles catégories sociales la part des immigrés est-elle la plus importante ? (doc. 5)

4 » Quelles circonstances et rencontres ont permis à M. Dia de limiter le poids de son origine sociale (doc. 4) ?

QUESTION DE SYNTHÈSE

Après avoir montré qu'il existe une relation forte entre l'origine et le destin social des individus, vous expliquerez le sens des réussites paradoxales.

L'ESSENTIEL

» La formation peut être considérée comme un investissement

La détention d'un diplôme favorise l'accès à l'**emploi**. Néanmoins, certains diplômes perdent de leur valeur ou permettent une moindre insertion que d'autres sur le marché du travail. Cette situation peut conduire à un **déclassement** de certains diplômés qui, à niveau d'étude équivalent ou supérieur à celui de leurs parents, occupent une position sociale inférieure.
L'acquisition d'un diplôme et l'expérience professionnelle forment la **qualification** d'un travailleur. Ils peuvent être considérés comme les éléments d'un capital qu'il faut faire fructifier. Ce **capital humain** favorise la croissance des richesses produites dans la mesure où la main-d'œuvre est plus productive ; réciproquement, un pays qui s'enrichit peut alors financer les dépenses de formation.

» La réussite scolaire dépend de facteurs sociaux et institutionnels

Le **milieu social** influence la réussite scolaire. D'abord, L'**héritage culturel** qui s'acquiert dans la famille, et peut être mesuré par le diplôme des parents, donne un avantage scolaire décisif aux élèves issus des milieux sociaux culturellement favorisés. Ensuite, ces derniers privilégient les études longues alors que les familles populaires tendent à surestimer les **coûts** de la poursuite d'études. On comprend alors pourquoi l'accès aux filières les plus rentables dépend de l'origine socioculturelle des élèves. Malgré tout, la relation entre le milieu social et le parcours scolaire n'est pas mécanique : l'action de la famille élargie (grands-parents, cousins...), les attentes familiales, le hasard des rencontres peuvent expliquer des **réussites paradoxales**.
D'autre part, des **facteurs institutionnels** influencent le cursus scolaire. La réussite d'un élève varie d'un **établissement** à l'autre, mais il faut aussi prendre en considération les pratiques **des enseignants**, qui peuvent faire progresser plus ou moins les élèves. Enfin, le **nombre d'élèves** par classe semble également déterminant dans la mesure où sa diminution paraît améliorer l'apprentissage des élèves les moins favorisés.

Comprendre autrement »

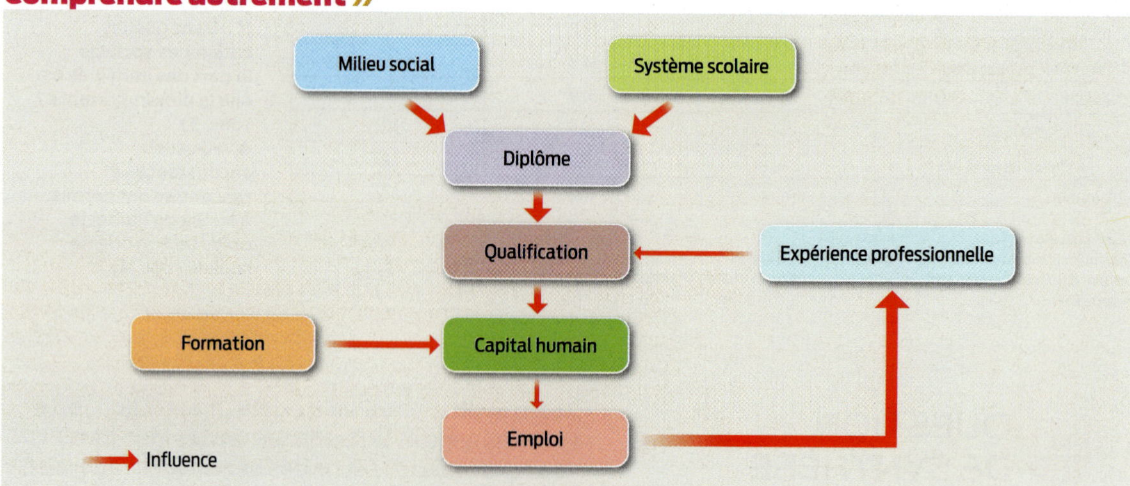

CHAPITRE 8

Le chômage : des coûts salariaux trop élevés ou une insuffisance de demande ?

Le salaire est-il seulement un coût ?

OBJECTIFS DU CHAPITRE

Après avoir sensibilisé les élèves à l'évolution de l'emploi et du chômage dans la période récente, on s'interrogera sur les effets contrastés de l'évolution des salaires sur le niveau de l'emploi en prenant en considération le fait qu'ils constituent à la fois un coût pour chaque entreprise mais aussi une composante du pouvoir d'achat des ménages.

DOSSIER 1

Quelles sont les principales évolutions de l'emploi et du chômage dans les trente dernières années ?

DÉCOUVRIR

Les métamorphoses de l'emploi

1 À côté de la plaque...

Graffiti sur la plaque de la place de la Sorbonne, à Paris.

2 Les métiers du cinéma au diapason de l'évolution technique

Atelier de montage des films aux usines Pathé-Nathan dans les années 1920.

Étape de production d'un film d'animation.

3 La généralisation du salariat

Part des salariés et des non-salariés dans l'emploi total (en %)

	1950	1958	1966	1974	1982	1990	1998	2006
Taux de salariés	65	71	76,2	82,1	84,6	87	90,3	91,1
Taux de non-salariés	35	29	23,8	17,9	15,4	13	9,7	8,9

Données INSEE, Enquêtes Emploi et Recensements dans G. Bouvier et F. Diallo, « Soixante ans de réduction du temps de travail dans le monde », *Insee Première*, n° 1273, janvier 2010.

4 Serviable à souhait

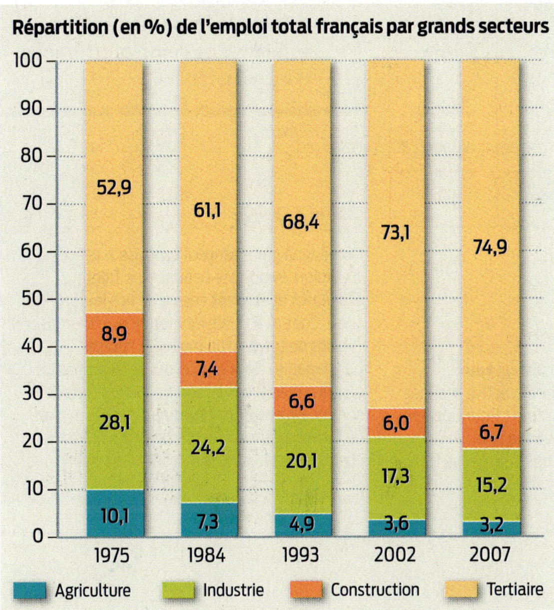

Données INSEE, Séries longues dans Jean-Louis Dayan, « L'emploi en France depuis trente ans », *L'Emploi, nouveaux enjeux*, INSEE, édition 2008.

5 Chômage relatif et absolu

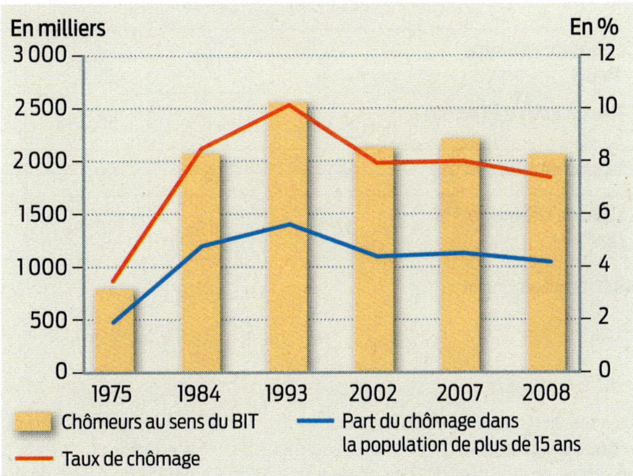

Données INSEE, Enquêtes Emploi.

C'est la définition du Bureau international du travail (BIT) qui est habituellement utilisée pour définir le chômage. Pour cette organisation, un **chômeur** est une personne n'ayant effectué aucune heure de travail dans le mois, disponible pour avoir un nouvel emploi et réalisant activement des recherches d'emploi. Pour avoir une image de l'importance relative du chômage dans la population, on peut calculer le taux de chômage ou – pour mieux prendre en compte la croissance de la population – la part des chômeurs dans la population de plus de 15 ans.

ACTIVITÉS

1 » À votre avis, pourquoi le graffiti a-t-il été mis sur la plaque de la place de la Sorbonne plutôt qu'une autre ? (doc. 1)

2 » Que disent les évolutions des techniques cinématographiques sur l'évolution de l'emploi ? (doc. 2)

3 » Montrez la progression du salariat par un calcul adéquat. (doc. 3) → FICHE MÉTHODE 7

4 » Présentez les principales évolutions de l'emploi par secteur d'activité. (doc. 4)

5 » Quelles transformations jugées négatives du marché du travail sont sensibles dans les doc. 1 et 5 ?

DOSSIER 1

Quelles sont les principales évolutions de l'emploi et du chômage dans les trente dernières années ?

COMPRENDRE

1 Les grandes variations de l'emploi en France

En milliers	1975	1984	1993	2002	2008
Population de 15 ans ou plus	39 384	42 683	45 399	47 950	
Population active au sens du BIT	22 868	24 503	25 406	26 933	27 984
Emploi au sens du BIT	22 077	22 435		24 801	25 913
Chômeurs au sens du BIT		2 068	2 554	2 132	2 070
Taux d'activité (en %)	58,1 %		56,0 %	56,2 %	56,2 %
Taux d'emploi (en %)	56,1 %	52,6 %	50,3 %		52,0 %
Taux de chômage (en %)	3,5 %	8,4 %	10,1 %	7,9 %	7,4 %

INSEE, Enquêtes Emploi.

QUESTIONS

1» Donnez la signification de chaque chiffre encadré dans une phrase.
2» Calculez les valeurs manquantes du tableau.
3» Représentez sur un même graphique l'évolution absolue et relative de l'emploi en France.

→ FICHE MÉTHODE 7

À SAVOIR

Pour calculer un **taux d'activité**, on divise la **population active** (c'est-à-dire l'ensemble des personnes en emploi et des personnes en situation de recherche d'emploi, dits « chômeurs ») par la population de 15 ans ou plus, dite « en âge d'avoir un emploi ». Pour calculer un **taux d'emploi**, on divise la population active occupée par la population de 15 ans ou plus. Pour calculer un **taux de chômage**, on divise la population active au chômage par la population active totale.

À SAVOIR

On désigne par **« emploi typique »** la norme d'emploi développée pendant les Trente Glorieuses et existant encore de nos jours : le CDI (pour Contrat à Durée Indéterminée) à temps plein (temps de travail d'au moins 35 heures par semaine). Tout emploi qui ne serait pas un CDI ou qui ne serait pas à temps plein est considéré comme un **emploi atypique**. On parle parfois de formes particulières d'emploi pour insister sur les caractéristiques du contrat de travail.

2 L'emploi des femmes en France depuis un siècle

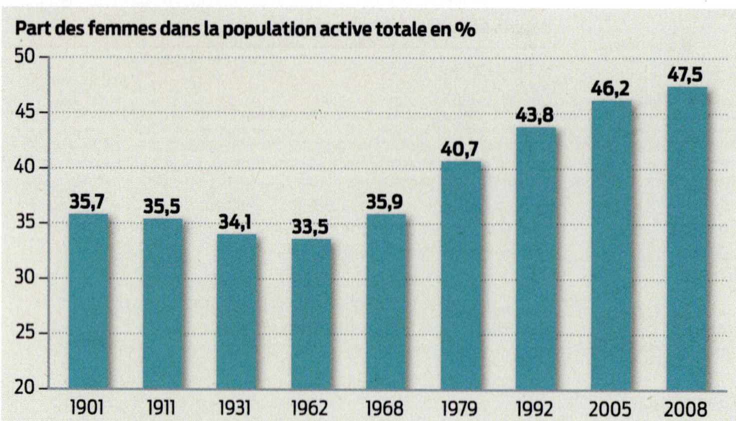

Données INSEE, Enquêtes Emploi et Recensements.

QUESTIONS

1» Quelle conclusion contraire aux stéréotypes apparaît dans ce document ?
2» Calculez en points de pourcentage l'augmentation de la part des femmes dans la population active totale de 1962 à 2008.

3 Une mutation sectorielle profonde

• Le phénomène de désindustrialisation, qui touche la France comme l'ensemble des économies développées, peut être caractérisé par trois transformations concomitantes : un recul de l'emploi industriel (l'industrie a perdu 36 % de ses effectifs entre 1980 et 2007, soit 1,9 million d'emplois ou encore 71 000 par an), un recul de la contribution de ce secteur au PIB [et une] forte croissance du secteur des services marchands. [...] La recherche d'une plus grande efficacité par les entreprises s'est traduite par un recours croissant à l'externalisation (sur le territoire) d'une partie des activités industrielles vers le secteur des services. Ces transferts d'emplois peuvent être estimés à 25 % des pertes d'emplois industriels sur la période 1980-2007.

L. Demmou, « La désindustrialisation en France », *Documents de travail de la DGTPE*, n° 2010/01, février 2010.

• De 1982 à 2002, les domaines professionnels les plus créateurs d'emplois relèvent tous de fonctions tertiaires (services aux personnes, santé, gestion, commerce, enseignement...), ceux qui reculent de spécialités agricoles, artisanales ou industrielles [...]. Le mouvement s'accompagne d'un déplacement vers le haut de l'échelle des qualifications, auquel contribue le progrès technique en suscitant un besoin accru pour les fonctions les plus qualifiées. En vingt ans, la part des cadres et professions intermédiaires gagne près de 10 points, celle des ouvriers recule de 6 points. Ces derniers sont désormais moins nombreux que les employés, dont la part a pourtant peu progressé.

Jean-Louis Dayan, « L'emploi en France depuis trente ans », *L'Emploi, nouveaux enjeux*, INSEE, édition 2008.

QUESTIONS

1» Quelles sont les principales manifestations de la désindustrialisation ?
2» Donnez un exemple d'externalisation et expliquez pourquoi elle participe à un transfert d'emplois vers le secteur des services.
3» Quelles sont les deux mutations principales de l'emploi mises en évidence dans le second texte ?

À SAVOIR

L'**externalisation**, ou **sous-traitance**, désigne le fait pour une entreprise d'acheter un service à une autre entreprise plutôt que de le produire elle-même (service de restauration, sécurité, comptabilité...).

4 Des emplois aux statuts divers

	1982	2007
Emploi au sens du BIT (en milliers)	**22 670**	**25 628**
Formes particulières d'emploi (en % de l'emploi total)	**5,4**	**12,3**
Contrats à durée déterminée et saisonniers	3,7	7,1
Intérimaires	0,4	2,1
Stagiaires et contrats aidés	0,6	1,7
Apprentis	0,7	1,4
Actifs occupés à temps partiel (en % de l'emploi total)	9,2	17,2
Hommes	2,5	5,7
Femmes	19,1	**30,2**

Champ : France métropolitaine, population des ménages, personnes de 15 ans ou plus
Données INSEE, enquêtes Emploi – Séries longues, dans Jean-Louis Dayan, « L'emploi en France depuis trente ans », *L'Emploi, nouveaux enjeux*, INSEE, édition 2008.

QUESTIONS

1» Faites une phrase donnant la signification des chiffres encadrés.
2» Calculez le nombre de formes particulières d'emplois en 1982 et en 2007, puis leur évolution. Interprétez en comparant à l'évolution de l'emploi total.
3» Faites de même pour les emplois à temps partiel.

FAIRE LE POINT

» **Relevez ou calculez le nombre d'emplois de chaque catégorie suivante en France, puis calculez les évolutions en valeur absolue (différence) et en valeur relative (taux de variation) :**

❶ Nombre total d'emplois en 1982 et 2007 (doc. 4 p. 133) ; ❷ emplois industriels en 1984 et 2007 (doc. 4 p. 131 ; doc. 1 p. 132 et doc. 4 p. 133) ; ❸ emplois tertiaires en 1984 et 2007 (doc. 4 p. 131 ; doc. 1 p. 132 et doc. 4 p. 133) ; ❹ formes particulières d'emplois en 1982 et 2007 (doc. 4 p. 133) ; ❺ emplois à temps partiel en 1982 et 2007 (doc. 4 p. 133) ; ❻ nombre de chômeurs en 1984 et 2008 (doc. 1 p. 132).

DOSSIER 2

Des coûts du travail élevés sont-ils responsables du chômage ?

DÉCOUVRIR

Du travail coûte que coûte ?

1 Une bonne et une mauvaise nouvelle

2 La délocalisation : fantasme ou réalité ?

Usine chinoise de fabrication de vêtements pour des marques occidentales.

3 La crainte de la concurrence des pays à faible coût du travail

Évolution du taux d'importation et du nombre d'emplois en France pour les branches « habillement et cuir » et « industries des équipements du foyer »

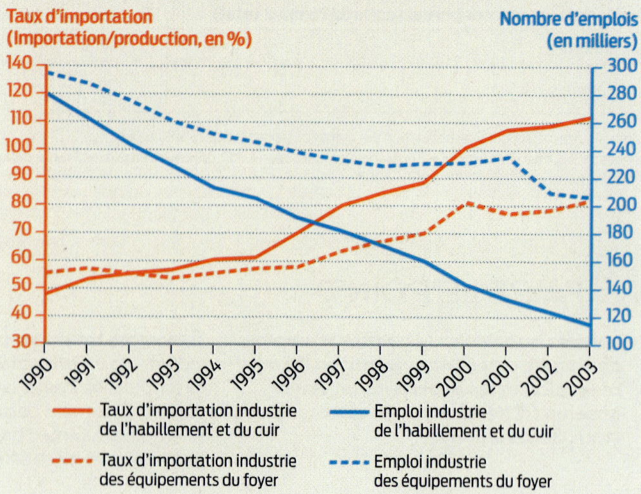

Le **taux d'importation** est calculé en divisant les importations par la production nationale du même produit et en multipliant le résultat par 100 : il mesure la part de la production nationale que représentent les importations. Par exemple, en 2003, les importations françaises d'habits et de cuir représentaient 110 % de la production française.

Données INSEE, *Comptes nationaux*, 2006.

4 Le grand écart des coûts du travail

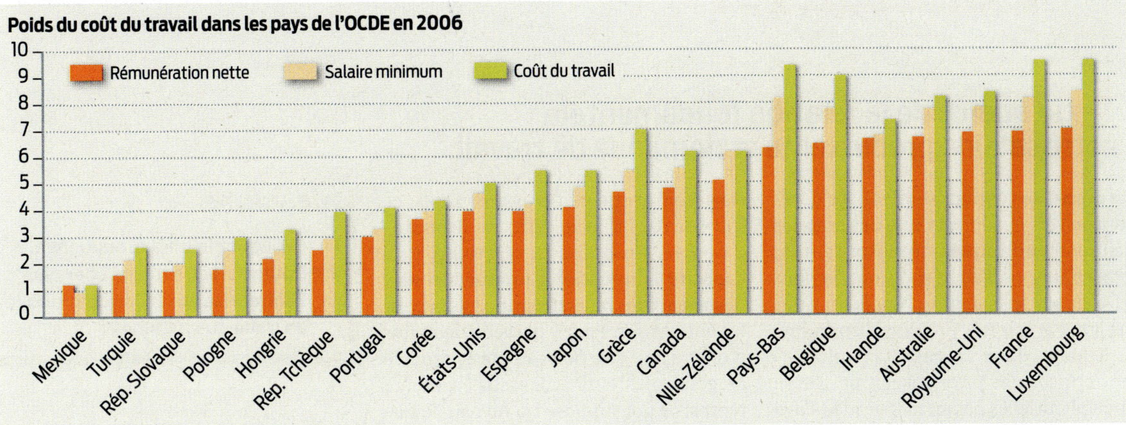

Le coût est mesuré par heure de travail en euros convertis à parité de pouvoir d'achat avec la France. On prend donc en compte le coût de la vie dans le pays pour comparer les coûts du travail entre pays.

P. Cahuc, G. Cette, A. Zylberberg, « Salaire minimum et bas revenus : comment concilier justice sociale et efficacité économique ? », *Rapport du CAE*, 2008.

5 Une crainte de délocalisations à relativiser

Répartition en % des flux d'investissements étrangers sortants de France en 2007

IDE sortants vers	
Royaume-Uni	14,4
Pays-Bas	12,1
Belgique	10,6
Allemagne	8,1
Total pays de l'union européenne	63
États-Unis	16,7
Total pays industrialisés hors UE	25,2
Chine	0,6
Total pays en voie de développement	11,8

Rapport 2008 sur la balance des paiements, Banque de France.
Dans L. Fontagné, F. Toubal, « Investissement direct étranger et performances des entreprises », *Rapport du CAE*, n° 89, 2010.

Un **investissement direct à l'étranger (IDE)** désigne les achats de capital fixe réalisés par un agent économique national dans un pays étranger. Si un agent achète pour plus de 10 % du capital d'une entreprise étrangère, on dit ainsi qu'il réalise un IDE. Lorsqu'une entreprise délocalise sa production, elle réalise aussi un IDE.

ACTIVITÉS

1 » Commentez le doc. 1.

2 » Dans quels pays imagine-t-on que les entreprises françaises décident d'investir, notamment en délocalisant ? (doc. 2)

3 » Quelles corrélations observe-t-on entre l'emploi et les importations dans les branches « habillement et cuir » et « industries des équipements du foyer » ? Expliquez. (doc. 3)

4 » Comparez le salaire minimum et le coût du travail de la France et du Mexique. (doc. 4)

5 » Vers quels pays les investissements des entreprises résidant en France sont-ils surtout dirigés ? (doc. 5)

DOSSIER 2

Des coûts du travail élevés sont-ils responsables du chômage ?

COMPRENDRE

1 Un aperçu de la relation fondamentale entre salaire, productivité et demande de travail

Le départ des entreprises des pays développés vers le Sud est l'une des grandes peurs économiques de notre temps : <u>nous n'aurions d'autre choix que de nous aligner sur les salaires chinois ou nous résigner à voir nos emplois disparaître</u>. [...] Mais, dans ce cas, pourquoi les entreprises des pays développés ne se précipitent-elles pas en masse au Malawi [...] ? Il est pourtant possible d'y embaucher un ouvrier pour 30 centimes de l'heure, soit 40 fois moins qu'en France. [...] Il faut tenir compte de la qualité de la main-d'œuvre [...]. La plupart des entreprises qui délocalisent dans les pays à bas salaires sont obligées d'encadrer les opérateurs locaux par des cadres expatriés, ce qui leur coûte extrêmement cher et ne suffit pas toujours. Ainsi, pour l'entreprise Luxottica, fabriquer des verres pour lunettes de soleil coûte deux fois moins cher en Italie qu'en Chine, à cause des pannes, des défauts de fabrication et du gaspillage de matières premières ; ce qui renvoie à la qualité de la main-d'oeuvre. En outre, la réactivité et la capacité à diversifier la production sont désormais des objectifs importants pour les entreprises. Pour y parvenir, la main-d'œuvre doit être polyvalente et capable de gérer plusieurs processus en même temps, ce qui suppose un niveau de formation élevé. Or, il est rare de trouver une main-d'œuvre compétente et bon marché. [...]. L'image de pays du Sud prenant par millions les emplois du Nord car pouvant réaliser les mêmes productions pour des salaires de misère est donc fausse. La compétitivité de certains pays du Sud augmente avec leur expérience, mais elle est pour l'instant limitée par la qualité [...] de la main-d'œuvre.

A. Parienty, « Pourquoi les entreprises délocalisent », *Alternatives économiques* n° 268, avril 2008.

QUESTIONS

1» Expliquez la phrase soulignée.

2» Pourquoi est-il moins cher pour l'entreprise Luxottica de produire en Italie qu'en Chine ?

2 L'effet positif pour l'emploi de la réduction du coût du travail

Depuis 1993, au moins huit réformes majeures des dispositifs d'allégement de cotisations patronales sur les bas salaires se sont succédé en France. [Un des objectifs a] été d'atténuer l'impact des hausses de SMIC sur le coût du travail. On peut recenser une quinzaine d'études appliquées au cours des dix dernières années, qui ont tenté de chiffrer explicitement les effets sur l'emploi des allégements de cotisations sociales sur les bas salaires. Ces travaux donnent des effets toujours positifs des exonérations sur le nombre d'emplois [...]. Le nombre d'emplois non qualifiés, créés ou sauvegardés, varie de 125 000 à 560 000 pour un budget de 5 milliards d'euros.

Y. L'Horty, « Dix ans d'évaluation des exonérations sur les bas salaires », *Connaissance de l'emploi*, n° 24, 2006.

QUESTIONS

1» Expliquez comment le coût du travail a pu diminuer malgré l'augmentation du salaire minimum versé aux salariés.

2» Quel a été l'effet de la réduction du coût du travail sur l'emploi en France ?

À SAVOIR

Le **coût du travail**, c'est-à-dire la somme totale versée par un employeur pour obtenir la subordination du salarié, est composée de trois coûts différents. Au **salaire net**, somme perçue par le salarié, s'ajoutent les cotisations sociales, composées des **cotisations salariales** et des **cotisations patronales**. Ce sont ces cotisations qui permettent le financement de l'assurance-maladie, des allocations de chômage ou des pensions de retraite. La somme du salaire net et des cotisations sociales (parts salariales) correspond au salaire brut.

3 De quoi est composé le coût du travail ?

				SALAIRE BRUT	**942,86**
		Employeur		Salarié	
Retenues	Base	Taux	Cot.	Taux	Retenues
CSG (déductible)[1]	914,57			5,10 %	46,64
CSG et CRDS (non déductibles)[2]	914,57			2,90	26,52
Maladie	942,86	12,80 %	120,69	0,75 %	7,07
Vieillesse	942,86	9,90 %	93,34	6,75 %	63,64
Chômage	942,86	4,00 %	37,71.	2,40 %	22,63
Cot. AGFF	942,86	1,20 %	11,31	0,80 %	7,51
Allocations familiales	942,86	5,40 %	50,91		-
Accidents de travail	942,86	3,70 %	34,89		-
Fonds national d'aide au logement	942,86	0,10 %	0,94		-
Ircem Prévoyance	942,86	0,81 %	7,64	0,70 %	6,60
Formation professionnelle	942,86	0,15 %	1,41		
Contribution de solidarité autonomie	942,86	0,30 %	2,83		
TOTAL retenues	942,86		**397,03**		**216,01**
SALAIRE NET À PAYER					**762,21**

Version simplifiée d'une fiche de paie.

1. CSG : Contribution sociale généralisée ; 2. CRDS : Contribution au remboursement de la dette sociale.

QUESTIONS

1» Faites une phrase donnant la signification précise du chiffre encadré.

2» Quel est le coût total du travail de ce salarié pour l'employeur ?

3» Calculez la part des cotisations sociales (part salariale) dans le salaire brut et la part du salaire net dans le coût du travail.

4 Le salaire minimum comme barrière à la diminution du coût du travail

La montée du chômage est-elle due, en France, à une trop grande rigidité des salaires ? L'explication est souvent avancée et ne manque pas de logique : on économise ce qui est cher, la force de travail comme l'énergie. […] Dans une économie de marché, l'existence d'un excès de main-d'œuvre inemployée devrait pousser les rémunérations, ou du moins certaines d'entre elles, à la baisse. Or, il n'en est rien, en France du moins. Faute de flexibilité par les prix, [notamment à cause de l'existence d'un salaire minimum], il n'est pas étonnant, estiment les libéraux, que nous ayons une flexibilité par les quantités. En clair : <u>puisque les salaires ne baissent pas, le chômage ne peut pas se réduire</u>. Les chômeurs payent l'addition que les salariés se refusent à supporter.

Denis Clerc, « La faute au coût du travail », *Alternatives économiques*, hors-série n° 21, juillet 1994.

QUESTIONS

1» Expliquez la phrase soulignée.

2» Quel type de salariés risque d'être le plus concerné par la diminution de la demande de travail pour cause de l'existence d'un salaire minimum ? Vous pouvez vous aider du doc. 1.

À SAVOIR

Les économistes parlent de **demande de travail** pour désigner l'offre d'emploi des entreprises qui cherchent à acheter la force de travail des employés. L'**offre de travail** (ou demande d'emploi) provient alors des salariés.

FAIRE LE POINT

» **Réalisez un schéma comprenant les expressions suivantes (avec « niveau d'emploi » au centre du schéma) :**

1 Hausse des salaires ; 2 baisse des salaires ; 3 baisse de la demande de travail ; 4 hausse de la demande de travail ; 5 baisse de la productivité du travail ; 6 augmentation de la productivité du travail ; 7 créations d'emploi ; 8 destructions d'emplois (chômage).

DOSSIER 3

Un niveau insuffisant de demande explique-t-il le chômage ?

DÉCOUVRIR

Du salaire à la demande

1 La plage, les palmiers et les salaires

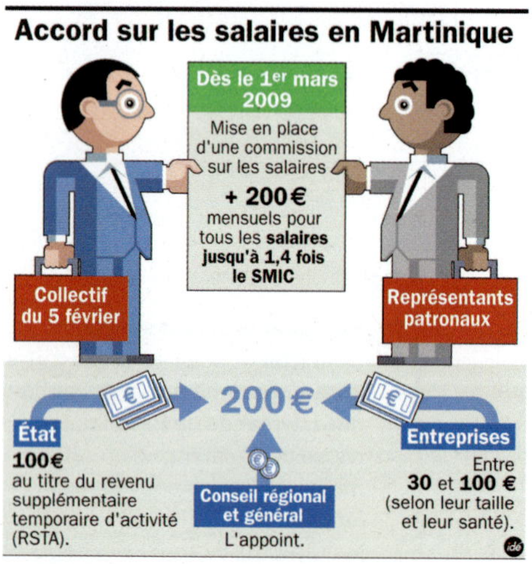

La Martinique et la Guadeloupe ont connu une paralysie en février et mars 2009. La grève est devenue rapidement générale. Les manifestants pointaient du doigt le coût très élevé de la vie. Ils exigeaient une baisse des prix de première nécessité, de l'essence et de certains impôts et taxes. L'augmentation des salaires a permis de répondre partiellement à ces revendications.

« La grève continue en Martinique malgré la signature d'un accord sur les salaires », *20 Minutes*, 3 mars 2009.

2 Quand la Chine s'éveille...et milite

Le constructeur automobile japonais Honda a du concéder une augmentation de salaire de 24 % aux employés de son usine de pièces détachées en Chine en juin 2010 à la suite d'une grève ayant paralysé sa production. Les représentants des salariés demandaient un revenu décent pour faire face à l'accroissement du coût de la vie. Une série de mouvements sociaux a ainsi touché le pays et reçoit le soutien des autorités. Cette hausse des salaires contribue en effet à relancer la consommation intérieure, un relais de croissance aux exportations.

Arnaud De La Grange, « La révolution sociale gronde dans l'atelier du monde », lefigaro.fr, 31 mai 2010.

3 Croire au père Noël

Nicolas Vadot

4 Du beurre dans les épinards ?

5 À la baisse

Gagner moins pour continuer à travailler ! À la faveur de la crise, la tentation de rogner sur les salaires se fait de plus en plus pressante. Fiches de paie tronquées, rémunérations gelées, RTT supprimées… […] En France, le tour-opérateur Donatello a été l'un des premiers à […] proposer à ses employés une baisse de salaire de 10 % comme alternative à un licenciement pour motif économique, durant l'automne 2008. Depuis, les exemples de ce type se multiplient. […] De fait, baisser les salaires peut apporter une bouffée d'oxygène aux entreprises confrontées à une chute importante de leur activité. En cas de difficultés, il n'est pas forcément illégitime de demander un effort de solidarité aux salariés, à l'image de Renault qui a réclamé à ses cadres de renoncer à une partie de leurs congés pour améliorer l'indemnisation du chômage partiel des ouvriers du groupe. […] Mais ce qui peut se comprendre dans quelques cas très particuliers est potentiellement catastrophique sur le plan macroéconomique. Si cette tentation d'abaisser les rémunérations venait à se généraliser, les conséquences pour l'économie seraient évidemment dramatiques. Comme l'explique l'économiste américain Paul Krugman : « La baisse des salaires est le symptôme d'une économie malade. Et ce symptôme peut aggraver l'état de santé de l'économie »[1]. C'est tout le paradoxe : en cas de baisse générale des salaires, c'est l'emploi qui trinquera en définitive, la baisse du pouvoir d'achat des salariés venant réduire leur consommation, accentuant la déprime de l'économie.

Laurent Jeanneau, « Baisse des salaires : la menace déflationniste », *Alternatives économiques* n° 282, juillet 2009.

1. Paul Krugman, prix Nobel d'Économie 2008, « Falling Wage Syndrome », chronique publiée dans le *New York Times* du 3 mai 2009.

ACTIVITÉS

1 » Comment a été décidée la hausse des salaires en Martinique ? (doc.1)

2 » Quels sont les enjeux de l'augmentation des salaires tant pour les grévistes que pour le gouvernement chinois ? (doc.2)

3 » Rappelez la différence entre salaire brut et net et expliquez les conditions qui permettent au salarié de consommer plus à la suite d'une hausse des salaires (doc. 3).

4 » Que choisit-on et qu'abandonne-t-on lorsque l'on décide de travailler plus ? Pourquoi travailler « autrement » permettrait-il de gagner plus ? (doc. 4)

5 » Quel est le risque d'une baisse des salaires qui apparait dans le doc.5 ?

DOSSIER 3

Un niveau insuffisant de demande explique-t-il le chômage ?

COMPRENDRE

1 Réduire les salaires peut créer du chômage

Dans les trois premiers pays industriels du monde, les États-Unis, la Grande-Bretagne et l'Allemagne, dix millions de travailleurs sont sans travail [...]. Engagés dans cette impasse, des producteurs individuels attachent des espoirs trompeurs à telle ou telle ligne de conduite qui serait profitable à un producteur isolé ou à une classe de producteurs si personne d'autre ne l'adoptait, mais cesse d'être avantageuse dès que chacun la fait sienne. Par exemple, [...] si un producteur déterminé, ou un certain pays, diminue les salaires, ce producteur ou ce pays sera en mesure de se tailler une meilleure part de la demande globale [puisqu'il serait capable de baisser les prix] tant que les autres ne l'imiteront pas. Mais si on diminue les salaires partout à la fois, le pouvoir d'achat de la communauté dans son ensemble sera réduit du même montant que les coûts, et personne n'y gagnera.

J. M Keynes, « La grande crise de 1930 », *The nation and Athaneum*, décembre 1930, traduction française : *Essais sur l'économie et la monnaie*, Payot 1971.

QUESTIONS

1» Pourquoi un employeur seul peut-il penser que baisser les salaires de ses employés va lui permettre de conserver les emplois ?

2» Pourquoi, selon Keynes, ce raisonnement ne tient pas quand on prend en compte tous les producteurs en même temps ?

À SAVOIR

John Maynard Keynes est un des économistes les plus importants du XXe siècle. Son ouvrage principal est *La Théorie générale de l'emploi, de l'intérêt et de la monnaie*, paru en 1936.

2 Les effets d'une hausse des bas salaires... EXERCICE

• Soit un petit pays fictif, le Richistan, dans lequel on distingue 2 populations : les « aisés » (population A) et les « démunis » (population B). Pour simplifier, chacun des membres d'une population gagne le même revenu.

Population A : 20 membres. On suppose que sa propension à consommer est de 0,6.
Population B : 200 membres. On suppose que sa propension à consommer est de 1.

	Population A	Population B
Revenu mensuel individuel net	15 000 €	1 000 €
Richesse totale du pays	**15 000 x 20 + 1 000 x 200 = 500 000 €**	
Propension à consommer	0,6	1
Consommation individuelle	15 000 x 0,6 = 9 000 €	1 000 x 1 = 1 000 €
Consommation de l'ensemble de la population	9 000 x 20 = 180 000 €	1 000 x 200 = 200 000 €
Consommation mensuelle totale du pays	380 000 €	

• Des négociations aboutissent à réduire les inégalités de revenus.
La richesse totale de ce pays reste la même mais est désormais répartie différemment :

	Population A	Population B
Revenu mensuel individuel net	5 000 €	2 000 €
Richesse totale du pays	**500 000 €**	
Propension à consommer	0,6	1
Consommation individuelle	3 000 €	2 000 €
Consommation de l'ensemble de la population	60 000 €	400 000 €
Consommation mensuelle totale du pays	460 000 €	

QUESTIONS

1» Que constate-t-on au Richistan après la mise en place de la réduction des inégalités de revenus ?

2» Quel effet cette augmentation de la consommation totale pourrait-elle avoir sur l'activité des entreprises et sur l'emploi ?

3» Quel effet la hausse des bas revenus pourrait-elle avoir sur l'activité des entreprises et sur l'emploi ?

À SAVOIR

La **propension à consommer** mesure la variation de la consommation qui résulte d'un accroissement du revenu. Plus elle est élevée, plus une hausse du revenu se traduit par une consommation supplémentaire. Plus elle est faible, plus les ménages épargnent le surcroît de revenu.

3 Augmenter les revenus pour réduire le chômage

Pour combattre la sinistrose, les gouvernements ont ressorti l'artillerie – un peu vieille, mais robuste – de la relance : [selon *The Economist*], « quand la demande privée s'effondre, c'est au secteur public de stimuler vigoureusement la dépense ».

« Dépenser oui, mais combien, comment et surtout pour quoi faire ? La relance est un art difficile. Pour réussir, cette politique doit toutefois remplir un certain nombre de conditions. Elle doit d'abord être suffisamment massive pour compenser autant que possible la contraction de la demande privée [...].

« Mais un bon plan de relance [...] doit ensuite faire effet le plus rapidement possible. [...] Ainsi, une relance de l'investissement public ne fera pas sentir ses effets avant au moins un an, alors que, par exemple, un chèque envoyé aux ménages pourra être dépensé immédiatement.

[Toutefois] une partie du pouvoir d'achat distribué n'est pas consommée. D'où une condition supplémentaire : la relance doit être ciblée sur les agents qui sont le plus exposés à la crise et qui ont la propension à consommer la plus importante. C'est pourquoi [différentes institutions internationales préconisent par exemple] de renforcer le soutien aux chômeurs ».

S. Moatti, « Comment relancer l'économie ? », *Alternatives économiques Pratique*, n° 38, avril 2009.

QUESTIONS

1» Quelles sont les deux manières de relancer la production évoquées dans le texte ?

2» Expliquez pourquoi il est préférable d'augmenter les revenus disponibles des ménages qui ont la propension à consommer la plus forte lorsque l'on veut relancer l'économie.

À SAVOIR

Selon J. M Keynes, il existe une **« loi psychologique fondamentale »** dans l'économie relative à la **propension à consommer** des ménages : « en moyenne et la plupart du temps, les hommes tendent à accroître leur consommation à mesure que leur revenu croît, mais non d'une quantité aussi grande que l'accroissement du revenu ».
Cette loi se vérifie bien en France : selon l'INSEE, en 2003, les 20 % d'individus aux plus bas revenus disponibles consomment 99 % de leur revenu tandis que les 20 % d'individus aux plus hauts revenus disponibles en consomment 65 % (et épargnent le reste).

4 Cibler les revenus à augmenter

Composition en 2007 du revenu des ménages selon le décile du niveau de vie en % du revenu total (revenus primaires et de transferts avant prélèvements obligatoires)

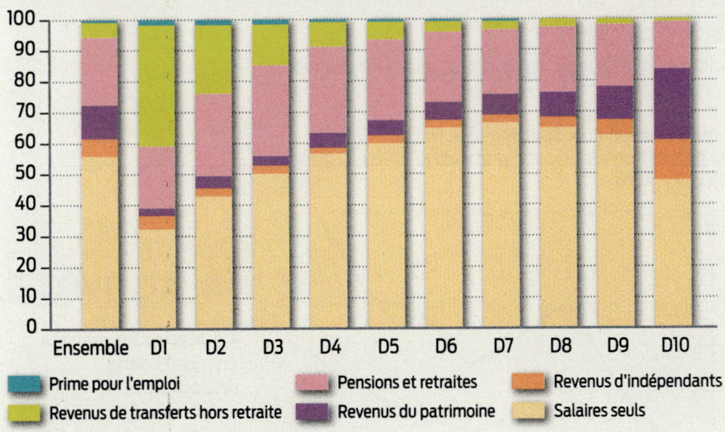

INSEE, *Les Revenus et les patrimoines des ménages*, édition 2010.

QUESTIONS

1» Définissez les termes de la légende du graphique.

2» Comparez la composition des revenus des 10 % des ménages les plus pauvres avant prélèvements obligatoires et celles des 10 % des ménages les plus riches.

3» Comment les pouvoirs publics peuvent-ils soutenir la demande des ménages ayant la plus forte propension à consommer ?

FAIRE LE POINT

» **Analysez les effets sur la demande des différentes mesures suivantes, en précisant dans chaque cas les ménages les plus touchés et l'ampleur de l'effet :**

❶ hausse du SMIC ; ❷ baisse de l'impôt sur la fortune ; ❸ baisse du RSA ; ❹ hausse de la TVA ; ❺ plafonnement des revenus exceptionnels des chefs des très grandes entreprises ; ❻ hausse des allocations chômage.

Les inégalités salariales s'accroissent-elles ?

SAVOIRS : inégalités, salaire, chômage

SAVOIR-FAIRE : lecture de graphiques FICHE MÉTHODE 4 avec indices FICHE MÉTHODE 8 et de tableaux FICHE MÉTHODE 3

Des hauts salaires toujours plus hauts ?

1 L'inflation des hauts salaires

Salaires bruts des PDG les mieux payés de France

En 2006…			…et en 2008[1]		
PDG	**Salaire total** (en millions d'euros courants)	**Équivalent en années de SMIC** (2006)	**PDG**	**Salaire total** (en millions d'euros courants)	**Équivalent en années de SMIC** (2008)
Lindsay Owen-Jones (L'Oréal)	6,59	476	Pierre Verluca (Vallourec)	18,12	1192
Jean-René Fourtou (Vivendi Universal)	3,45	249	Gérard Mestrallet (Suez)	15,54	1022
Antoine Zacharias (Vinci)	3,43	249	Bernard Arnault (LVMH)	13,9	907
Smicard	0,014	1	Smicard	0,015	1

D'après *Alternatives économiques hors-série* nº 066 et octobre 2005, Louis Maurin et Patrick Savidan, *L'État des inégalités en France 2009*, Belin, Observatoire des inégalités, 2008, *Alternatives économiques* nº 276 janvier 2009.

1. Les chiffres de 2008 incluent les stock-options.

2 Une diminution des inégalités de salaires en France ?

De 1960 à 2004, le salaire net annuel moyen (exprimé en euros de 2005) est passé de 9 900 à 22 500 €, autrement dit il a été multiplié par 2,3 en 44 ans. Au cours de cette longue période, l'échelle des salaires est restée très stable. […]

Depuis les années 1980, le sentiment d'inégalité semble contredit par la hausse relative des bas salaires et la stabilisation des écarts de niveau de vie entre les salaires élevés, le salaire médian et les bas salaires. [On ne saurait parler] en France d'une accentuation des inégalités qui, au contraire, ont continué à régresser au cours des années 1980 et 1990.

Inégalités de salaires et de revenus, la stabilité dans l'hétérogénéité, Gérard Cornilleau, in Fitoussi, Jean-Paul et Laurent Éloi (dir.), *France 2012. E-book de campagne à l'usage des citoyens*, OFCE, 2007.

3 L'envolée des très hauts salaires en France

Évolution des salaires de différentes fractions de la population salariés en France entre 1998 et 2006
Base 100 = 1998

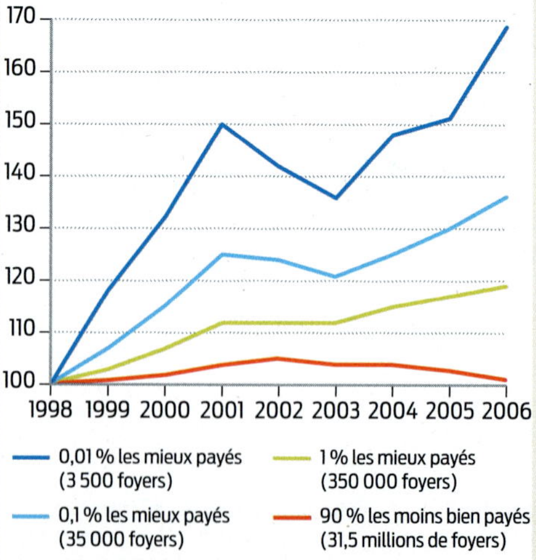

D'après Camille Landais, *Top Incomes in France : booming inequalities ?* Paris School of Economics, juin 2008.

ACTIVITÉS

1 » Mettez les chiffres encadrés dans une phrase. Commentez le tableau. (doc. 1)

2 » D'après le doc. 2, comment ont évolué les inégalités de salaire en France au cours de la 2e moitié du XXe siècle ?

3 » Les 2 premiers documents sont-ils contradictoires ?

4 » Montrez à l'aide d'indices que le doc. 3 permet de résoudre le paradoxe.

Quid des bas salaires ?

4 Le SMIC, facteur d'accroissement des inégalités ?

À en croire le dernier rapport du Conseil d'analyse économique (CAE), le SMIC présenterait bien des vices et peu de vertus. Trois reproches principaux lui sont faits par les auteurs. D'abord, il accentuerait la pauvreté davantage qu'il ne la réduit : s'il permet d'augmenter les faibles salaires, ce qui avantage leurs titulaires, il conduit aussi les employeurs à réduire l'embauche de personnes dont ils craignent qu'elles aient une trop faible productivité. [...] Ce qui amène les auteurs à voir dans le SMIC *« une véritable machine à exclure les jeunes »*. Ensuite, le Smic ne réduirait pas les inégalités salariales. Il les resserre dans le bas de la pyramide des salaires, mais comme il est relativement élevé (47 % du salaire moyen des pays de l'OCDE, une proportion dépassée seulement par l'Irlande et la Nouvelle-Zélande), les salariés sont nombreux (13 % en 2007) à être « collés » au SMIC. Si bien que l'écart entre le dixième le moins bien rémunéré et le dixième le mieux rémunéré des salariés figure parmi les plus élevés de l'Union européenne. Le rapport souligne aussi que les quatre pays les moins inégalitaires (Suède, Danemark, Finlande et Italie) n'ont pas de salaire minimum légal.

Denis Clerc, « Le SMIC en question », *Alternatives économiques*, n° 272, septembre 2008.

5 Le retour des travailleurs pauvres

En Europe, sont considérées comme « travailleurs à bas salaire », les personnes qui perçoivent moins des deux tiers du salaire médian de leur pays. Selon cette définition de l'OCDE, et sur la base de la rémunération horaire, la France compte 10 % de travailleurs à « bas salaire ». L'hôtellerie est un secteur d'activité où se concentre un grand nombre de ces salariés. Ils sont particulièrement nombreux parmi le personnel d'étage. [...]

Autre constat [...], les employeurs de l'hôtellerie ont largement recours au travail à temps partiel, afin de s'adapter à la grande amplitude horaire d'ouverture de leur établissement mais aussi pallier les absences et gagner en flexibilité. Le temps partiel concerne plus du tiers des salariés de l'hôtellerie en France [...] Au temps partiel s'ajoute souvent l'utilisation de contrats précaires de très courte durée, dénommés, de façon évocatrice, « mini-jobs » ou « Mc jobs ». Ces emplois sont nombreux en France, en particulier dans l'hôtellerie-restauration.

« Les emplois à "bas salaire" et les salariés à l'épreuve de la flexibilité ». *Bref*, n° 237, Cereq, Janvier 2007.

Depuis le 1er juillet 2009, le revenu de solidarité active (RSA) est venu remplacer le revenu minimum d'insertion (RMI) et l'allocation parent isolé (API). Il aide donc les personnes sans travail. Mais le RSA est en outre versé aux travailleurs pauvres dont le niveau de vie est inférieur au seuil de pauvreté (environ 900 € par mois pour une personne seule). Ces derniers sont de plus en plus nombreux du fait notamment du développement des temps partiels. En effet, ils sont passés de 1,55 million en 2003, à 1,85 million (sur les 4,2 millions de personnes de 18 à 59 ans en situation de pauvreté en 2006).

ACTIVITÉS

1 » Pourquoi le SMIC est-il une « machine à exclure les jeunes » d'après le doc. 4 ?
2 » Quelles sont les conséquences du SMIC sur les écarts de salaire ? (doc. 4)
3 » Expliquez pourquoi certains secteurs favorisent plus que d'autres les bas salaires (doc. 5).
4 » Quelle est la différence entre le RSA et le RMI ? (doc. 5)

QUESTION DE SYNTHÈSE

Après avoir présenté les principales évolutions des salaires en France depuis trente ans, vous en montrerez les conséquences sur l'emploi.

» Les transformations de l'emploi depuis trente ans

Quantitativement, on assiste à une augmentation constante du nombre de personnes en emploi et une augmentation plus forte du nombre de chômeurs, ce qui s'est traduit par une rapide augmentation du **taux de chômage** tout au long des années 1970 et 1980. Qualitativement, l'activité s'est **féminisée** et **tertiarisée**, tandis que le **niveau de qualification** des emplois a augmenté. Dans le même temps, les **emplois dits « précaires »** sont devenus plus fréquents, mais sans être majoritaires.

» La montée du chômage et le coût du travail

Parmi les personnes concernées par le **chômage** et les emplois dits « précaires » se trouve une proportion importante de peu qualifiés. On peut le comprendre en observant le point de vue de l'employeur : si le **coût salarial** (**salaire** **et cotisations sociales**) est jugé trop élevé par l'employeur comparativement aux gains qu'il tire de l'embauche d'un salarié, il n'a alors pas intérêt à créer un nouvel emploi (à moins de trouver un salarié proposant un meilleur « rapport qualité-prix », c'est-à-dire aussi **productif** mais acceptant de toucher un salaire plus faible). C'est pour cette raison que les économistes dits « néoclassiques » privilégiant cette explication du chômage, préconisent de réduire le **coût du travail** pour l'employeur. Ceci peut être fait en réduisant les cotisations sociales (salariales ou patronales) ou en réduisant le salaire lui-même, notamment en supprimant le **salaire minimum**.

» Chômage et insuffisance de la demande

On ne doit cependant pas oublier que le **salaire** est une **source de revenu** pour la majorité des ménages. Réduire les salaires, c'est donc réduire la **demande de biens et de services** dans une économie et donc inciter les entreprises à produire moins, ce qui nécessite moins de salariés et fait augmenter le taux de chômage. C'est pour cette raison que les économistes dits « keynésiens » privilégiant cette explication du chômage suggèrent d'augmenter les **revenus disponibles** des ménages. Ceci peut être fait en augmentant les salaires, en augmentant les **revenus de transfert** ou en diminuant les **prélèvements obligatoires** (impôts et cotisations sociales).

Comprendre autrement »

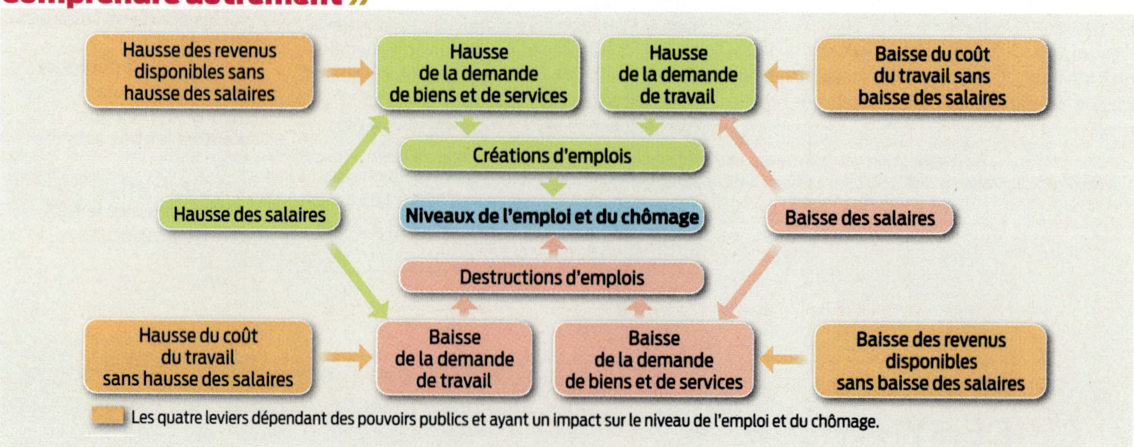

CHAPITRE 9

Comment devenons-nous des acteurs sociaux ?

Comment nous sont transmises les normes et les valeurs ?

OBJECTIFS DU CHAPITRE
On montrera que la famille et l'école jouent chacune un rôle spécifique dans le processus de socialisation des jeunes. On prendra en compte le caractère différencié de ce processus en fonction du genre et du milieu social.

DOSSIER 1

Quelle est l'influence de la famille dans la socialisation des jeunes ?

DÉCOUVRIR

« Avoir » et « être » : une conjugaison subtile

1 Minigolf au camping

2 Concertistes en herbe

3 Le poids du milieu social

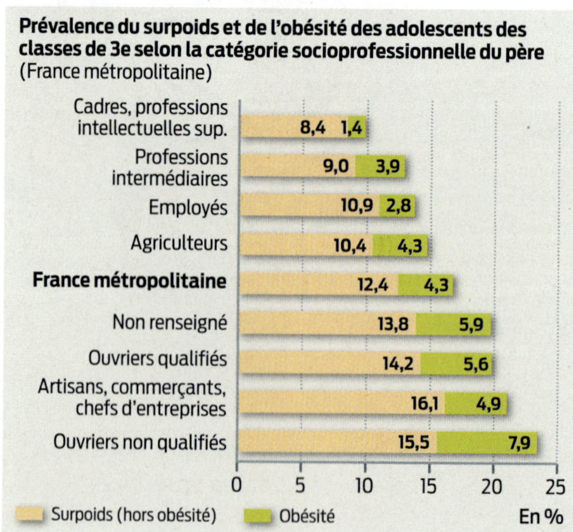

« La santé des adolescents scolarisés en classe de troisième en 2003-2004 premiers résultats ». *Études et Résultats*, mai 2007.

4 Le prénom, un marqueur social

Selon l'expression heureuse [du sociologue] Philippe Besnard, le prénom est un bien gratuit, dont la consommation est obligatoire [...]. L'étude de la diffusion de certains prénoms, de leur adoption par certains milieux sociaux, de leur abandon par d'autres, permet de repérer « le jugement de classe » sous le « jugement de goût » [...]. L'étude des prénoms à la mode, c'est-à-dire ces prénoms les plus choisis une année donnée, loin de révéler une société de masse, où les milieux sociaux seraient tous parties prenantes, en même temps, d'un même mouvement, révèle au contraire une stratification sociale des goûts. Les « professions intermédiaires » adoptent ces prénoms plus fréquemment que les autres catégories socioprofessionnelles, mais plus tardivement que les « cadres » (qui, s'ils sont les premiers dans le temps à adopter largement les prénoms qui seront à la mode plus tard, sont aussi les premiers à les abandonner quand ces prénoms leur apparaissent trop communs). Ouvriers et agriculteurs adoptent ces prénoms plus tardivement, et ils restent en vigueur dans ces professions plus longtemps qu'ailleurs.

Baptiste Coulmont, « Le choix du prénom », www.coulmont.com, 30 janvier 2006.

5 Déjouer l'emprise des jouets

Mariko, 2010.

ACTIVITÉS

1 » Les jeunes montrés dans les doc. 1 et 2 semblent-ils appartenir au même milieu social ?

2 » Sur quels types de pratiques la différence de milieu social apparait-elle dans les doc. 1 et 2 ?

3 » L'excès de poids touche-t-il autant les différents milieux sociaux ? Répondez à l'aide de données chiffrées. (doc. 3)

4 » Le choix du prénom est-il libre ? En quoi est-ce surprenant ? (doc. 4)

5 » Offre-t-on les mêmes jouets aux filles et aux garçons ? En quoi cela peut-il influencer leurs comportements futurs ? (doc. 5)

DOSSIER 1

Quelle est l'influence de la famille dans la socialisation des jeunes ?

COMPRENDRE

1 Comment la famille « fabrique » filles et garçons

Dans les maternités, à poids et à taille égaux, les garçons sont décrits par leurs parents et leurs visiteurs comme grands avec des traits marqués tandis qu'on dit des filles qu'elles sont petites, mignonnes, gentilles et qu'elles ont les traits fins. Les adultes tendent à offrir aux filles des jouets étiquetés comme féminins (poupées) et des jouets étiquetés comme masculins aux garçons. Lorsqu'ils jouent avec leurs fils, les pères mettent l'accent sur la réussite de la situation, fixent un haut niveau cognitif et sont plus exigeants, moins chaleureux, tandis qu'ils privilégient la qualité relationnelle avec leurs filles : encouragements, aides et plaisanteries. Ils stimulent l'autonomie des garçons dans la résolution de problèmes en ne donnant pas à ces derniers autant d'aide qu'à leurs filles. Les jouets, fortement sexués, contribuent à développer chez les filles et les garçons des aptitudes différentes. Bref tout cet ensemble de comportements différenciés, de stimulations, d'attentes, d'injonctions, de récompenses ou de désapprobations contribuent à forger peu à peu des identités de genre qui, pour n'avoir rien de naturel, finissent par coller à la peau des garçons et des filles comme une seconde nature.

C. Baudelot et R. Establet, *Quoi de neuf chez les filles ?* Nathan, 2007.

QUESTIONS

1» Comment peut-on expliquer, d'après le texte, les différences de comportements et de goûts des filles et des garçons ?

2» De quelle manière les parents contribuent-ils à construire et entretenir cette différence ?

À SAVOIR

La **socialisation** est le processus d'intériorisation des normes et des valeurs d'une société.

2 Footballeurs de père en fils

Lorsque « Gondet » emmène son fils au football, il reproduit une éducation dont il a lui-même bénéficié et qui aboutit à une socialisation précoce à l'univers masculin des footballeurs. Avant même d'avoir l'âge requis pour jouer au sein du club (huit ans), le fils de joueur acquiert une connaissance de l'univers des licenciés qui le façonne dans l'acquisition de sa personnalité sociale [...]. La volonté de reproduire chez son fils ce qu'il a lui-même vécu indique la force de l'intériorisation et de l'acceptation des normes masculines, l'intensité du vécu enfantin où, avant même de jouer en club, le jeune garçon apprend le football et rêve le football. Pour Romain, il ne s'agit pas seulement d'accompagner son père, mais de participer avec lui d'une manière symbolique aux à-côtés du spectacle : s'il ne joue pas, il s'investit là où cela lui est possible (ramasseur de balles), il se rend aussi « sale » que son père et prend la douche avec les adultes. La fascination qu'opère sur lui le fait de « marquer un but » (à l'échauffement comme pendant le match) montre que c'est l'efficacité du groupe qui l'intéresse, le fait de voir l'équipe gagner, et non pas obligatoirement la recherche du beau geste, de l'exploit.

Nicolas Rénahy, *Les Gars du coin. Enquête sur une jeunesse rurale*, La Découverte, 2005.

QUESTIONS

1» Comment « Gondet » transmet-il son amour du football à son fils ?

2» Est-ce seulement la passion pour un sport que « Gondet » transmet à son fils ?

En Amérique du Nord, le football (*soccer*) est considéré comme un sport de filles, les garçons étant davantage orientés vers le football américain, le base-ball ou le basket-ball. Cela rappelle qu'aucune pratique n'est par essence masculine ou féminine.

3 Des goûts culturels acquis durant l'enfance

Les activités culturelles pratiquées durant l'enfance (8-12 ans)

PCS du père (ou de la mère si absent)	Lecture de livres	Cinéma	Visite de musée, exposition ou monument historique
Cadres ou professions libérales	81	54	52
Ouvrier	59	31	11
ENSEMBLE	**64**	**36**	**21**

Lecture : 31 % des enfants d'ouvrier sont allés au cinéma lorsqu'ils avaient entre 8 et 12 ans.

Les pratiques culturelles à l'âge adulte selon celles de l'enfance et l'origine sociale

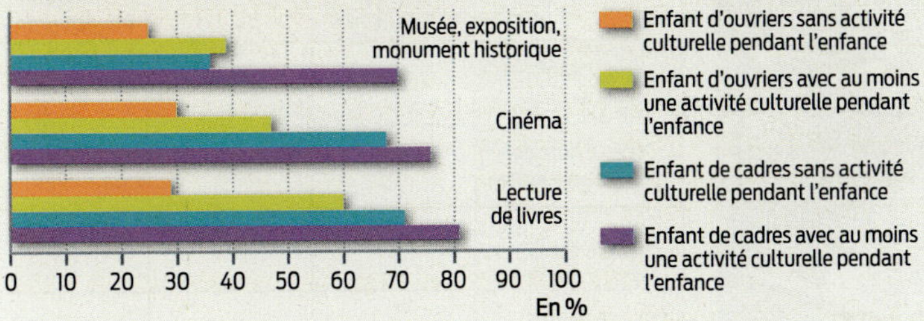

Champ : personnes de 15 ans ou plus, n'ayant pas été élevées en institution.
Enquête « Transmissions Familiales », INSEE, 2000.

QUESTIONS

1» Mettez les chiffres encadrés du tableau dans une phrase.

2» Les activités culturelles pratiquées durant l'enfance dépendent-elles du milieu social ? Illustrez par des chiffres (tableau).

3» À partir du graphique, montrez que l'origine sociale n'est pas le seul déterminant des pratiques culturelles à l'âge adulte.

À SAVOIR

Le sociologue **Pierre Bourdieu** (1930-2002) utilise la notion d'« **habitus** » pour désigner un ensemble durable et cohérent de manières d'agir, de penser et de sentir, qui se construit au cours de la socialisation et concerne l'ensemble des domaines de la vie.

4 Des styles éducatifs différents

Dès les années 1950 et 1960, la sociologie américaine avait montré que les milieux bourgeois valorisaient davantage la maîtrise de soi, alors que les milieux ouvriers insistaient sur les qualités d'obéissance, de propreté plutôt que sur l'autonomie et l'imagination. À ces modèles éducatifs différents, correspondaient des « styles » éducatifs et des méthodes pédagogiques s'appuyant soit sur la discipline, y compris les châtiments corporels, soit sur le dialogue et la persuasion par l'échange. En résumé, les milieux aisés et les couches moyennes formeraient des enfants autonomes et responsables d'eux-mêmes, tandis que les moins favorisés encourageraient l'obéissance aux règles d'adaptation à la contrainte extérieure. La convergence récente des modèles éducatifs, qui s'est orientée vers une relation de dialogue avec l'enfant n'a pas pour autant fait disparaître la différence des pratiques de socialisation selon les milieux sociaux.

Martine Ségalen, *Sociologie de la famille*, Armand Colin, 2006 (6e éd.).

QUESTIONS

1» Quelles sont les principales différences d'éducation entre les catégories aisées et les catégories populaires ?

2» Quelles sont les conséquences de ces différents modèles éducatifs sur le comportement des enfants de ces différents milieux sociaux ?

FAIRE LE POINT

» **Recopiez et complétez le texte ci-contre à l'aide des mots suivants : *genre, goûts, corps, personnalité, valeurs, parents, socialisation.***

La famille représente un lieu primordial pour la .... des jeunes, c'est-à-dire la construction de leur ...., qui va leur permettre de vivre en société. Nos .... et nos .... nous sont ainsi largement transmis notamment par nos ...., qui vont également jouer un rôle essentiel dans la construction d'une différence de .... entre les garçons et les filles. Ce processus s'opère notamment par une intériorisation en grande partie inconsciente dans lequel le .... joue un rôle essentiel.

DOSSIER 2

Quel est le rôle de l'école dans la transmission de normes et de valeurs aux jeunes ?

DÉCOUVRIR

Les filles pompiers et les garçons infirmiers

1 La Patrouille de France s'ouvre aux femmes

À 32 ans, le commandant Virginie Guyot est devenue en mai 2009 la première femme pilote de la Patrouille de France. En mars 2010, elle en prend la tête.

2 Les hommes au foyer ont leur site Internet

L'homme au foyer (www.hommeaufoyer.fr) est un site qui propose une série d'informations et de conseils pour les hommes au foyer et leurs épouses. Selon l'INSEE, ils étaient 37 000 en France en 2006.

3 Des métiers de femmes ?

Les 10 professions qui comportent la plus grande proportion de femmes

	Nombre de femmes (en milliers)	Part de femmes (en %)	Part dans l'emploi féminin (en %)
Assistants maternels	398	99,4	3,4
Aides à domicile et aides ménagères	429	98	3,7
Secrétaires	497	97,9	4,2
Secrétaires de direction	82	96,8	0,2
Aides-soignants	458	92,5	3,9
Infirmiers, sages-femmes	433	88,9	3,7
Employés de maison	328	88	2,8
Employés de comptabilité	337	85,9	2,9
Coiffeurs, esthéticiens	173	84	1,5
Caissiers, employés de libre-service	220	82,4	1,9
Total	**3 355**	**91,9**	**28,7**

Champ : France métropolitaine.
Données INSEE, enquête Emploi 2006.
Lecture : 497 000 femmes sont secrétaires, ce qui représente 97,9 % de l'ensemble des secrétaires et 4,2 % des femmes ayant un emploi.

4 Un lycée et une université vraiment mixtes ?

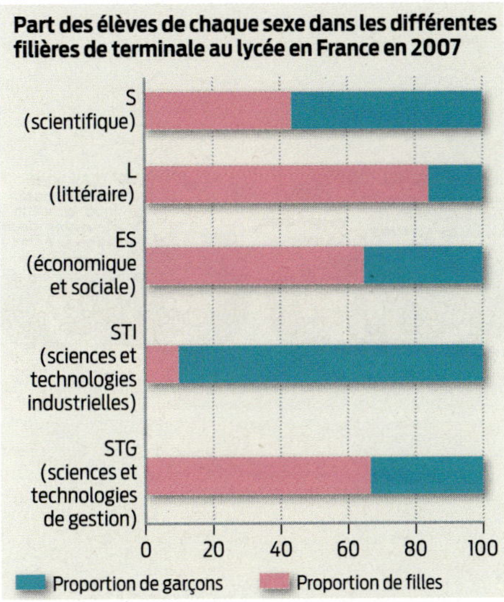

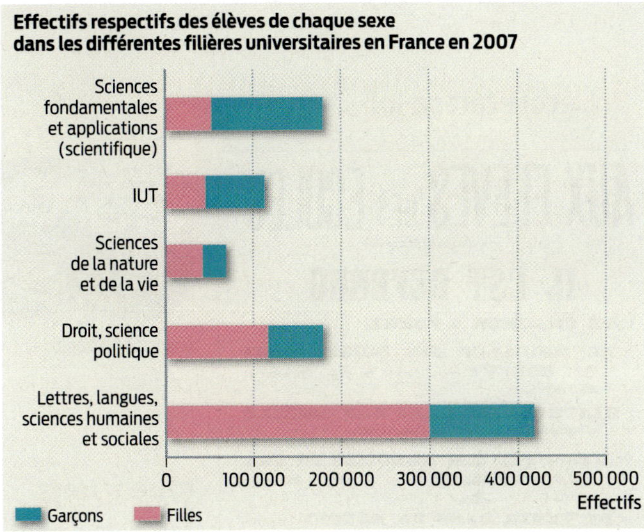

Pour les deux graphiques, données ministère de l'Éducation nationale, année universitaire 2007-2008.

5 Le cerveau a-t-il un sexe ?

Si nos capacités mentales, nos talents sont inscrits dans la nature biologique de chacun, pourquoi pousser les filles à faire des sciences et les garçons à apprendre des langues ? [...] Si l'on donne une explication « naturelle » aux différences sociales et professionnelles entre les hommes et les femmes, tout programme social pour l'égalité des chances devient inutile.

Cette vision déterministe est en totale opposition avec nos connaissances scientifiques. Car notre destin n'est pas inscrit dans notre cerveau ! Mais les idées reçues ont la vie dure. Le XIXe siècle était celui des mesures physiques du crâne ou du cerveau, qui ont été utilisées pour expliquer la hiérarchie entre les sexes, les races et classes sociales. Les critères modernes du XXe siècle sont les tests cognitifs, l'imagerie cérébrale et les gènes. Et derrière se profile toujours le spectre de voir utiliser la biologie pour justifier les inégalités entre les sexes et entre les groupes humains. Le devoir de vigilance des scientifiques et des citoyens face aux risques de détournement de la science est plus que jamais d'actualité.

Catherine Vidal, Dorothée Benoît-Browaeys, *Cerveau, sexe et politique*, Belin, 2005.

ACTIVITÉS

1 » En quoi les exemples présentés dans les doc. 1 et 2 peuvent-ils apparaître étonnants ?

2 » Donnez le sens des chiffres encadrés dans le doc. 3.

3 » Qu'ont en commun les métiers majoritairement exercés par des femmes ? (doc. 3)

4 » Commentez les graphiques en vous appuyant sur des données chiffrées pertinentes. (doc. 4)

5 » Pourquoi chercher à prouver que les cerveaux de l'homme et de la femme sont différents ? (doc. 5)

DOSSIER 2

Quel est le rôle de l'école dans la transmission de normes et de valeurs aux jeunes ?

COMPRENDRE

1 L'école fait sa loi

AUX ÉLÈVES DES ÉCOLES

IL EST DÉFENDU

1° **DE CRACHER A TERRE ;**

2° **DE MOUILLER SES DOIGTS DANS SA BOUCHE** pour tourner les pages des livres et des cahiers ;

3° **D'INTRODUIRE DANS SON OREILLE** le bout d'un porte-plume ou d'un crayon ;

4° **D'ESSUYER LES ARDOISES EN CRACHANT DESSUS** ou en y portant directement la langue.

5° **DE TENIR DANS SA BOUCHE** les porte-plumes, les crayons, les pièces de monnaie, etc. ;

Voulez-vous savoir maintenant pourquoi ces défenses vous sont faites ? Demandez-le à vos maîtres qui vous donneront les explications nécessaires.

Souvenez-vous enfin que vous ne devez pas seulement obéir vous-mêmes à ces prescriptions, mais que vous avez encore le devoir de les faire connaître à tout le monde.

Règlement intérieur affiché dans l'école de Pouilly-le-Fort (Seine-et-Marne) au début du XXe siècle.

Martin Vidberg, 2009.

QUESTIONS

1» Quelles différences observez-vous entre un tel règlement et celui de votre lycée aujourd'hui ? Quel est leur objectif commun ?

2» À quoi servent selon vous les consignes supplémentaires en bas de l'affiche ?

3» D'après la bande dessinée, le rôle des examens est-il seulement de vérifier l'acquisition des connaissances ?

2 Quand les classes entrent en classe

Les garçons paraissent aujourd'hui plus défavorisés scolairement par des origines modestes que les filles […]. [Le sociologue britannique] Paul Willis a montré combien le conformisme exigé par la norme scolaire paraît contradictoire avec certains codes populaires de la masculinité, spécialement dans les milieux ouvriers anglais. L'application, la docilité scolaire des « fayots » sont mal perçus par ces jeunes, qui envisagent avec fierté d'exercer un métier manuel, seul « véritable » travail à leurs yeux. De même, une étude récente sur les collégiens a souligné que les garçons connaissent un cercle vicieux comparativement peu partagé par les filles et nettement accentué dans certaines familles immigrées (particulièrement du Sahel) : absentéisme, échec scolaire, délinquance. En échec scolaire, ils cherchent plus volontiers des gratifications extrascolaires et recourent pour ce faire plus aisément à des moyens non légaux. Certains considèrent que le désarroi identitaire des garçons est d'autant plus fort qu'ils se sentent dévalorisés face aux filles obtenant de meilleurs résultats en moyenne. Les conduites d'échec et les violences sexistes fréquentes chez les jeunes des quartiers dits sensibles pourraient en partie s'expliquer par ce déséquilibre.

Christine Guionnet, Érik Neveu, *Féminins/masculins. Sociologie du genre*, Armand Colin, 2006 (2e éd.).

QUESTIONS

1» Qu'est-ce que la « norme scolaire » ?

2» Comment expliquer l'échec scolaire des garçons dont parle Paul Willis ?

3» Pourquoi cette situation peut-elle parfois les conduire à commettre des actes délinquants ou sexistes ?

3 Le « choix » de l'orientation

Les déclarations d'élèves interrogés sur ce choix des filières indiquent que les filles se projettent dans leur rôle futur en imaginant que la répartition des tâches entre hommes et femmes ne changera pas, c'est-à-dire en intégrant le fait qu'elles auront à prendre en charge la majeure partie des tâches domestiques. Dans cette optique, elles cherchent un métier intéressant qui leur permettra d'assumer ce rôle. Mais cela ne rend pas compte des « pressions » que leur environnement et les représentations en vigueur ont exercées sur elles. Les instituteurs, les familles, la société dans son ensemble suggéreraient aux filles qu'elles seront plus à leur place dans certaines activités, et construiraient pour elles des parcours moins scientifiques, notamment en les poussant moins ou en leur faisant moins confiance. Parallèlement, pèse sur le garçon la responsabilité de trouver un emploi permettant de faire vivre la famille. Les filles privilégient le contenu des études et affichent un projet professionnel affirmé, alors que les garçons privilégient les débouchés. L'orientation est une mise en jeu de l'identité de l'individu. Or, l'identité est sexuée. Il est difficile pour une fille de s'engager dans une formation de mécano, et inversement un garçon a du mal à devenir sage-femme.

Dominique Méda, Hélène Périvier, *Le Deuxième Âge de l'émancipation*, Le Seuil, 2007.

QUESTIONS

1» De quelle(s) manière(s) l'institution scolaire intervient-elle spécifiquement sur l'orientation différente des filles et de garçons ?

2» Pourquoi est-il difficile pour une fille ou un garçon de s'orienter dans une voie considérée comme relevant de l'autre genre ?

À SAVOIR

Le **contrôle social** désigne l'ensemble des dispositifs qu'un groupe met en œuvre pour faire respecter ses normes et valeurs à ses membres. Celui-ci s'exerce généralement par l'application de sanctions négatives (punitions) ou positives (récompenses), de manière formelle (explicite, comme une loi ou un règlement) ou non (comme la mode).

4 L'école cherche à transmettre le « métier d'élève »

Parler du métier d'élève n'est pas une simple métaphore : il en tire à proprement parler ses moyens d'existence et une identité sociale [...]. Tous les enfants ne travaillent pas comme des forçats ou des esclaves, certains épousent avec bonheur la condition d'élève, mais d'autres y résistent, ouvertement ou sourdement, en permanence ou par intermittence. Peut-être est-ce la forme première d'hétérogénéité à laquelle sont confrontés les enseignants, ils font face à des élèves qui n'ont pas tous l'ardent désir de devenir des « apprenants » et de travailler plus que les adultes pour s'emparer du « gai savoir ». Les uns jouent pleinement le jeu et y trouvent leur compte. D'autres résistent sans fin, en dépit des pressions et des sanctions. D'autres encore, développant dès leur plus jeune âge un rapport au travail très commun dans le monde des adultes : ne pas refuser la tâche, ne pas la contester, mais travailler « modérément », en profitant de la moindre faille dans le dispositif de contrôle, en développant maintes ruses pour donner des signes extérieurs d'activité tout en pensant à autre chose.

Philippe Perrenoud, « Le métier des élèves leur appartient », *Éducateur* n° 4, 1er avril 2005.

QUESTIONS

1» Quelles sont les différentes attitudes des élèves face aux règles posées par les enseignants ?

2» Quelles sont les sanctions (positives ou négatives) appliquées par l'institution scolaire pour chacune des attitudes évoquées dans le texte ?

FAIRE LE POINT

» **Parmi les comportements ou les valeurs suivants, lesquels vous paraissent relever ou non des attentes de la norme scolaire :**

❶ interrompre une personne qui parle ; ❷ préférer le travail manuel ; ❸ lire la poésie du XVIIIe siècle ; ❹ mâcher du chewing-gum en classe ; ❺ lire un quotidien d'information ; ❻ tutoyer le CPE ; ❼ aller au théâtre ; ❽ débarrasser son plateau au réfectoire ; ❾ écouter en classe le corrigé d'un devoir ; ❿ écrire en langage texto ; ⓫ rester « sage » ; ⓬ embrasser sa copine/son copain dans le couloir.

Quelles instances de socialisation au sein de l'école ?

DÉCOUVRIR

À l'école des écrans et des marques

1 Une jeunesse sous influence

Martin Vidberg, 2010.

2 La télé, c'est ceux qui en parlent le plus...

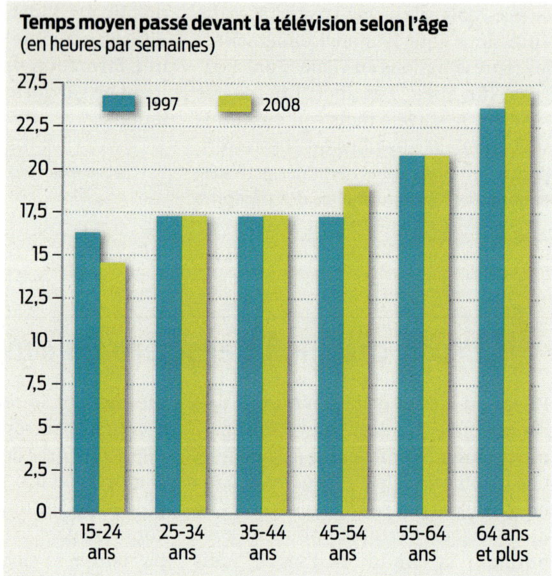

Les pratiques culturelles des Français à l'ère numérique, ministère de la Culture et de la Communication, 2008.

3 Des jeux vidéos contre l'échec scolaire ?

Les jeux vidéos génèrent des « grandeurs » : les joueurs – enfants, adolescents ou jeunes adultes – peuvent [...] incarner de façon récurrente de « grands hommes », qu'ils soient puissants guerriers, magiciens, chefs d'État, sportifs d'exception, etc. [...] Cette possibilité est à mettre en parallèle avec la situation sociale problématique de la jeunesse d'aujourd'hui, touchée par le chômage, la déqualification et la dépendance prolongée par rapport aux parents. Certains pensent que cette logique présente des aspects « positifs » : dans cet univers virtuel, un jeune – en échec scolaire par exemple – peut en quelque sorte se « réassurer », prendre confiance en lui, et transposer ces acquis ailleurs.

Laurent Trémel, « Les jeux vidéo : outils pédagogiques ou vecteurs de l'idéologie dominante ? », *Cahiers pédagogiques*, nº 448, décembre 2006.

4 L'uniforme a-t-il vraiment disparu à l'école ?

En janvier 2009, le ministre de l'Éducation nationale, Xavier Darcos, avait proposé de réintroduire l'uniforme à l'école à la suite d'une visite au Royaume-Uni où celui-ci est toujours en vigueur.

Chimulus, 2009.

5 L'école, ça nous marque...

Affiche de la campagne « Rentrée sans marque » organisée chaque année par l'association *Casseurs de pub* (www.casseursdepub.org).

ACTIVITÉS

1 » Quels risques présenterait la télévision pour l'apprentissage scolaire ? (doc. 1)

2 » Quelles idées reçues les doc. 1 et 2 viennent-ils nuancer ?

3 » En quoi les jeux vidéo peuvent-ils « corriger » le rôle de l'école pour certains élèves ? (doc. 3)

4 » Pourquoi le personnage à droite répond-il aux jeunes qu'ils portent déjà un uniforme ? (doc. 3)

5 » Sur quels supports les marques sont-elles présentes à l'école ? (doc. 5)

Quelles instances de socialisation au sein de l'école ?

COMPRENDRE

1 Dure journée pour Grégoire

EXERCICE

Fichue « panne » de réveil qui a valu à Grégoire une magistrale dispute avec son père devant son bol de céréales et une douloureuse entrevue avec la CPE dès son arrivée au lycée !
Une fois remis de ses émotions, il envoie un sms à sa copine pour lui signaler qu'il passe sous la fenêtre de sa classe, dans la cour. Quel romantique ! Un surveillant le regarde gesticuler en fronçant les sourcils. Grégoire le salut poliment et rejoint sa classe. Le prof d'histoire ne cache pas son agacement face à son retard mais esquisse finalement un sourire en lui remettant sa dernière copie… Vivement le cours d'anglais pour discuter avec Maella, la reine de Facebook. Elle détient le record du plus vaste réseau d'amis. Grégoire, lui, pourra bientôt prétendre à celui du plus grand nombre d'heures de colle… Pourtant, il s'est défendu devant la prof… « But Miss, we're speaking English ! ».
Enfin la récréation, l'occasion de serrer la main à ses potes, ils forment ensemble le noyau de l'équipe de basket du lycée. Mais aujourd'hui ils vont se retrouver après les cours pour jouer à la Wii… Ben quoi, c'est du sport non ? Ils se sont organisés hier soir sur Msn… Pour l'heure, on se raconte le dernier sketch de Gad Elmaleh, on se moque des « bouffons » qui s'assoient toujours au premier rang, et on écoute les dernières trouvailles musicales de chacun. Le rap, il n'y a que ça de vrai.

À SAVOIR

La socialisation peut prendre des formes diverses. On parle d'**inculcation**, lorsque l'agent de socialisation cherche volontairement à transmettre certaines normes ou valeurs en usant notamment de sanctions négatives (punitions,…) ou positives (récompenses, encouragements), et d'**imprégnation**, quand il va constituer, par son propre comportement, un modèle (ou un contre-modèle), le plus souvent inconsciemment.

QUESTIONS

1» Montrez que la sociabilité des adolescents passe par des supports variés.
2» Reproduisez et complétez le tableau :

Agents participant à la socialisation de Grégoire	…………	…………	…………	…………
Mode de transmission des normes et valeurs (par inculcation ou par imprégnation)	…………	…………	…………	…………
Type de sanction (positive ou négative)	…………	…………	…………	…………

2 Profs et élèves sur la même longueur d'onde ?

47 % des 12-17 ans interrogés affirment utiliser leur portable en classe, c'est l'un des constats qui ressort de l'étude sur les dérives du téléphone portable réalisée par TNS Sofres pour l'Unaf et Action Innocence et publiée en octobre 2009.
Lasserpe, 2010.

QUESTIONS

1» Quelles sont les instances de socialisation auxquelles il est fait allusion dans le dessin humoristique ?
2» Comment entrent-elles en opposition ? Quelle est l'instance de socialisation dont les normes sont dominantes ici ?

3 À l'école du conformisme

L'école est un lieu où les préférences culturelles se tordent sous la pression des exigences collectives. Où le refus du téléphone portable ou d'Internet prend des allures d'anomalie sociale. Où il faut savoir parler de Stephen King plutôt que de Balzac, du rap plutôt que de la musique classique et des jeux vidéo plutôt que des sorties au théâtre [...]. Au lycée, la normativité est forte : sur chaque pratique individuelle pèse le regard des autres, et l'affirmation des choix et des préférences est l'objet d'un travail de représentation sur la scène sociale. Si les parents ont perdu une grande partie de leur pouvoir de prescription, les individualités ne peuvent pas pour autant s'exprimer librement. La recherche d'authenticité se heurte sans cesse aux codes des cultures adolescentes ainsi qu'à une imposition, souvent masculine, de la définition des situations. La liberté gagnée dans la cellule familiale n'a pas d'équivalent sur le terrain social de l'école, où il est fort difficile de vivre positivement la moindre différence.

Dominique Pasquier, *Cultures lycéennes*, Autrement, 2005.

QUESTIONS

1» D'après l'auteur, qui influence le plus le comportement des adolescents à l'école ?

2» Que risque-t-on à ne pas respecter les normes de goûts et de pratiques de son groupe ?

3» Donnez d'autres exemples de « codes de culture adolescente ».

4 Les médias redistribuent les cartes entre générations

Les médias ne sont pas de simples courroies de transmission facilitant l'accès aux œuvres et aux produits culturels. Ils fonctionnent comme une véritable instance de reconnaissance et de légitimation pour tous ceux qui ne font pas partie des milieux cultivés et constituent de puissantes machines à produire de la notoriété, faisant parfois accéder au statut de star des personnalités connues de cercles étroits de spécialistes. [...] [Ils] permet[tent] aux enfants et adolescents de rentrer directement en contact avec les œuvres, sans passer par la médiation de prescripteurs. Le pouvoir de ces derniers, qu'il s'agisse des enseignants, des professionnels des institutions culturelles ou des parents s'en est trouvé naturellement affaibli, car les enfants, jusqu'à une date récente, découvraient les livres ou la musique à travers les comportements et les goûts de leurs parents ou de personnes qui étaient en général dépositaires du rapport cultivé à la culture [...]. <u>Mieux, les enfants et adolescents sont eux-mêmes devenus prescripteurs, dans le domaine musical par exemple, rendant les modes de transmission entre générations moins unilatéraux, plus interactifs</u>.

Olivier Donnat, « Les univers culturels des Français », *Sociologie et Sociétés*, volume 36, numéro 1, 2004.

L'ordinateur contre la surveillance parentale.

Hermann, dans *La Tribune de Genève*, repris sur le site de *Courrier International*, 2 février 2010.

QUESTIONS

1» En quoi les médias concurrencent-ils la socialisation familiale et scolaire ?

2» Expliquez la phrase soulignée à l'aide du dessin humoristique.

FAIRE LE POINT

» **Parmi les affirmations suivantes, corrigez celles qui vous paraissent fausses et complétez les autres.**

❶ Les enseignants sont les seuls agents de socialisation au lycée. ❷ Il n'y a jamais de heurts entre les différentes instances de socialisation. ❸ Les autres élèves permettent de se libérer des influences extérieures : celles des adultes, des enseignants ou des médias. ❹ Au lycée, le souci de s'intégrer empêche de développer des goûts vraiment personnels. ❺ Les habitudes acquises durant l'enfance sont moins fortes que celles qui le sont à l'âge adulte. ❻ Les enfants n'exercent aucun rôle dans la socialisation des adultes.

Pourquoi si peu de femmes aux postes de pouvoir ?

→ **SAVOIRS :** socialisation selon le genre, parité.

→ **SAVOIR-FAIRE :** lecture de graphiques → FICHE MÉTHODE 4 et de tableaux → FICHE MÉTHODE 3

» Le difficile partage des responsabilités politiques

1 La lente conquête des mandats politiques

Parts des femmes parmi les maires et les conseillers municipaux aux élections municipales (en %)

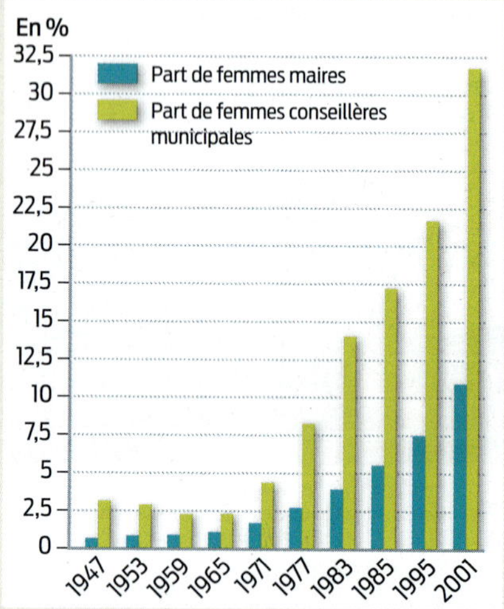

Ministère de l'Intérieur, 2010.

Parts des femmes candidates et élues à l'Assemblée nationale en France à chaque élection législative (en %)

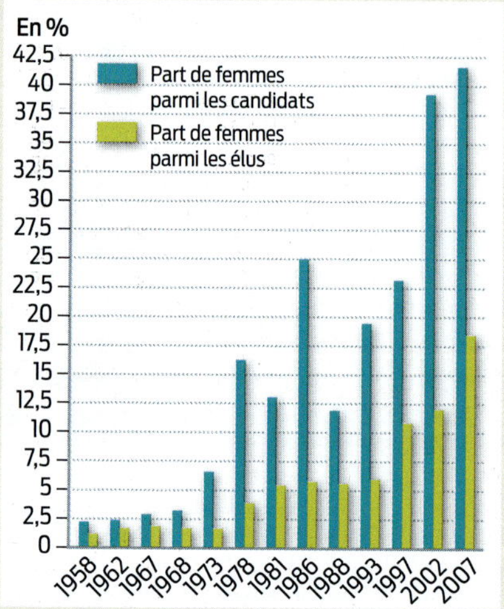

Ministère de l'Intérieur, 2010.

2 Un partage des rôles profondément intériorisé

En somme, <u>il existe deux verrous principaux à l'entrée des femmes en politique : les partis et le foyer.</u> Ce verrouillage tient au système de valeurs qui cimente la société. Dans *Masculin/Féminin. La pensée de la différence* (1996), Françoise Héritier montre en anthropologue les racines de l'inégalité dans la pensée symbolique et l'existence, dans toutes les sociétés, d'un domaine réservé masculin considéré comme instance supérieure de prestige et de pouvoir. Ce domaine n'est pas immuable ; mais il se recompose et se redéfinit en fonction des hiérarchies propres à telle ou telle époque. Dans les sociétés démocratiques, la politique est une de ces instances supérieures, et plus encore en France où, pour toutes ces raisons historiques indiquées, il fait l'objet d'une valorisation spécifique. D'où la résistance des hommes dans ce noeud gordien du pouvoir, apanage viril si contraire à la douceur d'une féminité érigée en mythe. Il n'est pas surprenant que les femmes rencontrent de telles difficultés pour y parvenir.

Michèle Perrot, « Les femmes et la citoyenneté en France. Histoire d'une exclusion », *les Femmes ou les silences de l'histoire*, Flammarion, 1998.

3 Marianne et son pair…

Deligne.

En 2000, le Parlement français a adopté une loi sur « la parité », exigeant des partis qu'ils présentent autant de femmes que d'hommes aux élections municipales et législatives sous peine de sanctions financières. Celle-ci a cependant suscité un vif débat, y compris parmi les militants féministes.

ACTIVITÉS

1 » Calculez l'évolution de la part de femmes candidates et celle de la part d'élues entre 1958 et 2007. Concluez. (doc. 1)

2 » Pourquoi la sphère politique est-elle associée au masculin ? Quelle implication cela a-t-il sur les femmes ? (doc. 2)

3 » Expliquez la phrase soulignée. (doc. 2)

4 » Pourquoi la loi sur la parité a-t-elle été critiquée ?

Dans les entreprises, la direction reste largement masculine

4 Le « plafond de verre »

Pour les femmes qualifiées, la situation est loin d'être idyllique. Certes, les femmes cadres sont de plus en plus nombreuses (elles représentaient 39,6 % des métiers de cadres en 2005). Mais elles n'ont pas les mêmes fonctions que leurs confrères : la féminisation est surtout marquée pour les cadres administratifs, les professionnels de la communication et ceux de la documentation. [...] À cela s'ajoute une polarisation des postes d'encadrement : plus relationnels et professionnels pour les femmes, plus techniques et hiérarchiques pour les hommes, ces derniers étant plus rémunérateurs. Cette ségrégation horizontale se double d'une ségrégation verticale : les femmes ont moins accès aux postes de responsabilité que les hommes. [...] Moins de deux dirigeants sur dix sont des dirigeantes. Les emplois publics présentent les mêmes caractéristiques : en 2004, seulement 13 % des emplois de direction étaient occupés par des femmes. Ce phénomène, connu sous le nom de « plafond de verre », évolue à mesure que l'activité et le niveau d'éducation des femmes augmentent. Elles sont également quasi-absentes des conseils d'administration dont elles n'occupent que 6 % des sièges. La loi sur l'égalité des chances du 23 janvier 2006 fixait un objectif de 20 % à atteindre en 5 ans. Mais le Conseil constitutionnel a annulé cet article...

Dominique Méda, Hélène Périvier, *Le Deuxième Âge de l'émancipation*, Le Seuil, 2007.

5 À travail égal... salaire inégal

Salaires mensuels nets moyens pour différents postes à temps complet selon le sexe en 2007

	Hommes en €	Femmes en €	Ensemble en €	Écart hommes/ femmes
Ensemble	**2138**	**1736**	**1997**	**23,1 %**
Cadres[1]	4276	3268	3997	
Professions intermédiaires	2123	1862	2017	14,0 %
Employés	1444	1366	1391	5,7 %
Ouvriers	1495	1239	1459	18,7 %

1. Y compris les chefs d'entreprise salariés. Données INSEE, Observatoire des Inégalités, 2010.

6 Emploi du temps dans le couple et nombre d'enfants

Couples bi-actifs à temps plein

	0 enfant		1 enfant		2 enfants		3 enfants	
	Hommes	Femmes	Hommes	Femmes	Hommes	Femmes	Hommes	Femmes
Travail professionnel	6 h 50	6 h 04	6 h 14	5 h 12	6 h 42	5 h 07	6 h 56	4 h 27
Travail domestique	1 h 12	2 h 54	1 h 38	4 h 04	1 h 29	4 h 17	1 h 46	4 h 39
Temps total de travail contrainté	8 h 02	8 h 58	7 h 52	9 h 16	8 h 11	9 h 24	8 h 42	9 h 06
Loisirs (extérieurs, intérieurs, TV)	2 h 57	2 h 08	2 h 59	2 h 05	2 h 41	1 h 55	2 h 41	2 h 08
Temps de sociabilité	1 h 31	1 h 24	1 h 16	1 h 14	1 h 23	1 h 17	0 h 59	1 h 09

Source : Insee, *Economie et Statistiques* n° 352-353, 2002.

ACTIVITÉS

1 » Qu'entend l'auteur du doc. 4 par ségrégation verticale et ségrégation horizontale ?

2 » Qu'appelle-t-on le « plafond de verre » ? (doc. 4)

3 » Calculez l'écart des salaires moyens entre hommes et femmes cadres. Que constatez-vous ? (doc. 5)

4 » Comment évolue la répartition du travail domestique au sein du couple à mesure qu'augmente le nombre d'enfants ? (doc. 6)

QUESTION DE SYNTHÈSE

Reliez la difficulté des femmes pour accéder aux postes de responsabilité et la répartition traditionnelle des rôles entre les sexes.

L'ESSENTIEL

» La socialisation permet de s'intégrer à la société

La **socialisation** désigne le processus par lequel chaque individu développe sa personnalité, c'est-à-dire ses goûts, ses opinions, et plus généralement une disposition à agir, sentir et penser d'une certaine manière dans certaines situations. Elle permet ainsi à chacun de s'intégrer à une société ou un groupe donné, en intériorisant ses **normes** et ses **valeurs**.

» Le rôle des instances de socialisation

Les **instances** (ou **agents) de socialisation** jouent un rôle essentiel dans cet « apprentissage » : il s'agit des personnes ou institutions qui évoluent dans notre entourage et exercent sur lui une certaine influence. On pense bien sûr à la **famille** et à l'**école** durant l'enfance, mais il ne faut également pas négliger le rôle des **médias**, et surtout celui des **pairs**, autrement dit les autres élèves. Chacune de ces instances peut chercher à influencer volontairement les comportements, par **inculcation** explicite de normes ou de valeurs particulières, mais aussi le faire inconsciemment, par **imprégnation**, en fournissant un modèle (ou un contre-modèle) à suivre. Cette seconde voie est paradoxalement souvent la plus efficace, parce qu'elle s'opère inconsciemment et empêche donc toute forme de résistance.

» Une socialisation interactive et continue

L'action des différents agents de socialisation peut par moments aller dans le même sens, mais aussi s'opposer – par exemple entre l'école et les ami(e)s-, ce qui fait de la socialisation un processus complexe à analyser et finalement unique pour chaque individu. C'est aussi un processus **interactif**, c'est-à-dire que chacun socialise autant qu'il est socialisé par les autres.

Loin d'être réalisée une fois pour toutes, la socialisation s'effectue **tout au long de la vie** et ses acquis sont réversibles. Les premières habitudes acquises étant généralement les plus durables, les sociologues distinguent la **socialisation primaire**, qui intervient durant l'enfance, et la **socialisation secondaire**, qui s'opère à l'âge adulte, par exemple dans le cadre conjugal ou professionnel.

Comprendre autrement »

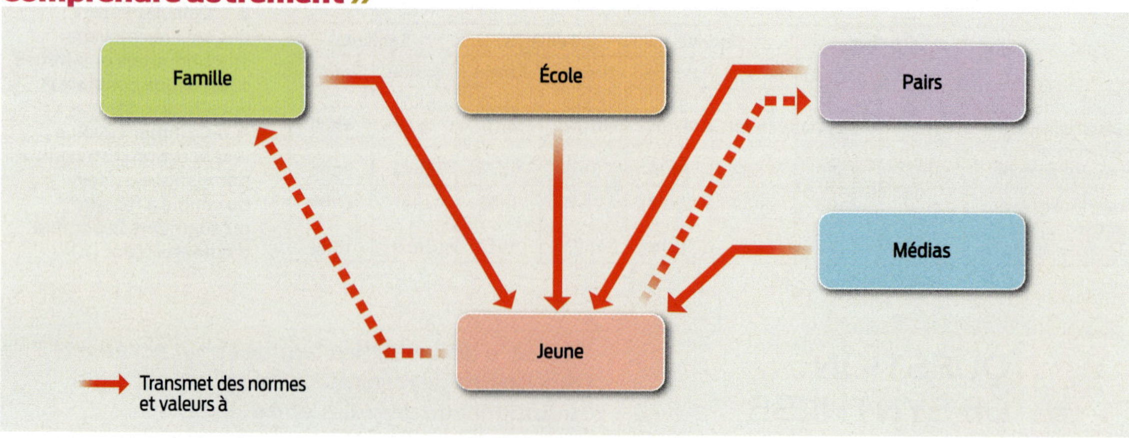

CHAPITRE 10

Comment expliquer les différences de pratiques culturelles ?

Les pratiques culturelles reflètent-elles toujours des spécificités sociales ou nationales ?

OBJECTIFS DU CHAPITRE

On mettra en évidence la répartition sociale des choix culturels et des pratiques de loisirs et on s'interrogera sur les facteurs qui l'expliquent. On pourra réinvestir des notions déjà étudiées à propos du thème de la consommation.

DOSSIER 1

Les pratiques culturelles et les loisirs sont-ils différents selon les groupes sociaux ?

DÉCOUVRIR

Dis-moi ce que tu aimes et je te dirai pourquoi…

1 Club de golf ou club de kick-boxing ?

Le kick-boxing est très proche de la boxe thaï mais les coups de coude et les coups de genou ne sont pas autorisés.

2 Loisir contre culture ?

3 Quels écrans pour qui ?

Temps hebdomadaire consacré aux écrans selon le sexe, l'âge, le niveau de diplôme* et le milieu social

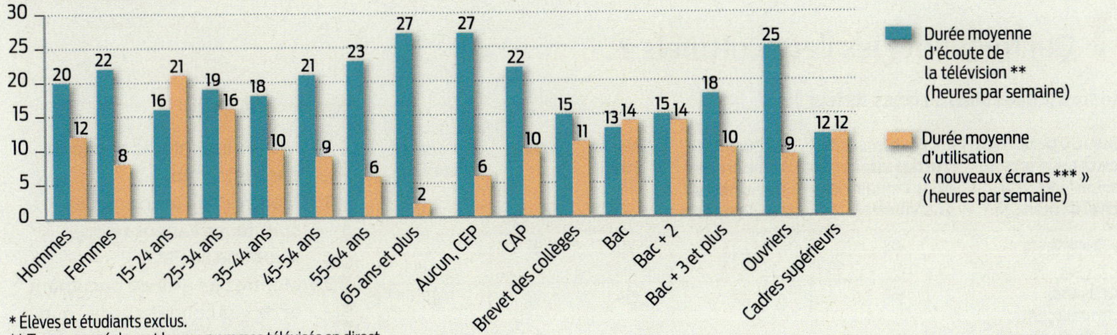

* Élèves et étudiants exclus.
** Temps passé devant les programmes télévisés en direct.
*** Temps passé devant un ordinateur ou une console de jeux et à regarder des vidéos, quel que soit l'écran.

Pratiques culturelles 2008, ministère de la Culture et de la Communication, 2009.

4 De la lecture pour tous ?

Le nombre de livres lus selon le milieu social

Nombre de livres lus au cours des douze derniers mois en % (sur 100 personnes de chaque groupe)

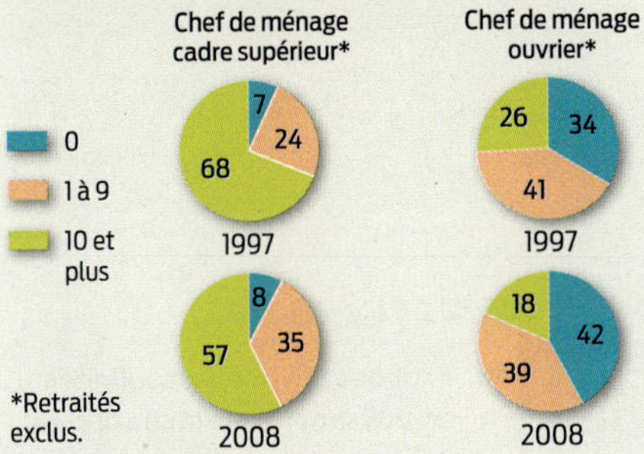

*Retraités exclus.

Pratiques culturelles 2008, ministère de la Culture et de la Communication, 2009.

5 Quand le choix de sortie n'est pas neutre

Sur 100 personnes dont le chef de ménage appartient à la PCS suivante	Sont allés à un concert de musique classique 3 fois par an ou plus	Sont allés au théâtre 3 fois par an ou plus
Agriculteurs	8	18
Artisans, commerçants, et chef d'entreprise	22	23
Cadres et professions intellectuelles supérieures	42	40
Professions intermédiaires	27	34
Employés	25	23
Ouvriers	26	16

Pratiques culturelles 2008, ministère de la Culture et de la Communication, 2009.

ACTIVITÉS

1 » À quel groupe social renvoie chacun des sports évoqués (doc. 1) ?

2 » Est-ce le même public que l'on retrouve à ces deux types de concert (doc. 2) ?

3 » Les pratiques évoquées dans les doc. 1 et 2 sont-elles des pratiques culturelles ou de loisir ?

4 » À partir de données chiffrées des doc. 3 et 4, dégagez les principales différences de pratique selon la catégorie sociale.

5 » Faites une phrase donnant la signification des deux chiffres encadrés en rouge. Que constatez-vous ? (doc. 5)

DOSSIER 1

Les pratiques culturelles et les loisirs sont-ils différents selon les groupes sociaux ?

COMPRENDRE

1 Qui fréquente les lieux culturels ?

Ne sont jamais allés au cours de leur vie…

Sur 100 personnes de chaque groupe selon la PCS du chef de ménage	Parc (Futuroscope, Cité des sciences et de l'industrie (La Villette)…)	Exposition temporaire de peinture ou de sculpture	Galerie d'Art	Musée	Monument historique
Agriculteurs	62	63	78	31	32
Artisans, commerçants, chefs d'entreprise	52	35	54	18	18
Cadres et prof. intellectuelles supérieures	29	17	31	6	9
Professions intermédiaires	43	35	49	13	16
Employés	65	54	68	26	30
Ouvriers	68	69	79	35	42

Pratiques culturelles des Français 2008, ministère de la Culture et de la Communication, 2009.

QUESTIONS

1» Mettez les chiffres encadrés dans une phrase.
2» Montrez que les pratiques culturelles varient selon le groupe social.
3» Montrez à partir du document et de vos connaissances que les ressources financières ne sont pas le seul facteur explicatif des différences de pratiques culturelles.

À SAVOIR

La **socialisation** est le processus par lequel les individus intériorisent la culture (les valeurs et les normes) d'un groupe social (famille, pairs, société…)

2 Le rôle clé du capital culturel

Cependant, ces facteurs [revenus, âge, lieu de résidence] n'expliquent pas tout : il existe une forte différenciation sociale pour la visite des musées alors que le coût n'en est pas prohibitif, de même en ce qui concerne la lecture des quotidiens nationaux. Les travaux de Pierre Bourdieu (à propos de la visite des musées notamment) ont permis de mettre en évidence l'importance du capital culturel. Celui-ci détermine non seulement des goûts, des compétences objectives, mais aussi le sentiment d'être autorisé (ou pas) à avoir tel ou tel type de pratique culturelle. Les enquêtes montrent en effet que les individus appartenant aux milieux populaires peu dotés en capital culturel considèrent que la « grande culture » (musées, concerts de musique classique, etc.) n'est pas pour eux. Bourdieu a proposé le concept d'*habitus* pour rendre compte du fait que des dispositions sont intériorisées par les individus et qu'elles génèrent ensuite des pratiques qui sont perçues par les agents comme allant de soi, comme exprimant des choix souverains. Cela explique aussi pourquoi, dans les milieux fortement dotés en capital culturel, il va de soi que l'on aime la musique baroque et le jazz et que l'on ne va pas visiter une ville sans fréquenter le musée dès lors qu'il présente un certain intérêt culturel.

Alain Beitone, *Les pratiques culturelles : déterminisme et interaction*, 2006.

QUESTIONS

1» Expliquez la phrase soulignée en utilisant la notion de capital culturel.
2» Pourquoi « va-t-il de soi » d'aimer le jazz dans certains milieux ?

ALLER PLUS LOIN

Le sociologue français **Pierre Bourdieu** distingue les groupes sociaux selon les « **capitaux** » (c'est-à-dire les ressources) dont ils disposent : le **capital économique** (revenu, patrimoine financier, immobilier…), le **capital culturel** (diplômes, connaissances…), le **capital social** (réseau de relations…). Le fait que les groupes sociaux détiennent des proportions différentes de ces capitaux explique en partie les différences observées de pratiques culturelles.

3 Pratiques culturelles légitimes et illégitimes

Dans *La culture des individus*, Bernard Lahire brosse le portrait de M. Légitime, individu qui ne sortirait jamais des sphères de la culture légitime. Il écoute de la musique classique, et un peu de jazz. Les autres styles musicaux, en particulier la variété française et internationale, lui sont insupportables. Il lit beaucoup, mais déteste la littérature de gare, les best sellers et les ouvrages pratiques (guides de bricolage,...). Il fréquente l'opéra, le théâtre, les galeries d'art, mais jamais les stades, les karaokés, les discothèques,... [...] Cet homme-là, selon Bourdieu, serait professeur ou cadre supérieur. Lahire s'attache à démontrer que cet homme-là n'existe pas.

Lahire ne conteste pas les statistiques: les CSP supérieures sont bien les premières consommatrices de culture légitime. Mais ce ne sont pas les mêmes personnes qui consomment à la fois les musées, les théâtres, les opéras, les concerts de musique classique ou la poésie contemporaine. Les membres des CSP supérieures ont en général un ou deux domaines de prédilection. En dehors, ils consomment surtout de la culture illégitime. [...] Lahire explique (cela) par différentes causes, dont la mobilité sociale. Une agrégée de lettres issue des classes populaires n'aura plus les lectures de son milieu d'origine. Mais elle conservera majoritairement les goûts de ce milieu dans les autres domaines, écoutera de la variété, fréquentera peu les musées. Une autre explication, donnée fréquemment par les enquêtés eux-mêmes, tient au besoin de divertissement, voire de second degré.

« Les pratiques culturelles des Français sont-elles encore liées aux catégories socioprofessionnelles ? », Melchior.fr

QUESTIONS

1» Quelles sont les caractéristiques de la culture légitime et de la culture illégitime ?

2» Bernard Lahire conteste-t-il le lien entre milieu social et pratiques culturelles ?

3» Comment expliquer que les catégories supérieures ne « consomment » pas toujours une culture légitime ?

4 Transfuge de classe

Céline a 30 ans. Elle est agrégée de mathématiques, titulaire d'un DEA de mathématiques et professeur en classe préparatoire. Elle est mariée avec Christophe, professeur de français en collège et titulaire d'un doctorat de lettres. Issue d'un milieu ouvrier, Céline est une transfuge de classe: son père avait un CAP de mécanique et travaillait comme ouvrier dans une usine (« il réparait les camions de ramassage des ordures») et sa mère, qui avait un BEP de secrétariat, avait commencé à travailler comme secrétaire avant de devenir aide-ménagère. Céline découvre l'univers de la danse depuis deux ans. Et son milieu professionnel n'est pas sans rapport avec son envie de le connaître, car les discussions sont fréquentes entre collègues autour de l'opéra (qu'elle ne fréquente pas par manque d'attirance) et de la danse: «Non l'opéra j'y vais pas, et pourtant la Maison de la danse comme l'opéra sont des lieux qui sont très présents au sein de l'Éducation nationale, parce qu'en fait y a plein de profs qui y vont. Et la Maison de la danse, j'en ai eu idée aussi par ce biais-là en fait, par le boulot. » Dans cet apprentissage de l'univers chorégraphique, Céline s'est fait accompagner et guider par une collègue de lycée.

Bernard Lahire, *La Culture des individus*, La Découverte, 2004.

QUESTIONS

1» Les pratiques culturelles de Céline contrastent-elles avec sa socialisation familiale ?

2» Quels facteurs expliquent alors ses goûts à l'âge adulte ?

FAIRE LE POINT

» **Analysez chaque type d'activité suivant, en vous demandant s'il s'agit d'une pratique de loisir ou d'une pratique culturelle, et quel groupe social le pratique le plus et pourquoi :**

1. jouer au bridge ;
2. lire *Le Monde* ;
3. coudre ;
4. faire du théâtre ;
5. aller à une exposition de peinture ;
6. jouer dans une équipe de football amateur.

DOSSIER 2

Assiste-t-on à une homogénéisation des pratiques culturelles sous l'effet d'une « culture de masse » ?

DÉCOUVRIR

Une déferlante de produits culturels

1 Le « Top 10 » des films à succès

Rang	Titre	Société de production	Recettes mondiales en $
1	Avatar (2009)	20th Century Fox (USA)	2724000000
2	Titanic (1997)	20th Century Fox/ Paramount (USA)	1835000000
3	Le seigneur des Anneaux : Le retour du Roi (2003)	New Line Cinema (USA)	1129000000
4	Pirates des Caraïbes : le secret du coffre maudit (2006)	Walt Disney Pictures (USA)	1060000000
5	The dark Knight : le chevalier noir (2008)	Warner Bros. (USA)	1001000000
6	Harry Potter à l'école des Sorciers (2001)	Warner Bros. (USA)	968000000
7	Pirates des Caraïbes : Jusqu'au bout du monde (2007)	Walt Disney Pictures (USA)	958000000
8	Harry Potter et l'Ordre du phénix (2007)	Warner Bros. (USA)	937000000
9	Harry Potter et le Prince de Sang-Mêlé (2009)	Warner Bros. (USA)	933000000
10	Star Wars - Épisode 1 : la menace fantôme (1999)	20th Century Fox (USA)	922000000

Note : Ce classement des meilleures recettes est en $ courant : il ne tient pas compte de l'inflation et valorise donc les films les plus récents.
Données Internet movie database.

3 Gagas de mangas

2 Vers une « ikéaisation » de nos maisons ?

En quatre lettres. Je suis la deuxième publication la plus regardée au monde après la Bible. De couleurs bleue et jaune, les étudiants ne résistent pas à ma couette patchwork dans les tons orangés ou à ma table basse flashy, au centre des soirées. Je suis, je suis… le catalogue Ikea [imprimé à 200 millions d'exemplaires par an à l'heure actuelle] ! Cette révélation fait un « buzz » sur Internet. Mais elle n'arrive pas seule : selon un savant calcul, entre le nombre de naissances en Europe et les ventes du grand magasin depuis les années 1950, il semblerait qu'un Européen sur 10 ait été conçu sur un lit Ikea. Et si en plus des étagères, le numéro 1 du meuble construisait l'Europe ?

Caroline Venaille, *Café Babel*, 28 septembre 2009.

4 Paris, sa tour Eiffel et son Mickey

C'est dans le contexte d'une culture de masse mondialisée que se pose aujourd'hui la question du tourisme ; celui-ci connaît en effet, avec la globalisation, un développement fulgurant qui lui donne des formes industrielles et des contenus de plus en plus stéréotypés. Ce secteur est l'un de ceux dont la croissance sera sans doute la plus impressionnante au cours des prochaines décennies : l'Organisation mondiale du tourisme (OMT) a recensé 898 millions d'arrivées de touristes internationaux en 2007 (contre 25 millions en 1950) et elle en prévoit 1,6 milliard en 2020, presque le double. [...] Mais, paradoxalement, l'explosion des déplacements « à l'étranger » produit une homogénéisation croissante des sites visités, rendant obsolète la notion d'« exotisme » habituellement associée au voyage. [...] Les « parcs d'attractions » et autres « parcs à thème » sont emblématiques à cet égard.

B. Badie, D. Vidal, *Le grand tournant ? L'État du monde 2009*, La Découverte, 2010.

5 L'émergence d'une fast-culture ?

Sciences humaines n° 211.

ACTIVITÉS

1 » Parmi les 10 plus importants succès de l'histoire du cinéma, combien proviennent des États-Unis ? (doc. 1)

2 » Quel aspect de l'uniformisation culturelle est mis en évidence dans le doc. 2 ?

3 » Montrez que le manga est un produit « de masse » et qu'il relève en même temps d'une culture très spécifique. (doc. 3)

4 » En quoi les parcs d'attraction incarnent-ils une forme de « culture de masse » ? (doc. 4)

5 » Quelle est, selon vous, cette « peur » liée à l'émergence d'une « culture de masse » ? (doc. 5)

DOSSIER 2

Assiste-t-on à une homogénéisation des pratiques culturelles sous l'effet d'une « culture de masse » ?

COMPRENDRE

1 La mondialisation, machine à broyer les cultures ?

L'Occident avait jadis colonisé le monde par la force [...]. Aujourd'hui, l'occidentalisation se fait surtout par [...] une adhésion volontaire tirée par l'attrait de l'argent et le pouvoir de l'image. Le pouvoir de l'argent conduit tout d'abord à déstructurer les sociétés traditionnelles et à provoquer l'exode rural en attirant vers la ville des millions d'individus paupérisés. De leur côté, les industries de l'imaginaire – jeux vidéo, cinéma hollywoodien, séries télévisées, musique, publicité – répandent sur toute la planète les mêmes standards de consommation et de culture. Dans un registre moins dramatique, certains s'inquiètent d'une occidentalisation implicite des esprits à travers la diffusion de l'anglais sous une forme appauvrie : le « globish » (ou « global english ») parlé dans le monde des affaires, les aéroports et les hôtels internationaux. [...] Du fait de l'urbanisation et de l'exode rural qui entraîne la disparition de la civilisation paysanne, les modes de vie semblent condamnés à s'universaliser. Partout, la machine à laver tend à remplacer la bassine en plastique qui elle-même, a remplacé le lavoir, le tracteur remplace les chevaux de labour, la cuisine industrielle supplante en partie la cuisine traditionnelle, la culture écrite remplace la transmission orale, et la culture audiovisuelle se superpose à la culture écrite...

Jean-François Dortier, « Vers une uniformisation culturelle ? », *Sciences humaines* n° 180, mars 2007.

QUESTIONS

1» Repérez les trois facteurs qui étayent l'idée d'une uniformisation culturelle.
2» Ces facteurs sont-ils indépendants les uns des autres ?
3» Quels sont ces « standards de consommation et de culture » dont parle le texte au sujet des industries culturelles ? Donnez-en des exemples.

English, « *Voudriez-vous bien avoir l'amabilité de m'indiquer la direction du lieu où je pourrais mettre un terme à des besoins pressants ?* »
Globish, « *Toilettes, s'il vous plaît* »

2 Des genres musicaux hybrides nés dans les grandes mégapoles

Baile funk
Mélange de rythmes afro-brésiliens et de musique électronique, le *baile funk* (ou *funk carioca*) a bien failli passer à la clandestinité. Un texte de juin 2008 voté par les députés de Rio l'avait banni des favelas où il était le plus répandu. [...] La célébration des 20 ans du disque, en août dernier, a marqué l'abrogation de la loi interdisant le funk, qui a même été redéfini comme « mouvement culturel et musical ».

Coupé-décalé
Cette tendance très bling-bling est née en 2003 chez les DJ et night-clubbeurs ivoiriens de Paris avant d'embraser Abidjan. Dans l'argot ivoirien, « couper » signifie arnaquer et « décaler », s'enfuir. A ses débuts, le coupé-décalé glorifiait ceux qui s'enrichissent par la ruse. Ses rythmes s'inspirent beaucoup de ceux du *ndombolo* congolais, auquel ils empruntent l'usage de la guitare basse. Il s'inspire aussi des danses des Attié, groupe ethnique de la région d'Abidjan. Il en existe des variantes dans presque toute l'Afrique francophone.

Cumbia digital
Appelé aussi nueva cumbia, c'est un mélange d'électro et de cumbia, rythme afro-colombien enrichi d'apports indiens et européens, qui s'est diffusé dans toute l'Amérique latine à partir des années 1950. Il est né en 2003 en Argentine, dans la foulée du IIe festival de cumbias expérimentales.

Courrier international, n° 988, 8 octobre 2009.

QUESTIONS

1» Dans quel type de lieu se développent ces nouveaux genres musicaux ?
2» Ne peut-on pas dès lors nuancer certaines affirmations du document 1 ?
3» Ces genres musicaux sont-ils de pures inventions à partir de rien ?

3 Le cricket, un sport national… indien !

Les *Bangalore challenger's*, une équipe célèbre de cricket en Inde.

Le jeu de cricket, typiquement britannique et relativement snob, porteur de valeurs telles que le *fair-play*, la maîtrise de soi et le sens du collectif, a […] été adapté par les Indiens pour devenir un sport populaire. Ses termes ont été indigénisés et il fait figure aujourd'hui de sport national, contribuant à un imaginaire collectif face au reste du monde. Le rugby, sport de contact sans doute peu compatible avec une société de castes, a fait l'objet lui d'un refus poli. Le même processus d'imitation/adaptation du cricket a été observé dans les Antilles anglaises et aux îles Trobriand, en Papouasie.

Nicolas Journet, « Le cricket, un sport national indien », *Sciences humaines*, n° 211, janvier 2010.

QUESTIONS

1» Qu'est-ce qu'une « société de castes » ?
2» Cet exemple illustre-t-il l'idée d'homogénéisation culturelle ?
3» En quoi peut-on parler ici d'acculturation ?

ALLER PLUS LOIN

L'**acculturation** est l'ensemble des changements culturels qui résultent d'un contact prolongé et direct entre des cultures différentes. L'acculturation peut donner lieu à trois grands types de changements : l'**assimilation** d'une culture par une autre, la création d'une **culture hybride**, ou le **rejet** de la culture de l'autre (qui peut aller du simple boycott jusqu'au terrorisme).

4 L'invention de la culture de masse

C'est dès le milieu du XIXe siècle qu'apparaissent les premières formes de la culture de masse en France. […] C'est d'abord le lancement […] en juillet 1863, du *Petit Journal*, qui constitue une étape essentielle dans la diffusion de la culture de masse. Par son prix le plus bas possible (5 centimes), son principe de vente au numéro qui brise la logique élitiste de l'abonnement, […] il réussit à capter un très large public […]. À la fin des années 1860, […] Le *Petit Journal* tire à près de 500 000 exemplaires. […] Mais l'exemple le plus significatif est sans doute celui de l'Exposition universelle de 1867, qui accueille à Paris 11 millions de visiteurs. […] À compter des années 1890, le temps des masses est clairement constitué. […] Le café-concert triomphe et entame sa conversion vers les formes plus standardisées du music-hall. Grâce à la bicyclette, qui devient accessible à l'employé et à l'ouvrier, et aux initiatives de quotidiens comme *Le Petit Journal* ou *L'Auto* qui organisent des courses promotionnelles (Paris-Brest en 1891, le Tour de France en 1903), on s'achemine à grands pas vers la pratique du sport-spectacle. […] Et l'on se presse le samedi soir devant les écrans du cinématographe. Né en 1895, ce dernier s'impose en effet comme la synthèse animée de toutes les émotions ou de tous les fantasmes qui traversent la société.

Dominique Kalifa, «L'invention de la culture de masse», *Sciences humaines* n° 170, avril 2006.

QUESTIONS

1» Représentez sur une frise chronologique les différentes étapes de la mise en place d'une culture de masse en France.
2» Quels facteurs ont rendu possible la diffusion en masse de produits culturels ?

FAIRE LE POINT

» **Pour chacun des phénomènes suivants, discutez s'il participe à une homogénéisation des pratiques culturelles ou au contraire à une diversification :**

1. Lancement du dernier *World of Warcraft* (jeu vidéo de plateforme) ;
2. baisse du nombre de dialectophone en Alsace ;
3. le développement du jazz ;
4. l'ouverture de l'exposition universelle à Shangaï.

GRAND ANGLE

Le cinéma, d'Hollywood à Bollywood

SAVOIRS : culture de masse

SAVOIR-FAIRE : analyse de texte et d'images → FICHE MÉTHODE 1

» Une américanisation de la culture cinématographique indienne ?

1 Représenter Hollywood et Bollywood

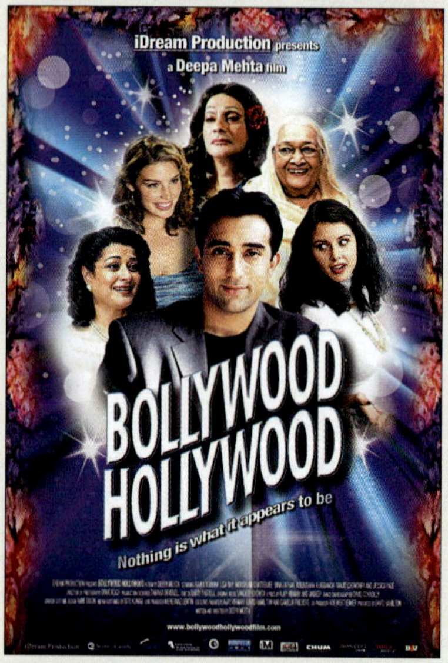

Affiche du film *Bollywood Hollywood*, réalisé par Deepa Mehta, sorti en 2002.

2 Les traits culturels occidentaux dans les films de Bollywood

« Chaque jour, il y a un film estampillé Bollywood dont l'original a été réalisé à Hollywood. Les acteurs adoptent des attitudes et emploient des costumes et un maquillage qui sont un mélange des influences indienne et occidentale. La pop et le bhangra, la musique classique, le jazz, le heavy metal et le blues font bon ménage dans les bandes originales de films et les chansons, grâce notamment au talent de compositeurs tels que A.R. Rahman. Certains personnages sont des copies conformes de personnages occidentaux. Les dialogues des productions en hindi[1] sont très souvent émaillés de mots anglais ».

1. L'hindi est une des langues parlées en Inde.

Traduction de Shoma A. Chatterji, « Quand l'Orient rencontre l'Occident », *The Tribune of India*, 30 juin 2007.

ACTIVITÉS

1 » Relevez les différents éléments qui vous paraissent « occidentaux » dans l'affiche de ce film réalisé par une Indienne. (doc. 1)

2 » À partir du doc. 2, dressez la liste des éléments occidentaux visibles dans les films indiens.

3 » Expliquez pourquoi l'entreprise L'oréal utilise les actrices indiennes célèbres pour promouvoir ses produits. (doc. 3)

4 » Quelle conception de la beauté est diffusée par l'actrice dans cette publicité ? (doc. 3)

3 Acteurs indiens supports de publicités

Publicité pour L'Oréal avec la célèbre actrice Aishwarya Rai.

LE SAVIEZ-VOUS ?

Aishwarya Rai est une des actrices indiennes les plus connues en Inde et dans le monde, pour son titre de Miss Monde 1994 et différents rôles au cinéma dans les films *Devdas* (un des dix films indiens les plus vus hors d'Inde de tous les temps) et *Dhoom* 2 (le 2e film le plus vu en Inde dans les années 2000).

» Ou un maintien d'une cinématographie spécifique ?

4 Décoder les films indiens

Encore méconnu du public occidental (et particulièrement français), Bollywood est un cinéma à part entière. Même s'il est vrai que l'on peut l'apparenter à la comédie musicale, il serait toutefois réducteur de se limiter à cette définition. Cependant, chaque film répond à des codes bien définis.
Première particularité, la durée moyenne d'un film : entre 2 h 30 et 4 h 00. Sans doute trop long pour nous, habitué au format 1 h 30. Mais malgré cela, on ne s'ennuie pas une minute. [...]
Le scénario est souvent le même, il faut le reconnaître. Il s'agit généralement d'une histoire d'amour contrariée. Contrariée par la volonté des familles, par le destin, par les différences de castes ou de religions. [...]
La palette des personnages est également récurrente dans les films indiens [de Bollywood]. [...] On retrouve [parmi eux] l'Indien occidentalisé (un cousin ou un ami de la famille). Il possède tous les vices : alcool, cigarettes, jeux et perversion. Il est une caricature de l'Indien qui a renié ses origines pour embrasser la culture occidentale sous ses formes les plus immondes.

Patrick Jaluzot, « Les spécificités d'un film Bollywood ». www.peopollywood.com

5 Une production originale et diverse

L'Inde est sans doute le seul pays du monde à avoir intégré dans le développement de son industrie cinématographique ses originalités culturelles et linguistiques : chaque langue a pratiquement sa production « régionale ». Les cinémas de la démocratie la plus peuplée du monde [...] constituent le plus gros ensemble de production du monde [...].
Au sein de cet ensemble, le cinéma développé dans la capitale économique, Bombay (devenu Mumbai), est, depuis la naissance du parlant, dominant de par la langue, l'*hindi*, l'une des deux langues nationales avec l'anglais [...]. Mais, depuis l'indépendance[1], [...] les villes du Sud font des remakes de succès *hindi* en langue du Sud, et Mumbai tourne en *hindi* des succès *tamouls*, qui sont soit des versions doublées, soit entièrement refaites.

Hubert Niogret, « Bollywood et ses marges », *Positif* n° 577, mars 2009.

1. L'Inde était une colonie anglaise qui est devenue indépendante en 1947. Elle est désormais composée de 28 États aux pouvoirs politiques larges, comme aux États-Unis. Différentes langues y sont parlées, entre autres l'anglais, l'hindi, le tamoul, le teluga et le malayalam.

6 Box-office indien pour l'année 2009

Classement du film selon le nombre d'entrées	Origine du film
1. *Kambakkht Ishq*	Inde
2. *New York*	Inde
3. *Delhi 6*	Inde
4. *Chandni Chowk va en Chine*	Inde & États-Unis
5. *Raaz – Le mystère continue*	Inde
6. *Billu*	Inde
7. *Luck*	Inde
8. *Dev. D*	Inde
9. *8x10 Tasveer*	Inde
10. *Slumdog Millionnaire*	Royaume-Uni

www.boxofficeindia.com

ACTIVITÉS

1 » Quelles sont les principales caractéristiques du cinéma populaire indien ? (doc. 4).
2 » Quelle est l'image de l'Occidental souvent diffusée par les films de Bollywood ? (doc. 4)
3 » Montrez que la cinématographie indienne tire sa diversité de l'Inde elle-même plutôt que des pays étrangers. (doc. 5)
4 » Commentez le doc. 6.

QUESTION DE SYNTHÈSE

Montrez que la production cinématographique à Bollywood a des caractéristiques héritées d'Hollywood, mais conserve des traits originaux.

L'ESSENTIEL

COMMENT EXPLIQUER
LES DIFFÉRENCES DE PRATIQUES CULTURELLES ?

» Les pratiques culturelles et de loisirs diffèrent selon les groupes sociaux

Les **pratiques culturelles** désignent les pratiques des individus qui concernent la **culture**, au sens d'activité intellectuelle de connaissance. On considérera par exemple que la visite d'un musée, la lecture d'un livre, une sortie au théâtre ou à l'opéra sont des pratiques culturelles, mais, en général, pas le jardinage, le bricolage ou la pratique d'un sport, qui sont des **loisirs**.
Les pratiques culturelles tout comme les loisirs sont différents selon les groupes sociaux et résultent de déterminismes sociaux, c'est-à-dire qu'elles sont liées à la place des individus dans la société. Elles s'expliquent notamment par la **socialisation familiale** (lecture, écoute de musique…), par des **trajectoires de vie** différentes ou des rencontres qui participent aussi à la socialisation des acteurs sociaux, par le **lieu de résidence** (en particulier pour les agriculteurs), par l'**âge** mais aussi bien sûr par des **contraintes** en termes **de revenu et de prix** des biens et services culturels (opéra, concerts, cinéma…)

» L'émergence d'une culture de masse

Depuis plus d'un siècle, la culture devient accessible à la grande masse de la population grâce notamment à des techniques de reproductions qui ont permis de rendre les œuvres de l'esprit moins chères : les biens culturels peuvent être produits en masse et donc aussi moins cher (livres, disques, MP3…). De véritables **industries culturelles** ont vu le jour (Hollywood par exemple). On parle alors de **culture de masse**.
L'apparition d'industries de la culture et la diffusion de **produits standardisés** font craindre une **homogénéisation** et donc une perte de la **diversité culturelle**. En particulier, la diffusion planétaire de certains produits ou de certaines marques des pays développés laisse penser que s'opère une **occidentalisation** voire une **américanisation** de la culture. Pourtant, si on observe bien un recul et une disparition des cultures traditionnelles rurales, de nouvelles pratiques culturelles émergent sans cesse car l'**acculturation** a aussi pour effet de faire naître de nouvelles **cultures hybrides**.

Comprendre autrement »

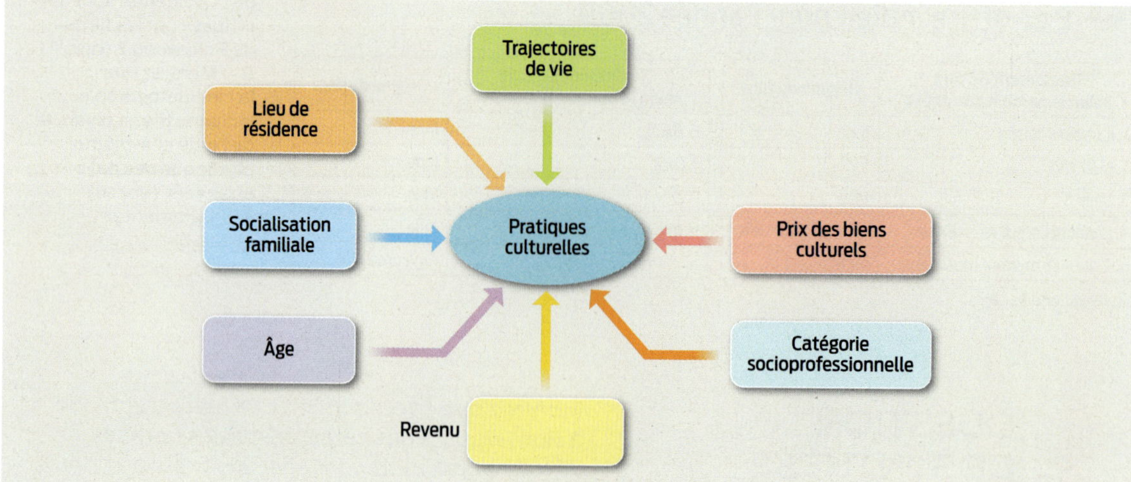

Lire et comprendre un texte de SES

» Comment situer un texte ?

Il faut d'abord trouver les éléments qui peuvent vous apporter des informations sur le contenu du texte.

1. Le titre peut donner l'*idée centrale ou l'objet du texte.*

2. Le nom de l'auteur peut apporter des informations sur l'*orientation du texte* (l'auteur est-il économiste, sociologue, historien, journaliste… ?).

3. L'origine du texte permet de *hiérarchiser l'information.* Il peut s'agir d'un extrait d'ouvrage sociologique, économique ou d'un roman. Il peut s'agir aussi d'un article tiré de la presse quotidienne ou hebdomadaire, d'une publication universitaire, de revues spécialisées…

4. La date permet de r*eplacer le texte dans un contexte particulier* (référence à un contexte économique particulier, analyse d'un fait d'actualité récent…).

5. Les notes de bas de page constituent souvent une *information précieuse* sur le sens d'un mot, sur la méthode utilisée, sur les références bibliographiques mobilisées par l'auteur de l'article…

» Comment comprendre un texte ?

Pour bien comprendre un texte, il faut d'abord faire une première lecture rapide du document, puis procéder à une ou plusieurs autres lectures plus approfondies

6. Repérer d'abord le vocabulaire difficile.
- Réfléchir au sens des termes qui vous posent problème lors de la lecture du texte en les mettant dans le contexte de la phrase ou en recherchant le mot (dictionnaire ou lexique de votre manuel).
- Distinguer, s'il y a lieu, des « concepts », soit des idées abstraites mises en avant par l'auteur du texte.

7. Repérer ensuite la structure du texte qui exprime l'argumentation de l'auteur.
Repérer s'il existe un plan qui exprime l'argumentation de l'auteur. Il faut être attentif à la façon dont le texte est composé (paragraphe, alinéas…), à divers indicateurs tels que les sous-titres, les mots mis en évidence (gras, italique…), aux expressions qui servent à articuler la pensée de l'auteur du texte (ex : dans un premier temps ; dans un second temps…)

8. Repérer enfin l'idée générale qui pourrait servir de titre au texte puis les idées secondaires ensuite. Veillez à ne pas confondre les idées de l'auteur et celles qu'il souhaite réfuter et à distinguer les opinions des faits.

APPLICATION

Société de subsistance ou société d'abondance ?

Les ethnologues économistes n'ont cessé de développer l'idée selon laquelle l'économie primitive est une économie de subsistance […] en ce qu'elle parvient tout juste, au mieux à grand-peine à assurer la subsistance de la société. Leur système économique permet aux primitifs, au prix d'un labeur incessant, de ne pas mourir de faim et de froid. […] Bref, l'économie primitive est une économie de subsistance parce que c'est une économie de la misère.
À cette conception de l'économie primitive, Sahlins oppose […] les faits ethnographiques […]. Les monographies où sont étudiés les Australiens de la Terre d'Arnhem et les Bochimans du Kalahari […] présentent des données chiffrées : les temps consacrés aux activités y sont mesurés. On s'aperçoit alors que, loin de passer toute leur vie à la quête fébrile d'une nourriture aléatoire, ces prétendus misérables ne s'y emploient au maximum que cinq heures par jour en moyenne, plus souvent entre trois et quatre heures. Il en résulte donc que dans un laps de temps relativement court, Australiens et Bochimans assurent très convenablement leur subsistance. […]
Le constat, ethnographiquement fondé, que d'une part les économies primitives sont sous-productives […] que d'autre part elles satisfont toujours les besoins de la société […], impose donc, en sa paradoxale vérité, que la société primitive est en effet une société d'abondance puisque tous les besoins y sont satisfaits.

Pierre Clastres. Préface au livre de M. Sahlins. *Âge de pierre, âge d'abondance.* Gallimard. 1976.

1 » Appliquez les étapes numérotées dans la fiche méthode à la lecture de ce texte.

Construire un paragraphe argumenté

• Dans tout texte scientifique, mais aussi dans la vie courante, on attend du rédacteur qu'il **argumente**, c'est-à-dire qu'il présente ses idées d'une façon convaincante pour le lecteur.

• Mais comment faire pour bien **défendre ses idées**? Comme pour de nombreux domaines de l'existence, il suffit d'apprendre à le faire.

• Regardons trois exemples de paragraphes rédigés. Les trois portent sur la question simple que vous pose le professeur: «pourquoi es-tu arrivé en retard?». Demandez-vous lequel est le plus convaincant.

1. Je suis arrivé en retard, c'est comme cela.

2. Je n'ai pas eu le temps de venir en classe. Ce matin, mon réveil n'a pas sonné.

3. Je suis arrivé en retard. En effet, je n'ai pas eu le temps d'arriver à l'heure au lycée puisque mon réveil n'a pas sonné. Mon réveil devait sonner à 7 heures mais je n'ai été réveillé par mon père qu'à 7h30. Comme je mets 25 minutes pour aller au lycée, je n'ai pas pu être là à la première sonnerie de 7h50.

• Une argumentation est réussie si elle prend le temps de remplir trois étapes: il faut d'abord donner une **affirmation** (A), puis **expliquer** cette affirmation (E) et enfin **illustrer** (I) cette affirmation par un exemple. Retenez simplement cela: **AEI.**

• Dans le paragraphe 1, il manque une explication et une illustration. Dans le paragraphe 2, il manque une illustration. Quant au paragraphe 3, il donne les trois étapes: l'élève affirme être en retard, explique son retard, puis l'illustre en précisant concrètement les choses.

• En Sciences économiques et sociales, c'est la même chose. Pour toute question à l'oral ou dans un contrôle: l'affirmation sert à **répondre simplement à la question**; l'explication **se construit avec le cours** pour préciser l'affirmation; l'illustration **se construit avec les documents** du contrôle pour préciser l'affirmation.

APPLICATION

Repérer l'argumentation d'un auteur:

Pour parodier Simone de Beauvoir, on pourrait dire que l'on ne naît pas homme, on le devient. [...] C'est dans le groupe des pairs que, dès le plus jeune âge, les garçons apprennent qu'ils doivent se différencier des femmes: ne pas se plaindre, apprendre à se battre, apprendre aussi à être les meilleurs...
Tout ce qui n'est pas conforme à la conduire virile va être classé comme féminin. Le garçon qui n'y adhère pas va être la risée des petits camarades, exclu du groupe des hommes, souvent violenté.

D. Welzer-Lang, « La construction du masculin », *Sciences humaines* n° 146, février 2004.

1 » Lisez le document et encadrez dans le texte les affirmations, les explications et les illustrations.

2 » Rédigez l'illustration manquante en vous aidant du premier paragraphe.

Construire un paragraphe argumenté à partir d'un document:

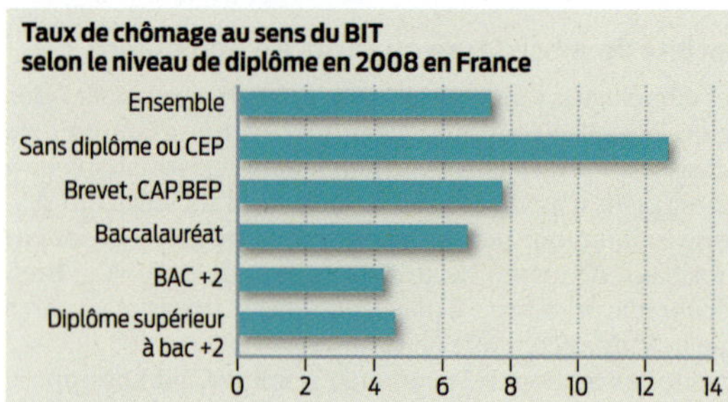

Données INSEE, Tableaux de l'économie française, édition 2010.

3 » Construisez un paragraphe argumenté répondant à la question suivante: Quelle relation observe-t-on entre le niveau de diplôme et le taux de chômage?

Lire un tableau

Pour lire efficacement un tableau il faut respecter trois étapes :

• Repérer

Il faut d'abord repérer certaines informations qui entourent le tableau :
- la **source** (qui a produit ce document ? d'où viennent les chiffres ?
- le **titre** (qui indique en général de quoi le document parle) ;
- la **date** et le **lieu** ;
- les **unités** (milliers, %...).

Exemple :

Dates — Lieu — Titre — Unités

Proportion de bacheliers dans une génération (en %)

France métropolitaine, public + privé

Année	Général	Technologique	Professionnel	TOTAL
1851	0,6	0	0	**0,6**
1901	0,9	0	0	**0,9**
1969	14,4	1,7	0	**16,1**
1987	21,7	10,8	0,1	**32,6**
2008	34,6	16,6	12,6	**63,8**

Ministère de l'Éducation nationale, *Baccalauréat 2009*. — Source

• Comprendre

Il faut ensuite arriver à lire un chiffre du tableau pris au hasard.

Pour cela il faut d'abord donner sens à la colonne et à la ligne « total » (ou « ensemble ») si elles figurent dans le tableau. Il suffit en général de se servir du titre.

Exemple : ici la colonne « total » indique le pourcentage de jeunes qui ont le baccalauréat dans une génération donnée.

Ensuite, il faut choisir un chiffre (de préférence qui ne soit pas dans le « total ») et lui donner sens. Croisez alors la ligne et la colonne correspondantes au chiffre que vous avez choisi. N'oubliez alors pas de vous servir du titre du tableau, et de préciser l'unité.

Exemple pour le chiffre entouré ci-contre : en France en 2008, 34,6 % des jeunes appartenant à une même génération ont obtenu le baccalauréat général.

Attention, en SES, précisez toujours la date et le lieu !

• Analyser

Il faut enfin dégager la ou les information(s) principale(s) du tableau. Pour cela il convient de regarder l'ensemble des données du tableau et de mettre en évidence les chiffres extrêmes ou qui paraissent contradictoires. Vous aurez alors peut-être besoin de calculer des parts et/ou de mesurer des évolutions (➔ FICHES MÉTHODE 6, 7, 8).

APPLICATION

Évolution de l'emploi

	1982	1990	2007
Effectifs (milliers)			
Total	**22 670**	**23 146**	**25 628**
Hommes	13 480	13 243	13 613
Femmes	9 190	9 903	12 015
Formes particulières d'emploi (en % de l'emploi total)			
Ensemble	**5,4**	**8,2**	**12,3**
CDD et saisonniers	3,7	4,8	7,1
Intérimaires	0,4	0,8	2,1
Stagiaires et contrats aidés	0,6	1,8	1,7
Apprentis	0,7	0,8	1,4

Insee, enquête Emploi – séries longues.

Appliquons les trois étapes :

1 » Repérer : Quelle est la source de ce tableau ? De quoi parle-t-il ? Quel pays est concerné ? Quand ? Quelles sont les unités utilisées ?

2 » Comprendre : Précisez ce que signifient les lignes « total » et « ensemble ». Faites ensuite une phrase avec les données encadrées.

3 » Analyser : Le tableau porte sur les évolutions de l'emploi. Montrez qu'on peut en distinguer 2 principales. Pour mettre en évidence ces évolutions, utilisez des chiffres et un outil de votre choix.

➔ FICHE MÉTHODE 7

Lire un graphique

On utilise en SES 3 principaux types de graphiques :

1. Courbe

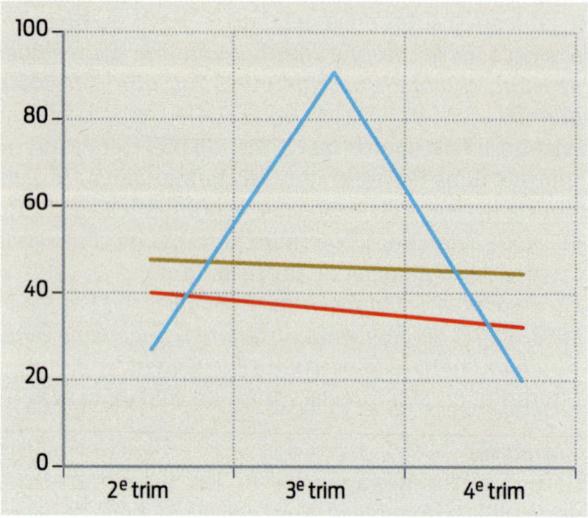

2. Diagramme en bâtons

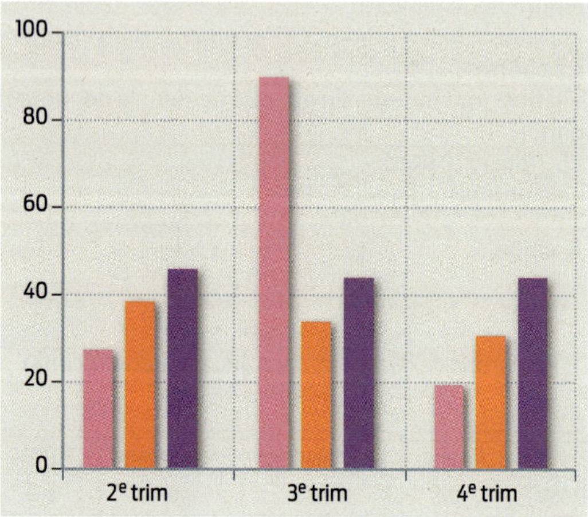

3. Diagramme circulaire

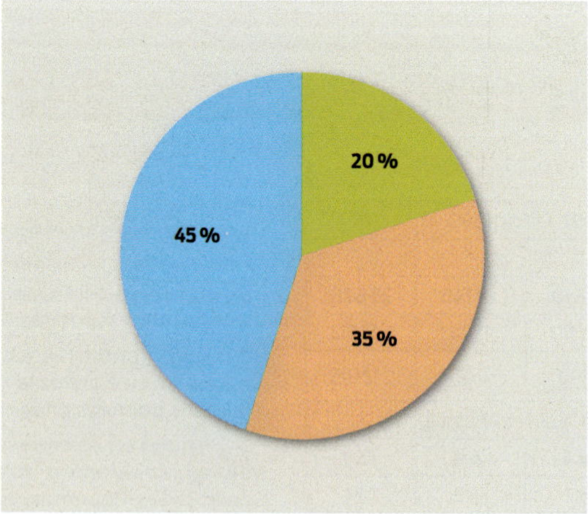

Pour lire efficacement un graphique il faut respecter 3 étapes :

• Repérer

Il faut d'abord repérer certaines informations qui entourent le graphique :
– la **source** (qui a produit ce document ? d'où viennent les chiffres ? d'un institut reconnu comme l'INSEE ou de votre voisin du bout de la rue ?) ;
– le **titre** (qui indique en général de quoi le document parle) ;
– la **date** et le **lieu ;**
– les **unités** (milliers, %...).

Exemple :

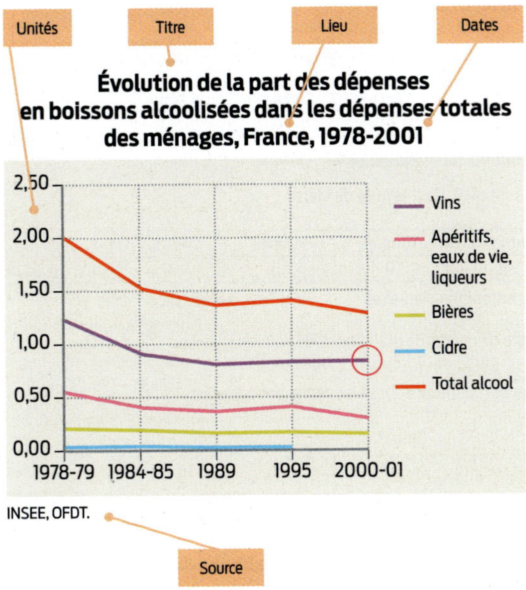

• Comprendre

Il faut ensuite arriver à lire un chiffre du graphique pris au hasard.

Pour cela il faut d'abord donner sens aux axes des abscisses et des ordonnées, dans le cas d'un diagramme en bâtons ou d'une courbe. Il suffit en général de se servir du titre.

Exemple : ici nous avons une courbe où l'axe des abscisses indique les années. Celui des ordonnées indique la part des dépenses en boissons alcoolisées dans l'ensemble des dépenses des ménages.

Ensuite, il faut choisir un chiffre et lui donnez sens. N'oubliez alors pas de vous servir du titre du tableau, et de préciser l'unité.

Exemple : pour le chiffre entouré ci-contre : En France en 2000-2001, les dépenses en vin représentaient 0,9 % des dépenses totales des ménages.

Attention, en SES, précisez toujours la date et le lieu !

• Analyser

Il faut enfin dégager la ou les information(s) principale(s) du graphique. Pour cela il convient de regarder l'ensemble des données du graphique et de mettre en évidence les chiffres extrêmes ou qui paraissent contradictoires. Vous aurez alors besoin de calculer des parts et/ou de mesurer des évolutions.

→ FICHES MÉTHODE, 6, 7, 8

Exemple : en France, entre 1978 et 2001, la part des dépenses en boissons alcoolisées dans les dépenses totales des ménages a diminué, passant de 2 % à 1,4 %, ce qui représente une baisse d'environ 30 %. On observe aussi que l'alcool pour lequel la part dans le budget des ménages baisse le plus rapidement est le vin.

Astuce : pour faire une phrase avec un chiffre, il suffit d'être attentif : tout est donné dans le titre et les axes !

APPLICATION

Répartition de l'emploi par taille des entreprises

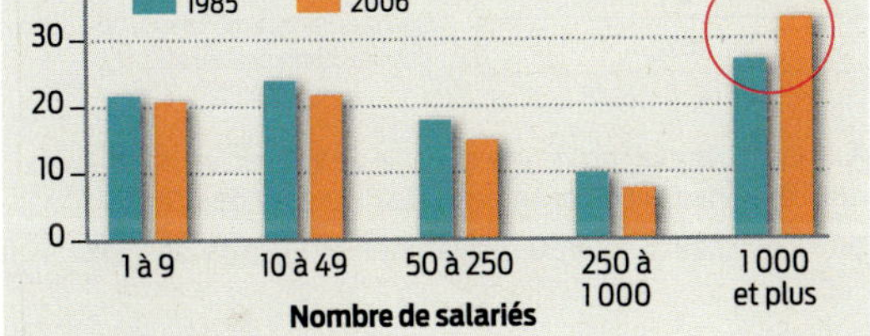

Les Échos, d'après données INSEE.

Appliquons les trois étapes :

1 » Repérer : Quelle est la source de ce graphique ? De quoi parle-t-il ? Quel pays est concerné ? Quand ? Quelles sont les unités utilisées ?

2 » Comprendre : Précisez ce que signifient les axes. Faites ensuite une phrase avec les données entourées.

3 » Analyser : Quelle évolution principale ce document met-il en évidence ? Justifiez en utilisant des chiffres et un outil de votre choix.

→ FICHE MÉTHODE 7

Moyenne simple, moyenne pondérée, médiane

• Pour calculer la **moyenne simple** d'une série de valeurs, on fait la somme de toutes ces valeurs et on divise cette somme par le nombre de valeurs.

• Dans certains cas, on veut donner plus d'importance à certaines valeurs. On donnera alors à chaque valeur un coefficient correspondant à l'importance qu'on lui accorde. Pour calculer la **moyenne pondérée** d'une série de valeurs, on fait donc la somme de toutes ces valeurs multipliées par leur coefficient et on divise cette somme par la somme des coefficients.

• Dans une série de valeurs, la **médiane** est la valeur qui se trouve au milieu de la série, celle qui partage la série en deux parts égales et telle qu'il y a autant de valeurs qui lui sont inférieures que de valeurs qui lui sont supérieures.
Lorsque la série comporte un nombre impair de valeurs, il n'y a qu'une valeur au milieu de la série. Mais lorsque la série comporte un nombre pair de valeurs, il y a deux valeurs au milieu de la série. Dans ce cas, la médiane est la moyenne de ces deux valeurs intermédiaires.

Exemple: Dans une classe, sept élèves font de l'allemand et huit élèves de l'espagnol, voici leurs notes.

Elève	Chloé	Ugo	Aurélien	Marco	Tony	Charlotte	Marie
Note d'allemand	3	4	6	11	12	13	14

La moyenne (simple) des notes d'allemand est de 9

La médiane des notes d'allemand est de 11, c'est la note de Marco

Élève	Emmanuelle	Tony	Agathe	Blandine	Youssef	Aurélie	Régis	Marie-Jo
Note d'espagnol	6	7	7	8	9	16	17	18

3 notes inférieures — 2 notes intermédiaires — 3 notes supérieures

La médiane des notes d'espagnol est la moyenne des notes de Blandine et de Youssef, elle vaut $\frac{8+9}{2} = 8{,}5$

Tony a eu 12 en allemand (coefficient 3) et 7 en espagnol (coefficient 2), sa moyenne pondérée est $\frac{(12 \times 3) + (7 \times 2)}{5} = 10$

APPLICATION

Le revenu moyen des habitants d'un pays (ou revenu par habitant) est obtenu en divisant le revenu total (revenu national brut) par le nombre d'habitants.

Considérons le revenu par habitant dans chaque pays de l'« Europe des Six », une zone composée des six pays fondateurs de la Communauté économique européenne :

	Revenu par habitant en 2008 (dollars)	Nombre d'habitants en 2008 (millions d'habitants)
Allemagne	42 710	82,1
Belgique	44 570	10,7
France	42 000	62,3
Italie	35 460	59,8
Luxembourg	69 390	0,5
Pays-Bas	49 340	16,4

Données Banque mondiale, 2009 (http://donnees.banquemondiale.org).

1 » Quel est le revenu total de la France ?

2 » Quels sont les avantages et les limites d'un indicateur tel que le revenu moyen par habitant ?

3 » Trouvez la médiane des revenus par habitant dans l'Europe des Six.

4 » Calculez la moyenne simple des revenus par habitant des différents pays de l'Europe des Six.

5 » Calculez le revenu moyen dans l'Europe des Six.

Mesurer une proportion : les pourcentages de répartition

- Mesurer une proportion consiste à comparer la partie au tout.

Proportion = $\frac{\textbf{Partie}}{\textbf{Tout}}$

On parle aussi de **part** (ou parfois de **taux**).

Exemple : le nombre d´élèves du lycée est de 800. Il y a 500 filles et 300 garçons.

On souhaite savoir quelle est la **proportion** de filles dans l´établissement. Pour cela on divise 500 par 800 et on obtient 0,625.

Attention : le résultat s'exprime en général en % ! Pour cela il faut multiplier le résultat au numérateur et au dénominateur par 100 :

$$\frac{0{,}625 \times 100}{100} = \frac{62{,}5}{100} = 62{,}5\,\%$$

On dira que la **proportion** ou la **part** de filles dans le lycée est de 62,5 %.

Remarque : le tout ou l´ensemble représente 100 %. En additionnant les proportions de chacune des parties, on retrouve le tout.

- À partir d'une proportion connue, il est aussi possible de retrouver les données de la partie ou du tout.

Exemple : le taux de chômage des femmes en France en 2008 est de 7,9 %. Il y avait alors 13 329 000 d'actives.

On peut dès lors retrouver le nombre de chômeuses à partir de la formule ci-dessus :

Partie = Proportion × Total

Nombre de chômeuses ≃
0,079 × 13 329 000 = 1 053 000.

En France en 2008, il y avait un peu plus d'un million de chômeuses.

De même, on aurait pu retrouver le nombre total de femmes actives en 2008, à partir de la formule ci-dessus :

Total = $\frac{\textbf{Partie}}{\textbf{Proportion}}$

Nombre d'actives = $\frac{1\,053\,000}{0{,}079} \simeq 13\,329\,000$

En France en 2008 il y avait 13,3 millions de femmes actives.

APPLICATION

Licenciés de fédérations sportives par sexe en 2007		
	Football	**Toutes pratiques confondues**
Femmes	69 619	5 754 090
Hommes	2 251 006	10 500 402
Total	2 320 625	16 254 492

Mission des Études, de l'Observation et des Statistiques (Meos), d´après INSEE.

1 » Complétez le tableau suivant à partir des données ci-contre.

Licenciés de fédérations sportives par sexe en 2007		
En %	**Football**	**Toutes pratiques confondues**
Femmes		35,4
Hommes		
Total	100	

2 » Faites une phrase avec vos résultats.

3 » Parmi l'ensemble des français qui pratiquent un sport avec licence combien représentent ceux qui pratiquent le football ? Faites le calcul pour les hommes, pour les femmes et pour les 2 sexes confondus.

Mesurer une évolution : le coefficient multiplicateur (CM) et le taux de variation

• Le **coefficient multiplicateur** est un outil qui permet de mesurer par combien est multipliée une variable entre 2 dates.
Si on note Vd la valeur prise au départ par la variable considérée (taux de chômage, PIB…) et Va la valeur prise à la date d´arrivée, alors le coefficient multiplicateur se calcule ainsi :

Coefficient multiplicateur $= \frac{Va}{Vd}$

Attention : le coefficient multiplicateur n'a pas d'unité !

Exemple : le nombre d´élèves du lycée passe de 800 à 1 000 entre 2010 et 2011.
On peut se demander par combien leur nombre a été multiplié entre ces 2 dates. Pour cela, on divise 1 000 par 800 et on obtient 1,25. On dira qu'en 2011 il y a **1,25 fois plus** d'élèves qu'en 2010, ou qu'entre 2010 et 2011 le nombre d´élèves **a été multiplié par 1,25.**

On peut donc distinguer 3 cas selon la valeur qu´il prend :
- si CM > 1 : la variable augmente ;
- si CM = 1 : la variable est stable (il n´y a pas d'évolution) ;
- si CM < 1 : la variable diminue.

• Le **taux de variation** est un outil qui mesure de combien s'accroît ou diminue une variable en % entre 2 dates. En prenant la même notation que précédemment, le taux de variation se calcule ainsi :

Taux de Variation $= \frac{Va - Vd}{Vd}$

Reprenons le même exemple qu´avant : le nombre d´élèves du lycée passe de 800 à 1 000 entre 2010 et 2011.
Entre les 2 dates, le nombre de lycéens a donc augmenté de 1 000 – 800 = 200. Si on rapporte cette variation à leur nombre de départ, on obtient un taux de variation de 200/800 = 0,25.

Attention : le résultat s'exprime en général en % !

$$\frac{0,25 \times 100}{100} = \frac{25}{100} = 25\ \%$$

On dira qu´entre 2010 et 2011 le nombre d´élèves a **augmenté** de 25 %.
- si le taux de variation > 0 % : la variable augmente ;
- si le taux de variation = 0 % : la variable est stable ;
- si le taux de variation < 0 % : la variable diminue.

APPLICATION

Évolution du nombre de pauvres dans le monde
Unité : millions

	1981	1984	1987	1990	1993	1996	1999	2002	2005
Nombre de personnes vivant avec moins de 1 $ par jour	1535	1359	1228	1303	1236	1133	1146	1087	879
Moins de 1,25 $ (seuil de pauvreté mondial)	1913	1827	1718	1818	1785	1672	1695	1627	1400
Moins de 2 $	2546	2625	2638	2754	2816	2807	2872	2808	2598
Moins de 2,50 $	2739	2872	2949	3076	3179	3236	3315	3276	3140

Banque mondiale, août 2008. Policy Research Working Paper nº 4703.

1 » Par combien a été multiplié le nombre de personnes vivant avec moins de 1 $ par jour entre 1981 et 2005 ? Faites une phrase avec votre résultat.

2 » Même question avec les personnes vivant avec moins de 2,50 $ par jour.

3 » Calculez le taux de variation du nombre de personnes vivant avec moins de 1 $ par jour entre 1981 et 2005. Faites une phrase avec votre résultat.

4 » Même question avec les personnes vivant avec moins de 2,50 $ par jour.

5 » Quel outil vous paraît être le plus intéressant dans chaque cas ?

6 » Quelle relation observe-t-on entre taux de variation et multiplicateur ?

Les indices

» Qu'est-ce qu'un indice ?

Un indice est un outil statistique sans unité qui **mesure** une variation relative entre deux valeurs prises à des **périodes différentes**, l'une étant choisie comme **base de référence**. Un indice permet aussi de **comparer une variable entre différent pays**, régions en posant un pays comme base de référence. La valeur qui sert de référence a le plus souvent pour base 100.

» À quoi servent les indices ?

- L'indice permet de visualiser facilement la variation d'une grandeur dans le temps ou la différence d'une variable dans l'espace.

Ainsi, si une variable passe de l'indice 100 à l'indice 112, cela signifie que l'augmentation est de 12 % (*taux de variation*: (112-100/100) × 100).

De même si un indice est passé de 115 à 125, son accroissement a été de 8.7 % soit (125-115/115) x 100.

De même, si l'indice de production d'un pays est 125, cela signifie qu'il produit 25 % de plus que le pays de référence (base 100).

- Les indices **permettent de comparer les évolutions d'une variable dans le temps** (par exemple indices du nombre de chômeurs en 2000 (base 100) et en 2010) **ou de comparer une variable dans l'espace à une même date** (par exemple l'indice de productivité de la France par rapport aux États-Unis (base 100).

Les indices ne donnent pas d'indications sur la valeur absolue.

$$\text{Indice (y)} = \frac{\text{valeur de y}}{\text{valeur de base}} \times 100$$

ou Indice (y) = coefficient multiplicateur x 100

- Il est possible de **changer de base**, c'est-à-dire de choisir une autre année de référence en divisant chaque indice par celui qui correspond à la nouvelle base puis en multipliant le résultat par 100.

APPLICATION

Mariages et pactes civils de solidarité (Pacs)

	Mariages	Pacs
2000	305 234	15 935
2001	295 720	15 435
2002	286 169	20 588
2003	282 756	25 819
2004	278 439	33 147
2005	283 036	52 800
2006	273 914	64 271
2007	273 669	95 708
2008	273 500	141 099
2009	256 000	175 000

Note : Le Pacs est un contrat signé par des personnes de sexe différent ou de même sexe pour organiser leur vie commune. 95 % des Pacs sont signés par des couples hétérosexuels.
Données INSEE, statistiques de l'état civil et ministère de la Justice - SDSE, fichiers détails Pacs. 2010.

1 » Convertissez le nombre de mariages et de Pacs en indices base 100 en 2000.

2 » À partir des indices, calculez le taux de variation du nombre de mariages et de Pacs entre 2000 et 2009. Commentez.

3 » Calculez par un changement de base l'indice du nombre de Pacs en 2007 et 2009 avec 2008 pour année de référence.

4 » Calculez pour les années 2000 et 2009, l'indice du nombre de mariages avec pour référence le nombre de Pacs.

Les élasticités-prix et revenu

» L'élasticité-prix de la demande

• **Définition :** L'élasticité-prix de la demande d'un bien est une mesure de la sensibilité de la demande du consommateur à la variation du prix de ce bien. L'élasticité-prix est normalement négative car la demande ou consommation baisse lorsqu'un prix augmente.

• **Calcul :**

$$\text{Élasticité-prix} = \frac{\text{Taux de variation de la demande d'un bien}}{\text{Taux de variation du prix de ce bien}}$$

• **Interprétation :**

– *Lorsque l'élasticité-prix est inférieure à – 1* = une faible variation du prix d'un bien entraîne une forte variation de sa demande. On dit que la demande est *très élastique.* (C'est le cas des produits très substituables ou des biens supérieurs ou de luxe).

– *Lorsque l'élasticité-prix est comprise entre – 1 et 0* = la demande ne varie pas ou peu quand le prix varie. Elle est *inélastique au prix.* Ce sont des biens de consommation courante pour lesquels il existe peu de biens de substitution.

– *Lorsque l'élasticité-prix est > 0* = la demande augmente avec le prix. Ce cas est rare. Il s'agit des *biens de Giffen*[1] et des *biens de Veblen*[2].

» L'élasticité-revenu de la demande

• **Définition :** L'élasticité-revenu de la demande d'un bien est une mesure de la sensibilité de la demande du consommateur pour ce bien aux variations de son revenu.

• **Calcul :**

$$\text{Élasticité-revenu} = \frac{\text{Taux de variation de la demande d'un bien}}{\text{Taux de variation du revenu du consommateur}}$$

• **Interprétation :**

– *Lorsque l'élasticité est comprise entre 0 et 1* = la variation de la demande d'un bien augmente moins vite que celle du revenu. Il s'agit de *biens normaux* comme les vêtements. La demande est peu élastique au revenu.

– *Lorsque l'élasticité-revenu est > 1* = la demande de ce bien augmente plus rapidement que le revenu. Il s'agit de « biens supérieurs » ou de « biens de luxe » (ex : les produits électroniques) dont la demande est très élastique au revenu.

– *Lorsque l'élasticité-revenu est < 0* = la demande de ce bien diminue quand le revenu augmente. Il s'agit de « biens inférieurs » qui sont substitués lorsque le revenu le permet (ex : vin ordinaire contre vin de qualité).

1. Biens de première nécessité. Par exemple, dans les milieux modestes, lorsque le prix du pain augmente, la consommation de viande diminue au profit de celle du pain, jugée plus indispensable.
2. Biens de luxe comme le parfum dont l'augmentation du prix accroît la consommation ostentatoire.

APPLICATION

Le tableau suivant indique le prix et les ventes annuelles de T-shirts souvenirs « Vive la Normandie et ses vaches », selon le revenu moyen des touristes :

Prix du T-shirt	Quantité de T-shirts demandée quand le revenu moyen annuel des touristes est de 30 000 euros	Quantité de T-shirts demandée quand le revenu moyen annuel des touristes est de 40 000 euros
6 €	4 000	6 000
7 €	3 200	5 100
8 €	2 500	4 500
9 €	900	2 000

1 » Calculez l'élasticité-prix de la demande lorsque le prix d'un T-shirt augmente de 7 à 8 euros pour les touristes ayant un revenu moyen annuel de 30 000 euros. Faites le même calcul pour les touristes ayant un revenu moyen annuel de 40 000 euros.

3 » Calculez l'élasticité-revenu de la demande quand le revenu moyen des touristes augmente de 30 000 à 40 000 euros par an pour un prix du T-shirt de 6 euros. Faites le même calcul pour un prix du T-shirt de 8 euros.

CORRIGÉS DES « FAIRE LE POINT »

CHAPITRE 1

Dossier 1

Ménage A : RD = 8 000 + 500 – 1000 – 1100 = 6 400 €
Ménage B : RD = 800 + 500 – 100 = 1200 €
On constate que l'écart de RD est beaucoup plus faible (rapport de 1 à 5 environ) que celui de salaire net mensuel (rapport de 1 à 10). L'État permet donc de réduire les inégalités de consommations.

Dossier 2

Ouvrir un PEL pour ses enfants → Transmission d'un patrimoine
Profiter de la hausse des taux d'intérêt → Placement financier
Investir dans une entreprise de commerce équitable → Épargne solidaire
Mettre de l'argent de côté en période de crise → Épargne de précaution

Dossier 3

1. Bien supérieur. 2. Bien normal. 3. Bien normal ou inférieur selon la marque. 4. Bien normal. 5. Bien inférieur. 6. Bien supérieur.

Dossier 4

1. Élasticité-prix proche de 0 voire nulle. 2. Élasticité-prix supérieure à 1. 3. Élasticité-prix comprise entre 0 et 1 car de possibles substituts (camping, logement chez l'habitant...).

CHAPITRE 2

Dossier 1

1. Ménages de milieu populaire, plutôt dans le Nord de la France. 2. Jeunes actifs urbains favorisés. 3. Jeunes adolescentes. 4. Jeunes hommes favorisés en milieu rural. 5. Jeunes hommes vivant dans une ville dotée d'une équipe de L1. 6. Jeunes favorisés en milieu urbain. 7. Parisiens favorisés. 8. Personnes plus âgées et appartenant à un milieu favorisé. 9. Jeunes hommes. 10. Personnes assez âgées et assez riches. 11. Jeune homme ou femme célibataire et vivant en milieu urbain

Dossier 2

En fait, marquer son appartenance et se distinguer des autres sont des « objectifs » difficiles à dissocier (et non forcément conscients). Parmi les biens ou services qui relèvent de ce « besoin », on peut inclure : 2, 3, 7, 8, 9 et 10.

Dossier 3

1. Celles qui résultent de stratégies volontaires des entreprises sont les : 1, 3, 4, 5, 8 (6, 7 et 9 peuvent également entrer parfois dans ce cas de figure). Quant au classement, c'est aux élèves de le faire ! Ce qui peut être l'occasion d'un débat en classe...

CHAPITRE 3

Dossier 1

Exemple	Type d'organisation productive	Objectif principal	Ressources principales	Nature de la production
Greenpeace	Association	Non lucratif	Dons privés	Services non marchands
Adidas	Entreprise	Profit	Vente de biens	Biens marchands
Sécurité sociale	Administration publique	Non lucratif. Mission de service public.	Impôts	Services non marchands
Emmaüs	Fondation	Non lucratif	Dons privés et subventions publiques	Services non marchands
MAIF	Mutuelle	Équilibre financier	Vente de services	Services marchands
SNCF	Entreprise publique	Profit	Vente de biens et services	Biens et services marchands
Éducation nationale	Administration publique	Non lucratif. Mission de service public.	Impôts	Services non marchands
Microsoft	Entreprise	Profit	Vente de biens	Biens et services marchands
Club de cyclotourisme	Association	Non lucratif	Adhésions	Services non marchands
Une boucherie	Entreprise	Profit	Vente de biens	Biens et services marchands

Dossier 2

1. En effet, les usines de fabrication de guitare et de voitures appartiennent au secteur secondaire mais pourtant si on utilise d'autres critères de comparaison comme le nombre de salariés, le chiffre d'affaires, le prix de vente, la part dans l'emploi etc. on constate que ces entreprises sont très éloignées quant à leurs poids économiques

2. Cette relation n'est pas systématique. Un petit nombre de salariés peu permettre à une entreprise de produire un grand nombre de biens si l'intensité capitalistique est forte par exemple. À l'inverse un grand nombre de salariés peu conduire à un faible chiffre d'affaires si les biens produits sont bon marché comme dans le textile.

3. Cette affirmation est fausse, la France s'est tertiarisée depuis les années 1970 et le secteur tertiaire représente en 2008 74.2 % des emplois.

4. Faux. Les actionnaires sont rémunérés par les dividendes et en aucun cas ne doivent rembourser les pertes de l'entreprise. En revanche, la valeur de leurs actions peut diminuer.

5. Vrai. C'est le cas de la majorité des TPE – très petites entreprises.

Dossier 3

Agents qui reçoivent une partie de la valeur ajoutée	Forme de la rétribution	Ce que rétribue la valeur ajoutée
Salariés	Salaires nets et cotisations sociales	Travail
État	Prélèvements obligatoires	Solidarité nationale
Actionnaires	Dividendes	Capital financier
Entreprises	EBE	Capital
Prêteurs	Intérêts	Prêt d'argent

CHAPITRE 4

Dossier 1

Exemple	Facteurs substituables	Facteurs complémentaires
Une banque installe des distributeurs de billets dans ses agences.	Les distributeurs se substituent au personnel de guichet.	
Une pizzeria achète des scooters afin de réduire ses temps de livraison.	Un scooter permet à un seul livreur de prendre en charge les livraisons auparavant réalisées par plusieurs livreurs.	Le scooter est un facteur complémentaire au livreur.
Une entreprise de taxis fait l'acquisition d'un taxi supplémentaire pour faire face à l'augmentation de sa clientèle.		Chaque taxi nécessite la présence d'un chauffeur.
Un agriculteur fait l'acquisition d'une machine à vendanger pour l'aider dans sa récolte du raisin.	La machine à vendanger se substitue aux vendangeurs.	

Dossier 2

1. Chiffre d'affaires ; 2. Coût moyen ; 3. Économies d'échelle ; 4. Coût total ; 5. Profit.

Dossier 3

1. Innovation de procédé ; 2. Innovation de produit ; 3. Innovation de procédé ; 4. Innovation de produit et de procédé ; 5. Innovation de procédé et de produit.

Dossier 4

1. Destruction d'emplois de guichetier à la poste (employés), création d'emplois dans la conception, fabrication, maintenance de distributeurs automatiques.

2. Destruction d'emplois non qualifiés d'ouvriers à la chaîne et création d'emplois dans la conception, fabrication, maintenance de la ligne de montage.

3. Destruction d'emplois de vendangeurs manuels et création d'emplois dans la conception, création, maintenance de machines à vendanger.

4. Destruction d'emplois dans l'administration fiscale mais création d'emplois de conseillers et de gestionnaire de réseaux informatiques.

5. Création d'emplois de livreurs.

6. Destruction d'emplois dans les entreprises de location de vidéos. Création d'emplois de techniciens.

CHAPITRE 5

Dossier 1

A. Baisse de la demande. Hausse de l'offre. Baisse du prix du lait.
B. Hausse de la demande. Baisse de l'offre. Hausse du prix des oranges ou du jus d'orange.

Dossier 2

1. Impact d'une entente / existence d'un pouvoir de marché (oligopole).

2. Effet du progrès technique / loi de l'offre et de la demande car les produits nouveaux influencent les prix des produits périmés par l'innovation ce qui explique la baisse des prix des GPS d'ancienne génération.

3. Action de l'État sur les prix.

4. Pratique de discrimination par les prix.

CHAPITRE 6

Dossier 1

Agents responsables : 1. pétrolier ; 2. administrations publiques ; 3. propriétaires de l'usine ; 4. chercheurs.

Agents en bénéficiant ou en pâtissant : 1. riverains et touristes ; 2. habitants du quartier ; 3. habitants de la ville thermale (certains peuvent profiter de l'installation de l'usine car ils trouveront un emploi, alors que d'autres pâtiront de la pollution et d'un moindre attrait touristique) ; 4. malades du Sida.

Risques encourus en laissant faire le marché : 1. marées noires plus fréquentes ; 2. le gymnase n'est pas construit ; 3. il n'y a pas de volonté de limiter les effets négatifs liés à la pollution ; 4. la découverte risque de ne pas avoir lieu car il y a moins d'activités de recherche.

Solutions possibles : 1. l'État impose une réglementation plus rigoureuse en termes de normes de sécurité pour le transport du pétrole ; 2. l'État finance la construction du gymnase ; 3. l'État réglemente et/ou met en place des incitations (taxes ou au contraire subventions et allègements fiscaux) pour que la production de l'usine se fasse dans des conditions plus respectueuses de l'environnement ; 4. l'État peut faire lui-même de la recherche ou l'État peut aider les entreprises à faire de la recherche.

Dossier 2

	Rival	Non rival
Exclusif	Repas Voiture Cartouche d'encre	Parc d'attraction Autoroute avec péage Canal plus en crypté
Non exclusif	Poissons de rivière Air respiré par l'automobiliste Champignons	Éclairage public Radars et gendarmes Émission radio publique

Dossier 3

1. Ménages : incitation financière ; 2. Entreprises : taxe ; 3. Entreprises : subvention ; 4. Entreprises : sanction ; 5. Entreprises : réglementation.

CHAPITRE 7

Dossier 1

– En 2008, le taux de chômage des cadres est de 3,6 %, celui des ouvriers de 10,7 % ce qui signifie que le diplôme est une protection contre le chômage.

– 10 % des ouvriers et 26 % des employés possèdent un bac +2 ce qui montre que les diplômes sont dévalués sur le marché du travail.

– Le nombre d'emplois occupés par les diplômés de l'enseignement supérieur a doublé ce qui illustre le fait que le niveau de qualification des actifs s'améliore.

Dossier 2

1. Le capital humain s'acquiert lors de la socialisation initiale ; les apprentissages précoces (langage, sociabilité) facilitent le suivi scolaire, d'où le rôle crucial de la famille dans la formation du capital humain.

2. Le capital humain est constitué par l'accumulation des savoirs scolaires mais aussi par l'expérience professionnelle (« tour de main ») ainsi que par le savoir-être (esprit de coopération, respect de la hiérarchie).

3. L'expérience acquise, savoir-faire et savoir-être, peut permettre de faciliter l'adaptation des salariés aux évolutions de l'appareil productif ; cependant, la formation continue contribue à maintenir le niveau de capital humain (cf. ajustement des compétences aux NTIC).

4. La poursuite d'études ne garantit pas toujours l'obtention d'un emploi qualifié en raison de l'augmentation plus forte du nombre de diplômés par rapport à la croissance des emplois qualifiés ; en conséquence, les diplômes se dévalorisent sur le marché du travail.

Dossier 3

1. Décision des familles de poursuivre ou non des études et niveau culturel. 2. Décision des familles de poursuivre ou non des études. 3. Importance du réseau familial. 4. Niveau culturel de la famille.

Dossier 4

1. « Effet établissement ».

2. « Effet établissement ».

3. « Effet classe ».

4. « Effet maître ».

CHAPITRE 8

Dossier 1

	Nombre (en milliers) en 1982 ou 1984	Nombre (en milliers) en 2007 ou 2008	Évolution absolue (en milliers)	Évolution relative (en %)
Nombre d'emplois	22 670	25 628	2 958	13,0
Emplois industriels	5 429	3 895	–1 534	-28,3
Emplois tertiaires	13 708	19 195	5 487	40,0
FPE	1 224	3 152	1 928	157,5
Emplois à temps partiel	2 086	4 408	2 322	111,3
Nombre de chômeurs	2 058	2 070	12	0,6

Dossier 2

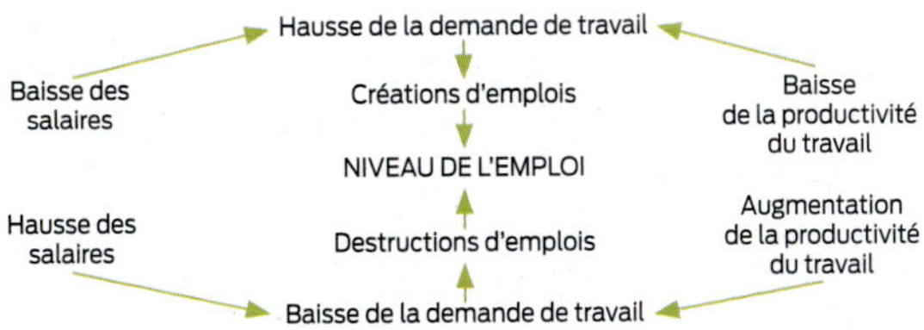

Dossier 3

Mesure	Quels ménages sont les plus touchés ?	Effet sur la demande et ampleur de l'effet
Hausse du Smic	D1 à D4	Forte hausse (car forte prop. à cons.)
Baisse de l'ISF	D9 et D10	Faible hausse (car faible prop. à cons.)
Baisse du RSA	D1 et D2	Forte baisse (car forte prop. à cons.)
Hausse de la TVA	De D1 à D6 (ont une forte prop. à cons.)	Forte baisse (car forte prop. à cons.)
Plafonnement des revenus exceptionnels	D9 et D10	Faible baisse (car faible prop. à cons.)
Hausse des allocations chômage	Tous les ménages, surtout les plus touchés par le chômage (D1 à D5)	Forte hausse (car forte prop. à cons.)

CHAPITRE 9

Dossier 1

Dans l'ordre du texte : 1. socialisation 2. personnalité 3. goûts 4. valeurs 5. parents 6. genre 7. corps.

Dossier 2

Attitudes conformes à la norme scolaire : 3, 5, 7, 8, 9, 11.

Dossier 3

Les affirmations fausses sont les numéros 1, 2, 5 et 6.
On peut compléter l'affirmation n° 3 en rajoutant que les pairs imposent cependant d'autres normes, et la n° 4 en remarquant que les goûts « personnels » peuvent cependant être développés « en cachette », mais aussi que certains goûts transmis par les autres peuvent être perçus comme personnels.

CHAPITRE 10

Dossier 1

1 = loisir ; catégories fortement dotées en tous types de capitaux.

2 = pratique culturelle ; journal peu populaire, lu plutôt par une élite intellectuelle.

3 = loisir ; catégories populaires.

4 = pratique culturelle ; pratiqué par toutes les catégories sociales, encore faut-il distinguer quel type de théâtre (classique, vaudeville, d'humour...).

5 = pratique culturelle ; catégories plutôt dotées en capital culturel.

6 = loisir ; populaire.

Dossier 2

1. Homogénéisation : le jeu véhicule un ensemble de normes et valeurs (occidentales) sur la planète entière ; n'est pas destiné à s'adapter aux cultures locales.

2. Homogénéisation : disparition de la diversité linguistique.

3. Diversification : apparition de nouveaux genres musicaux, de nouvelles techniques de jeu musical.

4. Diversification car chaque pays cherche plutôt à affirmer les spécificités nationales de sa culture (architecturale notamment) face à d'autres pays. En outre, découvrir d'autres pratiques culturelles stimule la créativité (hybridation).

LEXIQUE

A

Acculturation : L'acculturation est l'ensemble des changements culturels qui résultent d'un contact prolongé et direct entre des cultures différentes. L'acculturation peut donner lieu à trois grands types de changements : l'assimilation d'une culture par une autre, la création d'une culture hybride, ou le rejet de la culture de l'autre (qui peut aller du simple boycott jusqu'au terrorisme).

Administrations publiques : Elles produisent des services non marchands. Leur production est à but non lucratif. Elles sont financées par l'impôt ou les cotisations sociales (cas de la Sécurité sociale) et participent à la cohésion sociale.

Amortissement : Il s'agit de la mesure de l'usure du capital fixe due à l'usure ou à l'obsolescence. L'amortissement consiste à étaler une dépense (acquisition d'une machine) sur plusieurs années).

B

Bien collectif : Bien susceptible d'être consommé par plusieurs consommateurs sans que la consommation de l'un réduise la quantité disponible pour les autres (condition d'indivisibilité), et sans que l'on puisse exclure une personne de sa consommation par un mécanisme de prix (condition d'inexcluabilité).

Bien inférieur : La demande d'un bien inférieur par un consommateur diminue quand son revenu augmente (élasticité-revenu négative), et augmente quand son revenu baisse.

Bien public : Bien collectif qui répond parfaitement aux conditions d'indivisibilité et d'inexcludabilité (défense nationale, justice, sécurité intérieure par exemple). On parle aussi de bien collectif pur.

Bien public mondial : Bien collectif qui bénéficie à tous les hommes de la planète. C'est le cas de l'air que l'on respire, des ressources de la mer ou de la biodiversité. Mais l'activité des agents économiques crée des externalités négatives qui mettent en péril ces biens.

Biens normaux : La demande d'un consommateur pour un bien normal augmente quand son revenu augmente dans une proportion inférieure ou égale à 1 (élasticité-revenu comprise entre 0 et 1).

Biens supérieurs ou biens de luxe : La demande d'un consommateur pour un bien supérieur augmente plus rapidement que son revenu (élasticité-revenu strictement supérieure à 1).

C

Capital circulant : Il correspond aux moyens de production détruits ou transformés lors d'un cycle de production et dont la durée d'utilisation est de moins de un an. Il est synonyme de consommations intermédiaires.

Capital fixe : Il désigne les moyens de production utilisés par l'entreprise au cours de plusieurs cycles de production.

Capital humain : Somme des connaissances ou du savoir-faire qui améliorent l'efficacité productive de l'homme au travail, et doivent donc améliorer à terme ses revenus. Ce capital augmente avec les efforts de formation menés. On doit la théorie du capital humain à un économiste américain, Gary Becker, prix « Nobel » d'économie 1992.

Cartel : Un cartel est un accord entre plusieurs producteurs qui leur permet d'obtenir le contrôle du marché.

Chiffre d'affaires : Il correspond à la production vendue par l'entreprise.

Coefficient budgétaire : Il correspond à la part de la dépense consacrée à un bien ou service particulier (livres, téléphonie mobile ...) dans les dépenses totales d'un ménage (donc dans son budget).

Combinaison des facteurs de production : Association des différents facteurs de production selon leurs caractéristiques et leur coût afin de produire un bien matériel ou un service.

Compétitivité : Elle désigne la capacité d'une entreprise à faire face à la concurrence.

Consommation : Elle désigne tout acte d'achat de biens ou de services par des ménages ou des entreprises dont la période d'utilisation est inférieure à une année.

Consommations intermédiaires : Biens ou services extérieurs détruits ou transformés lors d'un cycle de production.

Contrôle des prix : Il prend la forme soit de prix maximaux légaux (prix plafonds), soit de prix minimaux légaux (prix planchers).

Contrôle social : Il désigne l'ensemble des dispositifs qu'un groupe met en œuvre pour faire respecter ses normes et valeurs à ses membres. Celui-ci s'exerce généralement par l'application de sanctions négatives (punitions) ou positives (récompenses), de manière formelle (explicite, comme une loi ou un règlement) ou non (comme la mode).

Cotisations sociales : Les cotisations sociales sont des prélèvements obligatoires assis principalement sur les revenus du travail ; elles sont aussi appelées charges sociales (les cotisations font partie des taxes sur les traitements et salaires). Elles sont associées au financement de prestations sociales. On distingue deux types de cotisations sociales : les *cotisations sociales salariales* qui sont déduites du salaire brut (salaire net = salaire brut - cotisations salariales) et les *cotisations sociales patronales.*

Courbe de demande : Elle indique la quantité totale d'un bien ou d'un service qui sera demandée à chaque niveau de prix.

Courbe d'offre : Elle représente la quantité d'un bien que toutes les entreprises présentes sur le marché sont disposées à offrir à chaque niveau de prix.

Coût du travail : Il correspond à la somme totale versée par un employeur pour obtenir la subordination du salarié. Il est composé de trois coûts différents. Au salaire net, somme perçue par le salarié, s'ajoutent les cotisations sociales, composée des cotisations salariales et des cotisations patronales. Ce sont ces cotisations qui permettent le financement de l'assurance-maladie, des allocations de chômage et des pensions de retraite.

Coût fixe: Ensemble des charges pour un producteur dont le montant n'est pas modifié par la variation de la quantité produite. On inclut souvent dans le coût fixe l'amortissement des machines, les loyers ou une part des salaires (personnel d'encadrement par exemple).

Coût moyen: Le coût moyen, appelé aussi le prix de revient ou coût unitaire, désigne ce que coûte, en moyenne, la production d'une unité de bien ou de service. Il s'agit du coût total divisé par le nombre d'unités produites. Jusqu'à un certain seuil, le coût moyen a tendance à diminuer quand le nombre d'unités produites augmente (économies d'échelle).

Coût social: Coût supporté par l'ensemble de la société pour produire un bien ou un service. Le coût social est la somme du coût de production pour l'entreprise et des effets externes (positifs ou négatifs) entraînés par cette activité.

Coût variable: Ensemble des coûts qui varient avec l'augmentation (ou la baisse) de la production. Rentrent dans les coûts variables les consommations de matières premières et une partie du coût du travail.

Crédit: Le crédit accordé par une banque à son client fait apparaître sur un compte une somme qui n'existait pas auparavant. Ce crédit est attribué au client en échange du paiement d'un taux d'intérêt et de la promesse de remboursement. Il peut permettre de financer la consommation ou l'investissement.

Croissance économique: Il s'agit de l'augmentation de la quantité de richesses produites par une économie. Elle est mesurée par le taux de variation du PIB d'une année sur l'autre.

Culture de masse: La culture de masse désigne une forme de culture souvent associée à une société de consommation. Il s'agit donc d'une forme de culture destinée au plus grand nombre, et ayant de puissants soubassements économiques. Ces processus institutionnalisent les modes de vie et sont aujourd'hui fortement liés aux processus de mondialisation.

D

Déclassement intergénérationnel: Il signifie qu'un enfant n'est pas parvenu à maintenir une position sociale aussi élevée que ses parents.

Demande: Il s'agit de la quantité d'un bien ou d'un service que les ménages et les entreprises décident d'acheter à un prix donné.

Distinction: Un individu peut procéder à des choix de consommation manifestant une volonté de se démarquer des autres afin d'affirmer son statut social ou montrer son niveau de vie.

Dividendes: Le dividende d'une action est un versement d'argent aux actionnaires, prélevé sur le bénéfice net ou sur les réserves de la société. Le versement d'un dividende ne constitue pas à proprement parler une *rémunération* de l'actionnaire. Il s'agit plutôt de la *restitution* à l'actionnaire d'une fraction du capital dont il est détenteur (l'entreprise *rend* de l'argent à l'actionnaire).

E

Économie d'échelle: On parle d'économie d'échelle quand le coût moyen de production baisse au fur et à mesure que la quantité produite augmente. Elle provient généralement de la présence de coûts fixes, c'est-à-dire de dépenses dont le montant ne varie pas avec la quantité produite. C'est par exemple le cas du capital fixe, comme les machines ou les bâtiments: une fois qu'ils sont achetés, leur coût (amortissement, entretien, …) ne varie pratiquement plus.

Économie sociale et solidaire: Elle regroupe un ensemble de coopératives, mutuelles, associations, de syndicats et fondations, fonctionnant sur des principes d'égalité des personnes (1 homme = 1 voix), de solidarité entre membres, d'indépendance économique et sur le principe de non-lucrativité qui s'exprime par une redistribution équitable des excédents ou des bénéfices au service de l'outil de travail (investissement, ressources humaines).

Effet externe (ou externalité): Une externalité est l'effet des actions d'un ou plusieurs agents économiques sur le bien-être de tiers non pris en compte par le marché. On parle d'externalité négative quand les tiers ne sont pas dédommagés pour les désavantages qu'ils subissent, et d'externalité positive quand ils n'ont pas à payer pour les avantages dont ils bénéficient.

Élasticité-prix de la demande: Elle est une mesure de la manière dont la demande d'un bien est affectée par la variation de son prix.
Élasticité-prix de la demande = variation en % de la quantité demandée / Variation en pourcentage du prix

Élasticité-revenu de la demande: Elle est une mesure de la manière dont la demande d'un bien est affectée par les variations de revenu des consommateurs.

Élasticité-revenu de la demande = variation en % de la quantité demandée / Variation en % du revenu

Équilibre de marché: Il correspond au point de rencontre entre la courbe de demande et la courbe d'offre qui détermine le prix d'équilibre et la quantité d'équilibre.

Emploi atypique: Il correspond à tout emploi qui ne serait pas un CDI ou qui ne serait pas à temps plein (temps de travail inférieur à 35 heures par semaine). On parle parfois de formes particulières d'emploi pour insister sur les caractéristiques du contrat de travail. On recense notamment dans les formes d'emplois atypiques, l'emploi intérimaire, les contrats à durée déterminée, les stages et contrats aidés…

Emploi typique: On désigne par «emploi typique» la norme d'emploi développée pendant les Trente Glorieuses et existant encore de nos jours: le CDI à temps plein.

Entreprise: L'entreprise se définit comme une organisation dont l'activité consiste à produire des biens ou des services pour les vendre sur un marché (production marchande) afin de réaliser un profit.

Entreprises individuelles: Elles comprennent un propriétaire unique qui assume seul les risques de l'entreprise. Il est responsable des dettes de l'entreprise sur ses biens propres (responsabilité illimitée).

Entreprises publiques: Elles produisent des biens et des services marchands, mais elles appartiennent majoritairement à l'Etat et ne recherchent pas toujours le profit. Les entreprises publiques ont souvent une mission de service public.

Épargne: Elle correspond à la partie du revenu disponible qui n'est pas consommée.

Excédent brut d'exploitation (EBE): L'Excédent brut d'exploitation est une mesure des bénéfices ou profits réalisés dans l'entreprise. Il est ce qui reste de la valeur ajoutée (la valeur nouvelle créée par la production) après la distribution des salaires (directs et indirects, c'est-à-dire y compris les cotisations sociales) et le paiement des impôts liés à la production. On dit que l'EBE mesure le profit brut de l'entreprise car, sur ce profit, l'entreprise va payer des impôts (l'impôt sur les bénéfices).

Externalisation: L'externalisation, ou sous-traitance, désigne le fait pour une entreprise de déléguer une partie de sa production à une autre entreprise. Au lieu de produire elle-même, l'entreprise qui sous-traite achète ainsi un service à l'entreprise sous-traitante.

F

Facteurs de production: Ils désignent les éléments de base nécessaires à la production: le travail et le capital. Parfois on y ajoute les ressources naturelles et les connaissances scientifiques et techniques.

Flux tendus: La méthode des flux tendus est une méthode logistique visant à réduire au minimum les stocks. Elle permet notamment d'adapter la production à la demande. En effet, l'entreprise répond à une demande qu'il faut satisfaire immédiatement. La production est démarrée une fois la commande passée par le client

G

Gains de compétitivité: Ils correspondent à une augmentation de la productivité des facteurs. Lorsque le volume de la production augmente plus vite que le volume des moyens mis en œuvre pour l'obtenir, on parle de gains de productivité. Ils résultent de l'organisation du travail, de la performance du capital mais aussi de la motivation des salariés et peuvent servir à accroître l'investissement de l'entreprise et / ou les salaires. Ils peuvent aussi se traduire par une baisse des prix.

I

Imitation: Un individu peut procéder à des choix de consommation manifestant une volonté de marquer son désir d'appartenir à un ou plusieurs groupes donnés, en se conformant aux règles plus ou moins explicites qui y ont cours.

Incitation: Une incitation désigne le fait de procurer un avantage à tout individu qui modifie son comportement dans un certain sens. Une somme d'argent donnée à l'acheteur d'un véhicule sobre constitue bien sûr une incitation à choisir une voiture propre. Mais une taxe sur les voitures trop gourmandes en essence constitue aussi une incitation à faire un autre choix, plus écologique.

Inflation: Elle désigne la hausse du niveau général des prix (le terme n'est donc pas employé lorsque la hausse ne concerne que quelques produits).

Innovation: Une innovation se distingue d'une invention ou d'une découverte dans la mesure où elle implique une application économique. Il peut s'agir d'une innovation technologique de produit à savoir la mise au point/commercialisation d'un produit plus performant dans le but de fournir au consommateur des services objectivement nouveaux ou améliorés. Il peut aussi s'agir d'une innovation technologique de procédé, c'est-à-dire l'adoption de méthodes de production ou de distribution nouvelles ou notablement améliorées. Elle peut faire intervenir des changements affectant – séparément ou simultanément – les matériels, les ressources humaines ou les méthodes de travail.

INSEE: L'Institut national de la statistique et des études économiques est chargé de la production, de l'analyse et de la diffusion des statistiques officielles en France.

Instances de socialisation: Les instances (ou agents) de socialisation jouent un rôle essentiel dans la socialisation des individus: il s'agit des personnes ou institutions qui évoluent dans leur entourage et exercent sur eux une certaine influence. On pense à la famille et à l'école durant l'enfance, mais il ne faut également pas négliger le rôle des médias, et surtout celui des pairs, autrement dit les autres élèves.

L

Loi d'Engel: «*Plus un individu, une famille, un peuple sont pauvres, plus la part de leur revenu consacrée à leur entretien physique, et notamment à la nourriture, est importante*». Réciproquement, lorsque le revenu d'un ménage augmente, la part qu'il consacre aux biens alimentaires diminue.

Loi de l'offre et de la demande: Lorsque le prix s'accroît, la demande des acheteurs diminue tandis que l'offre des producteurs augmente. Un changement de prix se traduit donc par une modification des quantités demandées et offertes.

M

Marché concurrentiel: Il s'agit d'un marché sur lequel se rencontrent de nombreux acheteurs et de nombreux vendeurs, aucun d'eux n'étant en mesure d'influencer le prix auquel le bien ou service est vendu.

Ménage: Un ménage désigne l'ensemble des occupants d'un même logement sans que ces personnes soient nécessairement unies par des liens de parenté (en cas de cohabitation, par exemple). Un ménage peut être composé d'une seule personne.

Monopole: Situation d'un marché où une firme est le seul producteur d'un bien qui n'a pas de substitut proche.

O

Offre: Il s'agit de la quantité d'un bien ou d'un service que les vendeurs sont prêts à vendre pour un prix donné.

Oligopole: Un oligopole est un secteur composé d'un petit nombre de firmes (construction automobile, ordinateurs...).

P

Passager clandestin: On appelle passager clandestin (en anglais: *free rider*) une personne qui utilise un bien collectif sans en supporter les coûts.

Population active: Ensemble des individus exerçant ou déclarant chercher à exercer (les chômeurs) une activité rémunérée.

Pouvoir d'achat: Le pouvoir d'achat d'un revenu est la quantité de biens et services qu'on peut acheter avec ce revenu. Il dépend donc du niveau des prix.

Pouvoir de marché: Capacité d'une firme à fixer le prix d'un bien ou d'un service à un niveau supérieur au prix d'équilibre de ce marché.

Pratiques culturelles: Elles désignent les pratiques des individus qui concernent la culture, au sens d'activité intellectuelle de connaissance. On considérera par exemple que la visite d'un musée, la lecture d'un livre, une sortie au théâtre ou à l'opéra sont des pratiques culturelles, mais, en général, pas le jardinage, le bricolage ou la pratique d'un sport, qui sont des loisirs.

Prélèvements obligatoires: Ils correspondent à la somme des différents impôts et des cotisations sociales versées par les ménages aux administrations publiques.

Prestations sociales: Les prestations sociales désignent toutes les prestations en espèces (revenu de remplacement, ex: indemnités journalières) ou en nature (remboursement des dépenses engagées ou financement direct de services) que les institutions de protection sociale versent à leurs bénéficiaires. Elles constituent une des formes de la redistribution des revenus.

Prix d'équilibre: Il existe un prix, dit prix d'équilibre, pour lequel les quantités offertes et demandées sont égales.

Productivité du travail: Elle se définit par le rapport entre un volume de production réalisé et la quantité de travail employée (nombre d'heures ouvrées ou effectifs employés).

Professions et catégories socioprofessionnelles (PCS): Elles servent à classer l'ensemble de la population en un nombre restreint de catégories présentant chacune une *homogénéité sociale*. Parmi les actifs, on recense ainsi les agriculteurs exploitants, les artisans, les commerçants et chefs d'entreprise, les cadres et professions intellectuelles supérieures, les professions intermédiaires, les employés, les ouvriers.

Progrès technique: Incorporation dans les différents facteurs de production (capital ou travail) d'innovations techniques. Le progrès technique se traduit soit par l'augmentation de la productivité de ces facteurs, soit par l'amélioration des performances des produits, voire par la mise sur le marché de nouveaux produits.

Propension moyenne à consommer: Elle désigne la part du revenu disponible consacrée à la consommation. L'économiste J.M. Keynes a mis en évidence le fait que cette propension n'est pas constante: elle diminue lorsque le revenu augmente. Réciproquement, plus un ménage a un revenu important et plus son taux d'épargne augmente.

Q

Qualification: On peut définir la qualification professionnelle comme l'aptitude du salarié à exercer un emploi. Elle est déterminée à la fois par le diplôme acquis et par l'expérience professionnelle.

R

Redistribution: Intervention de l'État consistant à réaffecter les ressources des administrations publiques (prélèvements obligatoires) sous forme de prestations sociales. L'ensemble de ces opérations vise à modifier la répartition primaire des revenus en vue d'assurer une plus grande justice sociale ou de garantir un minimum de revenus.

Revenu de solidarité active (RSA): Revenu minimum se substituant aux minima sociaux comme le RMI, et constituant un complément de revenu pour les bénéficiaires qui retrouvent du travail. Il s'agit d'une incitation à la reprise d'activité.

Revenu disponible: Part du revenu qui reste à la disposition des ménages après paiement des impôts, des taxes et des cotisations sociales (prélèvements obligatoires) d'une part, et perception des prestations sociales d'autre part. C'est le revenu disponible pour la consommation ou l'épargne.

Revenus de transfert: Ils sont versés aux ménages par l'État et les organismes sociaux sous forme de prestations sociales pour faire face à des événements ou des situations sociales particulières. Ils participent aux mécanismes de redistribution. Ce sont les prestations familiales, les pensions de retraites, les allocations de chômage, les prestations de la Sécurité sociale ou le revenu de solidarité active (RSA).

Revenus primaires: Il s'agit des revenus liés à la participation à l'activité économique, soit en apportant de la force de travail (salaires et revenus « mixtes ») soit en apportant du capital (revenus du patrimoine)

S

Salaire: Rémunération des heures de travail effectuées dans le cadre d'un contrat de travail.

Salaire brut: Il est composé du salaire de base auquel peuvent s'ajouter les heures supplémentaires, les primes (primes d'ancienneté, prime de rendement…) et les avantages en nature (voiture, logement de fonction).

Salaire minimum interprofessionnel de croissance: Le SMIC est le salaire horaire minimum légal en France. Il s'agit du salaire horaire ou mensuel en dessous duquel aucune rémunération salariale ne peut tomber. Le SMIC est fixé par le gouvernement et revalorisé une fois par an. Il a été institué en 1970 en prenant la succession du SMIG (salaire minimum interprofessionnel garanti), créé en 1950.

Salaire net: Il représente le salaire brut déduit des cotisations sociales salariales versées au titre de la Sécurité sociale et du chômage. C'est le salaire effectivement reçu par le salarié.

Socialisation: La socialisation est le processus d'intériorisation des normes et des valeurs d'une société. Elle permet ainsi à chacun de s'intégrer à une société ou un groupe donné, en intériorisant ses normes et ses valeurs. La socialisation peut prendre des formes diverses. On parle d'inculcation, lorsque l'agent de socialisation cherche volontairement à transmettre certaines normes ou valeurs en usant notamment de sanctions négatives (punitions,…) ou positives (récompenses, encouragements), et d'imprégnation, quand il va constituer, par son propre comportement, un modèle (ou un contre-modèle), le plus souvent inconsciemment.

Sociétés: Ce sont des entreprises constituées par l'association de plusieurs personnes qui apportent des capitaux pour créer une activité de production. L'entreprise est alors distincte des personnes qui la composent, elle a un patrimoine qui lui est propre et elle peut exister indépendamment et survivre à ses créateurs. Parmi les sociétés, on trouve la société anonym*e (SA)* dont le capital de l'entreprise est subdivisé en actions. Ces actions donnent droit à une partie des bénéfices (dividendes) et peuvent être revendues à tout moment.

Substitution du capital au travail: Il s'agit du remplacement du travail humain par des machines. L'utilisation du capital par rapport au travail augmente l'intensité capitalistique dans la production des entreprises.

T

Taux d'activité: Il mesure le rapport entre la population active et la population totale ou celle des 15-64 ans.

Taux d'épargne: Il s'agit de la part du revenu disponible (RD) d'un ménage consacrée à l'épargne. Si on note l'épargne S (pour *saving* en anglais), ce taux se calcule ainsi : S/RD.

Taux d'inflation: Il mesure en pourcentage l'augmentation du niveau général des prix au cours d'une période donnée (généralement l'année).

Taux de chômage: Il mesure le rapport entre le nombre de chômeurs et la population active.

Taux de marge: Il mesure le rapport entre l'excédent brut d'exploitation (EBE) et la valeur ajoutée.

Tertiairisation: Phénomène en cours dans les économies des pays développés, qui caractérise la progression de l'emploi dans le secteur des services au détriment de l'emploi dans les secteurs primaire et secondaire.

V

Valeur ajoutée: Valeur nouvelle créée au cours du processus de production. Elle s'obtient en retranchant de la valeur de la production finale d'une entreprise, la valeur des consommations intermédiaires utilisées lors de cette production.

INDEX

Crédits photographiques

Couverture : Getty Images/Jim Dyson • **Chapitre 1 :** p. 10-1 Réa-Contrasto/Lalo De Almeida • p. 10-2 Lounis • p. 10-3a Photo12.com/Alamy; p10-3b Photo12.com/Alamy • p. 12 Rif • p. 14-1 Macarena • p. 14-2 Saturn • p. 14-3 «La Cigale et la Fourmi», dessin extrait de Paul Baringou, *Buvez de La Fontaine sans modération*, Éditions du Petit Pavé, 2008 • p. 18-1b Réa-Express/Thierry Dudoit • p. 19-4 Easy Cash • p. 19-5 AFP/Eric Piermont • p. 20 Réa-Ropi/FeatureChina/ Hei Yubai • p. 22-1 Sipa/Duclos Alexis • p. 22-2 Union européenne, 2010 • p. 24 AFP/Jean-Philippe Ksiazek • **Chapitre 2 :** p. 31 WWF France • p. 34-1 Prod DB© Légende Films-KS2 Production/DR • p. 34-2a Fotolia/dheadconcepts • p. 34-2b Sipa/Rex/Rex Features • p. 34-3 Marie Voyelle • p. 36-1 Bénédicte • p. 38-1a Abacapress.com/Thierry Orban • p. 38-1b Starface/Zippo • p. 38-2 Abacapress.com • p. 39 Abacapress.com/Gorassini-Khayat • p. 40 Photo12.com/Alamy • **Chapitre 3 :** p. 46-1 ADEME/DDB • p. 46-2 Urba Images/M. Castro • p. 47-4 CKFD • p. 47-5 Reuters/Luke MacGregor • p. 48 O_2 Home Services • p. 49 La Poste/Tous droits réservés. Dessin et gravure d'Yves Beaujard • p. 50-1 Getty Images/Ron and Patty Thomas • p. 50-2 Sipa/Khan Palash • p. 50-3 Réa/Baptiste Fenouil • p. 51 AFP/Getty Images/Chris Jackson • p. 52-1 Photo12.com/Alamy • p. 52-2 Picasa Web Album/François • p. 52-3 Fotolia/Azyryanov • p. 52-4 AFP/Getty Images/Jemal Countess • p. 53 Photo12.com • p. 55-3 Photo12.com/Alamy • p. 56 Reuters/Joshua Lott • p. 58 AFP/Jacques Demarthon • p. 59 AFP/Eric Piermont • **Chapitre 4 :** p. 62-1 AFP/Marcel Mochet • p. 62-2 Réa/Marta Nascimento • p. 63-4 Maxppp/ Sud Ouest/PhotoPQR/Dominique Jullian • p. 63-5 France Betteraves/AIBS • p. 64-1a Urba Images/H. Chauvet • p. 64-1b Réa/Baptiste Fenouil • p. 64-2a Réa/Raphael Demaret • p. 64-2b Urba Images/J. C. Pattacini • p. 70-1 Sipa/Color China/Yingzhong • p. 70-2 Sipa/AP/Michel Euler • p. 71 Martin Vidberg • p. 72 Photo12.com/Alamy • p. 73 AFP/Wal Mart, Inc/HO • p. 74-1 Rue des Archives/The Granger Collection NYC • p. 74-2a Roger-Viollet/Jacques Boyer • p. 74-2b AFP/Valery Hache • p. 75 Couverture de «On ne schtroumpfe pas le progrès» © Peyo 2002-Lic. IMPS (Bruxelles) 2010 • p. 78-1a Sipa/Efe Agencia • p. 78-1b Réa/Pascal Sittler • p. 79 Réa/Giles Rolle • **Chapitre 5 :** p. 82-1 Martin Vidberg • p. 82-2 Reuters/United Photos • p. 85h Qualitelandes.com • p. 85b Fraîchattitude.com/FranceAgriMer/campagne financée par l'Union européenne • p. 87-4 Maxppp/La Nouvelle République/Danielle Laborde • p. 87-3 Caricature réalisée pour le DAL • p. 91-4 Fotolia/Frog 974 • **Chapitre 6 :** p. 94-1 AFP • p. 95-3 Cliché Belin • p. 95-5 Métyvié • p. 96-2 Réa/Jean-Claude Moschetti • p. 97 Photo12.com/Alamy • p. 98-1a Bruno Monginoux • p. 98-1b Agence Vu/Gilles Larvor • p. 98-2 Photononstop/Jean-Luc Armand • p. 99-4 Maxppp/Sud Ouest/PhotoPQR/Philippe Bataille • p. 99-5 Réa-AGStock/R. Hamilton Smith • p. 101-3 Réa/Alexandre Gelebart • p. 102-1a Réa/The New York Times • p. 102-1b Photo12.com/Alamy • p. 102-2 Urba Images/H. Chauvet • p. 103-4 ADEME/Macard • p. 106 D'après une affiche originale de Dick Williams • **Chapitre 7 :** p. 110-3 Plantu • p. 111-5 «Le Nouvel Observateur étudiants», n°14, 2010 • p. 114-1 Getty Images/Steve Wisbauer • p. 114-2a Brian Keeley, *Le Capital humain*, OCDE, 2007 • p. 114-2b Getty Images/Andersen Ross • p. 115-3 Amplitude, Associer Développement du Capital Humain et Performance • p. 115-5a Jean-Michel Milon • p. 115-5b Bearboz • p. 118-1 Prod DB © TS Productions/DR • p. 118-2a Sipa/Baltel • p. 118-2b AFP/Getty Images/Pascal Le Segretain • p. 121 Deligne • p. 122-1 Infographie du Figaro, 3 mars 2010 • p. 122-2 Ministère de l'Éducation nationale • p. 122-3 Cyril Delhay, *Promotion ZEP*, Hachettes Littératures, 2006 • p. 123-5a AFP/Getty Images/Darren McCollester • p. 123-5b AFP/Sajjad Hussain • p. 124 Emmanuel Chaunu • p. 126 Opale/Hélène Bamberger • p. 127 Sipa/Lorenvu • **Chapitre 8 :** p. 130-1 Cicilie Fagerlid • p. 130-2a Kharbine-Tapabor • p. 130-2b Photo12.com/Alamy • p. 134-2 Réa-Sinopix/Richard Jones • p. 138-1 Infographie Agence Idé pour 20 Minutes France • p. 138-2 AFP/Chiang Ying-ying • p. 138-3 Nicolas Vadot • p. 139 Patrick Malaureille, *Travailler autrement pour gagner plus*, Bréal, 2008 • **Chapitre 9 :** p. 146-1 Photo12.com/Alamy • p. 146-2 Photo12.com/Alamy • p. 147 Mariko Shinobu • p. 148 Getty Images/John Terence Turner • p. 150-1 Réa/Gilles Rolle • p. 150-2 Réa/Lanier • p. 152-1a Coll. part • p. 152-1b Martin Vidberg • p. 154-1 Martin Vidberg • p. 155-4 Chimulus • p. 155-5 www.casseursdepub.org • p. 156 Lasserpe • p. 157 cartoons@courrrierinternational.com • p. 158 Deligne • **Chapitre 10 :** p. 162-1a Photononstop/Christian Arnal • p. 162-1b Agence VU/Gilles Larvor • p. 166-2 © Ikéa France 2010 • p. 166-3 Réa-Laif/DagmarSchwelle • p. 167-4 Réa/Nicolas Tavernier • p. 167-5 *Sciences Humaines* n°170, avril 2006 • p. 169-3 AFP/The Times of India/Syed Asif • p. 170-1 © iDream Production/DR • p. 170-3 The Advertising Archives.

Malgré tous les efforts de l'éditeur, il nous a été impossible d'identifier certains auteurs. Quelques demandes n'ont pas à ce jour reçu de réponses. Les droits de reproduction sont réservés pour les éditions Belin.

Édition : Gilbert Gié
Maquette intérieure : Conception : Rampazzo et Associés • Réalisation : Dominique Grelier
Illustrations : Jack Domon
Schémas : Laurent Blondel/Corédoc
Iconographie : Any-Claude Médioni

IMPRIM'VERT®

Imprimé en France par Loire Offset Titoulet à Saint-Étienne
N° d'imprimeur : 2016051216 - Dépôt légal : août 2010
N° d'édition : 70115613-04/Juin2016